REINHOLD MESSNER

CHO OYU

>> Die Welt ist von einer nie erlebten, wohlwollenden Güte. Die Wand, die mich sonst von den anderen Dingen trennt, ist niedergebrochen. Die wenigen Erscheinungen, aus denen meine Welt noch besteht – der Himmel, das Eis, die Felsen, der Wind und ich – sind ein unteilbar göttliches Ganzes. Ich fühle mich – das ist nur ein scheinbarer Gegensatz – gleichzeitig großartig wie Gott und als ein armseliges, unbeachtetes Staubkorn.<<
Herbert Tichy am Gipfel des Cho Oyu

Herbert Tichy und Pasang Dawa Lama, fotografiert von Sepp Jöchler auf dem Gipfel des Cho Oyu. Links im Hintergrund der Mount Everest

Michl Dacher und Reinhold Messner auf dem Gipfel des Cho Oyu

REINHOLD MESSNER

CHO OYU

GÖTTIN DES TÜRKIS

Mit 13 farbigen und
101 Schwarz-Weiß-Abbildungen

MALIK

Mehr über unsere Autoren und Bücher:
www.malik.de

Von Reinhold Messner liegen bei Malik und Piper außerdem vor:

Pol – Hjalmar Johansens Hundejahre
On Top – Frauen ganz oben
Die rote Rakete am Nanga Parbat
Torre – Schrei aus Stein
Der Philosoph des Freikletterns: Die Geschichte von Paul Preuß
Mein Weg – Bilanz eines Grenzgängers
Vertical – 150 Jahre Kletterkunst
Everest solo – »Der gläserne Horizont«
Mount Everest – Expeditionen zum Endpunkt
Sturm am Manaslu – Drama auf dem Dach der Welt
Annapurna – Expeditionen in die Todeszone
Gebrauchsanweisung für Südtirol
Mein Leben am Limit
Die weiße Einsamkeit. Mein langer Weg zum Nanga Parbat
Der nackte Berg. Nanga Parbat – Bruder, Tod und Einsamkeit
Die Freiheit, aufzubrechen, wohin ich will
13 Spiegel meiner Seele
Rettet die Alpen
K2 – Chogori. Der große Berg
Gasherbrum – Der leuchtende Berg
Grenzbereich Todeszone

MIX
Papier aus verantwortungsvollen Quellen
FSC® C006701

ISBN 978-3-89029-417-9
© Piper Verlag GmbH, München 2012
Satz: Kösel, Krugzell
Gesetzt aus der Scala
Lithografie: Lorenz & Zeller, Inning a. A.
Druck und Bindung: CPI – Ebner & Spiegel, Ulm
Printed in Germany

»*In Erinnerung an hundert Jahre Herbert Tichy.*
Sein Geist möge das Reisen der Bergsteiger weiter beflügeln.«

Reinhold Messner

Herbert Tichy mit jungen Sherpa 1954

Inhalt

HISTORIE 9

Ein Pass und sein Berg *von Reinhold Messner* 10
Die Völkerwanderung der Sherpa *von Fosco Maraini* 16
Die Flucht des schwarzen Pferdes *von Fosco Maraini* 20
Götterberg *von Reinhold Messner* 30
Ziel, Erkundung, Erstbesteigung *von Reinhold Messner/ Günter Seyfferth* 34
    Mount Everest – Britische Erkundungsfahrt 1921 34
    1952: Britische Expedition zum Cho Oyu 36
    1954: Erstbesteigung am 19. Oktober durch eine österreichische Kleinexpedition 37
    Tichys Pilgerfahrt 40
Claude Kogans Schicksalsberg *von Reinhold Messner* 62

FAKTEN 65

Berg der Götter oder der Hybris? *von Reinhold Messner* 66
Neue Wege zum Cho Oyu *von Reinhold Messner/ Günter Seyfferth* 74
    Cho Oyu im Handstreich *von Edi Koblmüller* 76

1985: Erstbegehung des Südostpfeilers durch eine
polnische Expedition unter Leitung von Andrzej Zawada
und erste Winterbesteigung des Cho Oyu
von Günter Seyfferth 88

Nacherschließung *von Günter Seyfferth/
Reinhold Messner*................................ 90

1986: Erstbegehung des unteren Westgrates durch
eine polnische Expedition unter Leitung von
Ryszard Gajewski 90

1988: Erstbegehung der Nordwand durch eine
jugoslawische Expedition unter Leitung
von Roman Robas 91

1990: Erstbegehung der Südwestwand durch
Erhard Loretan, Jean Troillet und Wojciech Kurtyka
im Alpinstil 92

1991: Erstbegehung des Ostgrates (Ngozumpa-Grat)
durch eine russische Expedition unter Leitung von
Sergei Efimov 93

1993: Erste komplette Begehung des Westgrates/
Nordwestgrates durch Marco Bianchi und
Krysztof Wielicki 95

1994: Erstbegehung einer neuen Route in der
Südwestwand durch Yasushi Yamanoi, Mitglied einer
japanischen Expedition, sowie Wiederholung der
Loretan-Route von 1990 durch zwei Japanerinnen 96

1996: Erstbegehung des Nordgrates durch den
Spanier Oscar Cadiach und den Österreicher
Sebastian Ruckensteiner 97

2006: Eröffnung einer weiteren Route in der
Südwestwand durch eine slowenische Expedition unter
Leitung von Uros Samec 98

2009: Erstbegehung der Südsüdostwand durch die
Kasachen Boris Dedeshko und Denis Urubko 99

EMOTION ... 103

Der große schwarze Vogel *von Wolfgang Nairz* 104

Cho Oyu im Winter – ein Versuch *von Reinhold Messner* 111

»Barocke« Expedition 113

Den alten, weisen Raben wollt' ich fragen ...
von Jul Bruno Laner 116

Ich habe einen schweren Rucksack gepackt.
Ich werde Mühe damit haben *von Hanspeter Eisendle* ... 133

Gescheitert am Berg, nicht als Erzähler
von Reinhold Messner 147

Auf Tichys Spuren *von Reinhold Messner* 154

CHRONIK ... 201

Cho Oyu – Kurzchronik 202

Liste aller Gipfelbesteiger *von Elizabeth Hawley* 208

Bibliografie
Die wichtigsten Veröffentlichungen über die Sherpa .. 284
Allgemeine Literatur über Tibet 286
Zusätzliche Literatur zum Cho Oyu 286

Bildnachweis 287

Titelbild: Der Cho Oyu von Süden
Umschlag Rückseite: Blick auf die Südwand des Cho Oyu
Vorsatz: Basislager mit Nangpa La; Aquarell von Kapa Gyaltsen
Nachsatzkarte: Ausschnitt aus der Karte Khumbu Himal (E. Schneider) 1:50 000; Nepal-Kartenwerk der Arbeitsgemeinschaft für vergleichende Hochgebirgsforschung Nr. 2.
Eintragung der Besteigungsrouten (1954–2009), des Grenzverlaufs sowie ergänzende Beschriftungen durch Günter Seyfferth

HISTORIE

>> Zum ersten Mal, seit ich Vanessa kenne, bin ich ohne sie auf einer Expedition. Angst ist da, verursacht oder ausgelöst durch ihr Fehlen. Vanessa und die Nachricht von meinem Tod, wie damals Eva und die Nachricht von Reinhards Tod. Auf einem Zettel, von irgendeinem Nepali in die Hand gedrückt, stand: ›Reinhard was killed by an avalanche on Cho Oyu.‹ Vielleicht werden meine Freunde, wenn sie mich finden, meine Gsi-Steine abschneiden und sie Vanessa bringen. Sie ist allein, weil sie mich in meinen Verrücktheiten unterstützt hat. Darüber bin ich traurig. <<

Oswald Oelz

Ein Pass und sein Berg
von Reinhold Messner

>> Vielleicht erinnere ich mich auch wirklich nicht ungern an die Sturmstunden im Lager IV. Nicht aus Heroismus – es war keine heldenhafte Situation; auch nicht aus Gefühlsgründen – obwohl ich die aschgrauen Gesichter der Sherpa nie vergessen werde; sondern ganz einfach, weil diese Augenblicke im Schatten des Jenseitigen so gar nichts mit dem alltäglichen Leben gemein haben. <<

Herbert Tichy

Der Cho Oyu – im Tibetischen kann der Name dieses Berges auch »Göttin des Türkis« bedeuten – ist nach neuesten Vermessungen 8202 m hoch und damit der sechsthöchste Gipfel der Erde.

Im Süden dieses Achttausenders bewohnen die Sherpa, »das Volk aus dem Osten«, die kargen Täler und Hochalmen, im Norden leben Tibeter. Über den Nangpa La, einen fast sechstausend Meter hohen Pass, unmittelbar am Westfuß des Cho Oyu, ziehen seit Menschengedenken die stärksten Männer des Himalaja hin und her, um Handel zu treiben. Die Sherpa holten einst Salz aus Tibet und kauften Felle, Wolle und sogar Yaks von ihren Nachbarn im Norden; die Tibeter holten Getreide und Tuch aus dem Süden und brachten diese Güter in wochenlangen, beschwerlichen Märschen über den Nangpa La in ihre Heimat Tibet, ins Schneeland. Heute strömen vor allem chinesische Waren über den Pass nach Nepal, Billigprodukte, die in den Bergtälern im Süden verkauft werden.

Der Nangpa La, dieser höchste regelmäßig begangene Pass der Welt, ist für Ausländer aber seit bald sechs Jahrzehnten gesperrt. Seit 1959, als der Dalai Lama Tibet verlassen hatte und die chinesische Zentralregierung unwiderruflich die Herrschaft über das tibetische Hochland proklamierte, wird die Grenze an diesem für Ortsfremde unzugänglichen Himalaja-Pass von Tingri aus kontrolliert. Ein- und Ausreise sind dort inzwischen für alle verboten.

Trotzdem ist es in den vergangenen Jahrzehnten ganzen Familien gelungen, über den Nangpa La von Tibet nach Nepal zu fliehen. Viele Khampas vor allem, die, unterstützt von humanitären Organisationen aus der Schweiz, den Invasoren aus dem Osten entgegengetreten waren. Mit ihren bescheidenen Waffen – ellenlange Schwerter und Vorderlader – waren sie den mit Flugzeugen, Panzern und Maschinengewehren kämpfenden Chinesen zuletzt hoffnungslos unterlegen. Trotz bester Geländekenntnisse und der Fähigkeit, in der dünnen Höhenluft zu überleben.

Diese mutigen Kämpfer hatten den chinesischen Eindringlingen am längsten Widerstand geleistet. Am Ende hatten sie sich ergeben oder fliehen müssen.

Ohne es zu wissen, war ein Teil der fliehenden Khampas dann denselben Weg gegangen, den Zigtausende ihrer Vorfahren ein halbes Jahrtausend früher schon angetreten hatten, den Weg in die Freiheit im Süden des Himalaja-Gebirges, das die Hochfläche Tibet wie einen schier unüberwindlichen Grenzwall von den Königreichen Nepal, Sikkim und Bhutan trennt. Bei dieser Völkerwanderung kam wohl auch die Legende vom Yeti ins Sherpa-Land Solo Khumbu und somit nach Nepal.

Blick vom Nangpa La nach Süden

>> Der Yeti, der sogenannte Schneemensch, ist ein Fabeltier. Kein Mensch hat es je fotografiert, doch die Sherpa glauben fest an ihn und dulden keine Scherze. Ang Dorje behauptet felsenfest, einen Yeti gesehen zu haben. Wenn er davon erzählt, beginnt er zu schreien. <<

Jul Bruno Laner

Am östlichen Rand der tibetischen Hochfläche, dort, wo himmelhohe Berge eine natürliche Schutzmauer gegen das chinesische Sichuan bilden, liegt die Provinz Kham. Dort lebten und leben die Khampas. Heute noch. Vor mehr als 500 Jahren lebten dort auch die Sherpa. Zwischen den Zuflüssen des Yangtse und des Huangho besaßen sie viel Land in einem Gebiet, das sie Salmo Gang nannten.

Sherpa-Dorf – an die Hänge gebaut – Äcker im Talboden

Eines Tages verkauften sie alle unbeweglichen Güter und verließen mit Kind, Kegel und Yaks ihre Heimat. Mit ihren Yaks – bepackt mit Hausgeräten, feuervergoldeten Bronzen, Silber und wertvollen Kleidungsstücken – zogen sie monatelang nach Südwesten. Im zentralen Tibet, wo einst wie in Kham die vorbuddhistische Bon-Religion weiterlebte, blieben sie nomadisierend viele Jahre lang: immer in Bewegung, wie auf der Flucht.

Zuletzt setzten sie ihre Reise fort. Bis nach Lhasa, wo inzwischen die Hierarchie der Dalai Lamas gegründet worden war. Die Gottkönige waren offensichtlich bestrebt, ihre religiöse und politische Macht über ganz Tibet auszudehnen. Die freiheitsliebenden Clans aus Kham aber hingen an ihrer alten Bon-Religion und wollten von der Zentralregierung in Lhasa nichts wissen. Nachdem sie im Jo-Khang-Tempel – dem ältesten buddhistischen Heiligtum des Landes – gebetet, Butterlampen geopfert und Khatas, weiße Glücksschleifen, niedergelegt hatten, zogen sie weiter.

Über Gyantse und Shegar Zong kamen sie nach Tingri, einer großen Ebene im Norden des heiligen Berges Tseringma und des alles überragenden Cho Oyu. Lange blieben sie mit ihren Yak-Herden, in schwarzen Zelten wohnend, dort. Sie besuchten die Heiligtümer von Rangshar am Fuß der »Göttlichen Mutter« Tseringma, der Tochter des Berggottes Himachal, und das berühmte Lama-Kloster Rongbuk am Nordfuß des Chomolungma, der »Göttlichen Windmutter«, wie sie den Berg nannten, den wir als Mount Everest bezeichnen. Nach einigen Jahren Aufenthalt in der Ebene von Tingri beschlossen die Führer der Sherpa-Clans weiterzuziehen. Es waren nicht genügend Äcker und Weideflächen vorhanden für die Einwohner von Tingri und die Yak-Nomaden, die seit Jahrzehnten dort den Winter verbrachten, geschweige denn für die Neuankömmlinge aus Kham. Es gab Streit. Die Sherpa gingen freiwillig. Sie überschritten den Nangpa La zwischen Tseringma (auch Gaurishankar) und Cho Oyu, stiegen über Lunak, Thame nach Namche Bazar ab und wurden weiter südlich davon, im Khumbu-Gebiet und in den Tälern von Solo, sesshaft.

Ich bin innerhalb von 40 Jahren häufig in Solo Khumbu gewesen, habe wochenlang mit den Sherpa in Khumjung gelebt und stundenlang dem Singsang der Lamas in Thengboche gelauscht. Ich war an der Ama Dablam und auf dem Mount

Die Steinhütten der Sherpa

Everest. Zweimal war ich von Tibet ganz nahe an den Cho Oyu herangekommen, einmal von Rongbuk, einmal von Tingri aus. Niemals aber war es mir möglich gewesen, bis zum Nangpa La vorzustoßen, zur Schlüsselstelle der Sherpa-Völkerwanderung. Auch im Dezember 1982 nicht, als wir mit einer Südtiroler Expeditionsmannschaft eine Winterbesteigung dieses heiligen Berges versuchten.

》Wir gehen an Tempeln vorbei, zerklüftet und dem Einsturz nahe. Ein heiliger Baum, unter dem Buddha Erleuchtung hätte finden können, ist hineingewachsen und sprengt langsam das Mauerwerk. Der Baum ist heiliger als menschliches Machwerk: Man lässt den Baum stehen und den Tempel verfallen. Ich denke an unsere Betonstädte, in denen kein Gras mehr wächst. 《

Jul Bruno Laner

Erst ein halbes Jahr später stand ich erstmals an diesem historischen Ort. Die Regierung in Nepal hatte mir erneut eine Genehmigung für die Besteigung des Cho Oyu angeboten. Diesmal von Südwesten her, vom Nangpa La aus. Allerdings mit der Auflage, den Pass selbst nicht zu betreten. Wir hätten in die Hände chinesischer Grenzposten fallen können.

Als ich im April 1983 also erneut zu einem Versuch aufbrach, waren nur drei Besteigungen nachgewiesen. Der Cho Oyu war damals der am seltensten bestiegene Achttausender. Meine Neugier aber richtete sich weniger auf den Berg als vielmehr auf die Besiedlungsgeschichte von Solo Khumbu. Jahre später habe ich die Ur-

Tschorten am Wegrand in Solo Khumbu

heimat des Sherpa-Volkes besucht und dort eine ähnliche Baukultur vorgefunden wie in seiner heutigen Heimat Solo Khumbu. Auch die Tschorten, die Gebets- oder Reliquienschreine, stehen an ähnlich aussehenden Orten. Als ob die Sherpa-Clans auf ihrer langen Völkerwanderung eine Gegend gesucht hätten, die dem verlassenen Raum entspricht.

>> Hans ist glücklich, Reinholds Partner zu sein. Ich glaube, dass er sich sehr gut konzentrieren kann. Er hat eine selbstverständliche Ruhe und sieht die Dinge mit einem optimistischen Realismus. Er achtet Reinhold, hat aber seine ganz eigenständige Vorstellung vom Bergsteigen. «

Ulrike Stecher

Ich hatte eine kleine Mannschaft ausgewählt: Hans Kammerlander, der beim Versuch im Winter mit mir bis auf einen Klettertag an den Gipfel herangekommen war, und Michl Dacher, der sich zu seinem 50. Geburtstag einen Achttausender gewünscht hatte. Dazu eine Handvoll Sherpas, von denen einer kochte, einer Woche für Woche die Post aus dem Tal holen sollte und drei für den Nachschub ins Basislager sorgten. Als Bergsteiger waren wir nur zu dritt.

Wir wählten einen teilweise neuen Zugang von Südwesten her, hofften, so in die Tichy-Route zu finden und in Tichys Stil sowie in seinem Geist den Gipfel zu erreichen.

Keiner der 14 Achttausender war so fair angegangen worden wie der Cho Oyu von Herbert Tichy 1954. Auch ich wollte diesen Gipfel ja nicht besteigen, um einen bergsteigerischen Rekord zu verbuchen, ich suchte Erfahrung. Ich war drei Geheimnissen auf der Spur: der mythischen Kraft, die auf dem höchsten regelmäßig begangenen Pass der Welt wohnt; der Bedeutung des Berges, der diesen Übergang verklärt und überschattet; der Heiligkeit des Cho Oyu also und dem Glauben der Menschen, die hüben wie drüben von diesem Schneegebirge leben und sich von ihm beschützt fühlen.

Die Völkerwanderung der Sherpa
von Fosco Maraini

» Ich denke voll Dankbarkeit an diesen Tag zurück: an das Glück der Müdigkeit und das Gefühl, sein Bestes gegeben zu haben; an die großartige Einsamkeit, die vor uns noch kein Mensch gestört hatte; an die gute Kameradschaft mit den Sherpas, die gegen den wolkenlosen, grausam kalten Himmel steigen, als wäre er ihre Heimat, nach der sie sich sehnen. «
Herbert Tichy

Man stelle sich vor: Ein ganzes Volk auf Wanderschaft von einem Wohnsitz zum anderen, der vielleicht sehr weit entfernt ist. Das ist eines der ungewöhnlichsten Schauspiele in der Geschichte der Menschheit. Der Gedanke an die große Wanderung schlechthin, an den Auszug aus Ägypten, der Moses und die Seinen in das Land Kanaan führte, liegt nahe. Aber dieses Ereignis ist berühmt, weil große Dichter es beschrieben haben und weil ihr Bericht in die heiligsten Bücher der westlichen Tradition eingegangen ist. Wie viele andere Wanderungen, vielleicht genauso dramatische und mit Leiden verbundene, sind wohl in Vergessenheit geraten, oder das Wissen über sie ist nur bruchstückhaft überliefert?

Vor vielen Jahren, 1968, hatte ich Gelegenheit zu einigen Bergtouren im Friaul; ein Freund zeigte mir die Täler, durch die 1400 Jahre früher, im April 568, die Langobarden in Italien eingefallen sein sollen. Auf einem Felsblock sitzend, beobachtete ich den ruhigen Talboden mit seiner Asphaltstraße; ab und zu kam ein Fahrzeug vorbei, ein Fiat 500, ein Lieferwagen, ein Lastzug; das friedliche Brummen des alltäglichen

Verkehrs drang bis zu den Höhen herauf. Mir gefiel es in diesem Augenblick, die Augen zu schließen und mich in meiner Phantasie in den April des Jahres 568 zu begeben. Hatte in jenen Tagen die Sonne geschienen, hatte es geregnet – wer weiß? Sicher war die Straße ein holpriger Pfad gewesen, je nach Wetter schlammig oder staubig. Hier kam die Vorhut der neuen Barbaren, stolze und streitbare Mannsbilder zu Pferde, schwer bewaffnet, bereit, jeden Gegner in die Flucht zu schlagen. Dann andere und wieder andere, stundenlang. Da war der prächtige Schmuck der Pferde König Alboins und seines Hofstaats. Viele Stunden später, vielleicht erst am nächsten Tag erscheint die Masse des Volkes – Wagen mit Frauen, Kindern und alten Leuten, begleitet von Herden, die mit Rufen, Schreien, Pfiffen vorwärtsgetrieben werden, gefolgt von bellenden Hunden; die armen Kühe wollen grasen, doch nein, nur weiter, weiter. Dann wieder Gruppen bewaffneter Männer, die die Flanken schützen, schließlich eine große Streitmacht, die die Rückendeckung bildet und den ungeheueren Zug beschließt.

» Ich muss wieder fort. Es ist nichts mehr von hellen Schneefeldern und braunen Hügeln in mir geblieben. «

Voytek Kurtyka

Man schätzt, dass die Langobarden über 200 000 an der Zahl waren. Sie hatten ihre Heimat im Noricum und in Pannonien verlassen, um der Bedrängung durch die Gepiden und andere Feinde zu entgehen, bewegten sich voll Zuversicht auf die märchenhaften Ebenen Italiens zu, ein fruchtbares und sonniges Land, ein Land der Weinberge und Gärten, der Städte und Kastelle.

Und die Römer? Einst waren sie die Herren der Welt gewesen, aber inzwischen wussten die Barbaren sehr wohl, dass sie keine Rolle mehr spielten.

Und was Ostrom betraf, so war es zu weit entfernt, um Furcht einzuflößen. Es war also der Mühe wert, den Streich zu wagen, mutig vorzurücken, fruchtbare Landstriche zu besetzen, sich der Städte zu bemächtigen mit ihren Foren, Märkten, Theatern und Bädern, mit ihren an Gold und Marmor reichen Basiliken. Das Unternehmen, das vielen aussichtslos erschienen sein mag, gelang vollkommen. Wenige Jahre später, 572, residierten Alboin und sein Hofstaat königlich in Pavia, und zwei Jahrhunderte lang konnte Italien das Land der Langobarden heißen.

König Liutprand, von 712 bis 744 König der Langobarden, fuhr wütend auf, als die Byzantiner ihn einen Römer nannten: »*Romane! Dicamus, hoc solo nomine quidquid ignobilitatis, quidquid timiditatis, quidquid avaritiae, quidquid luxuriae, quidquid mendacii, imo quidquid vitiorum est comprehendente.*«[1]

Transportkolonne im Himalaja

Unter den vielen Wanderungen in der Geschichte der Menschheit ist eine der unbekanntesten, zugleich aber auch eine der kühnsten jene, die eine winzige, mutige Gruppe von Tibetern aus den Tälern der Region Kham, im äußersten Osten des alten Tibet, beinahe an der Grenze zur chinesischen Provinz Sichuan gelegen, in bestimmte Täler des Himalaja führte. Sie gelangten bis an den Fuß ungeheurer Berge, der schwindelerregendsten Höhen der Erde: der Chomolungma (Mount Everest) und anderen Kolossen aus seinem Hofstaat. Dort blieben sie.

---

1 Zitiert nach: Tagliavini, Carlo: *Le origini delle lingue neolatine.* Patron, Bologna, 5. Aufl. 1969, S. 163.

Leider besang kein Barde die denkwürdigen Taten dieser Tibeter, die eines Tages Zeltlager und Weiden, Häuser und Dörfer verließen, um ins Unbekannte aufzubrechen. Lange Zeit war all dies von dunkelstem Geheimnis umhüllt. Erst vor einigen Jahrzehnten gelang es einem deutschen Wissenschaftler, Michael Oppitz von der Universität Köln, in den Sherpa-Dörfern des Solo-Tales einige historische Dokumente zu entdecken, die Licht auf die Umstände der Wanderung zu werfen scheinen.[2]

Shar bedeutet im Tibetischen »Orient, Morgenland, Osten«, *pa* heißt so viel wie »Mensch, Person, Leute«, also kann man shar-pa (im Dialekt sher-pa) mit »Mensch aus dem Osten, Leute aus dem Morgenland« übersetzen. Der Name gibt bereits einen allgemeinen Hinweis darauf, dass die Sherpa ursprünglich Einwanderer aus einem fernen, östlich des Himalaja gelegenen Gebietes waren. Aber von wo aus, wie und wann hatte diese bedeutende Umsiedlung eines Volkes stattgefunden, die im Gebiet des heutigen Nepal Bevölkerung und Kultur der Hochtäler Solo und Khumbu sowie anderer, kleinerer Täler von Grund auf verändern sollte?

Tibeter auf Pony und Yak reitend

---

2 Oppitz, Michael: »Geschichte und Sozialordnung der Sherpa«, in *Khumbu Himal,* Band VIII, Wagner, Innsbruck/München 1968. Oppitz, Michael: »Myths and Facts: Reconsidering some Data concerning the Clan History of the Sherpa«. In: Fürer-Haimendorf, C. von (ed.): *Contributions to the Anthropology of Nepal.* University of London, Aris & Philips, Warminster 1974, S. 232–243.

Die Flucht des schwarzen Pferdes
von Fosco Maraini

» Wenn wir in die Ferne ziehen, begleite uns, göttliche Mutter, und wenn wir heimkehren, nimm uns wieder gnädig auf. «
Gebet der Sherpa an Tseringma

Blick von Tingri zum Cho Oyu

Die Untersuchungen von Michael Oppitz haben erwiesen, dass sich die Wanderung in zwei Schritten vollzog. Ausgangspunkt war ein Ort namens Salmo Gang in Kham; von dort aus bewegten sich die Sherpa langsam in Richtung einer Region im mittleren bis südlichen Tibet nahe der Grenze zu Sikkim, besonders in die Gebiete von Tingkye und Tingri. Zu einem späteren Zeitpunkt kam es zu einer zweiten, viel kürzeren, aber schwierigeren Wanderung, die über den Nangpa-Pass (5806 m) – einige Karten geben die Höhe mit 5716 m an – und dann in die Hochtäler Solo und Khumbu hinab durch das Himalaja-Gebirge führte. Es scheint, dass die erste Phase der Wanderung von den Sherpa selbst als endgültig betrachtet worden war und dass nur äußerst unglückliche Lebensbedingungen, die sich in der Folgezeit ergaben und auf die wir noch eingehen werden, ihre Oberhäupter zu der Entscheidung bewogen, nach Süden weiterzuziehen.

Zunächst aber: Warum verließen die Sherpa Kham? Und wann? Was den Zeitraum betrifft, so scheint man sehr weit zurückgehen zu müssen, vielleicht bis ins 14. Jahrhundert, als der Druck, den die Mongolen auf die Tibeter des Nordostens ausübten, wohl besonders hart und schwerwiegend war – sodass er für einige unerträglich wurde. Der Aufbruch dürfte keine überstürzte Flucht gewesen sein, beschlossen in einem Augenblick von Trostlosigkeit und Verzweiflung. Die alten Chroniken, die Oppitz studiert hat, sprechen von langen und bedachtsamen Vorbereitungen, vom Verkauf von Herden und Häusern, um sich mit Gold zu versehen, das problemlos zu transportieren und überall leicht einzutauschen war. Es scheint auch, dass die Einwanderer (die übrigens nicht sehr viele waren, vielleicht handelte es sich zunächst lediglich um einige Hundert Personen) in den Klöstern und Dörfern entlang des Weges gut aufgenommen wurden – eben deshalb, weil sie nicht wie Landstreicher auftraten, sondern wie Leute, die den Regeln entsprechend für Güter und Dienstleistungen zahlten. Als sie das Gebiet zwischen Tingkye und Tingri erreicht hatten, schien die Wanderschaft beendet; vermutlich glaubten die Sherpa, eine neue Heimat gefunden zu haben, wo sie sich niederlassen, in Ruhe arbeiten und sich vermehren konnten.

Und doch muss etwas geschehen sein, denn nach ziemlich langer Zeit – einige Generationen später – wurde die Wanderschaft wieder aufgenommen. Über die Ursache dieser zweiten Umsiedlung hat es viele Vermutungen gegeben; man hat von wirtschaftlich-politischem Druck gesprochen (weil die Sherpa Land bearbeiteten, das andere sich zu eigen machen wollten oder schon als Besitz beanspruchten), und man hat auf religiöse Schwierigkeiten angespielt, vor allem auf die Möglichkeit einer aggressiven Missionstätigkeit der *Gelug-pa* (»Die

Yaks im steilen Gelände

Tugendhaften«), der Angehörigen der sogenannten Gelben Sekte (nach der Farbe der rituellen Kopfbedeckung), die der große Reformator Tsong-kapa (1357–1419) gegründet hatte. Über die ursprünglichen Lebensbedingungen der Sherpa wissen wir nur sehr wenig; es ist möglich, dass sie der vorherrschenden Bon-Religion anhingen, die in den Randgebieten Tibets besonders verbreitet war, gerade in Kham und den Himalaja-Tälern. Aber vielleicht ist es wahrscheinlicher, dass sie sich zum archaischen Buddhismus bekannten, dem die *Nima-pa* (»Die Alten«) anhingen, die jede Reform ablehnten und die Lehren des großen, wundertätigen Meisters Padmasambhava (8. Jahrhundert) befolgten.

Nun werden die Daten wichtig: Wenn die zweite Wanderung im 16. Jahrhundert stattgefunden hat, was sehr wahrscheinlich ist, kann die These vom Druck der Gelugpa nur schwer aufrechterhalten werden, weil zu dieser Zeit die Sekte erst noch im Begriff war, sich zu festigen. So kam im Jahr 1578 der oberste Abt der Gelug-pa, Sönam Gyatso (»Meer des Ruhmes«) am Kokonor-See (chinesisch

Tibeter in Sherpa-Tracht in Kham

Qinghai) mit dem Mongolenkönig Altan Khan zu einem echten Gipfeltreffen der damaligen Zeit zusammen, im Geiste gegenseitiger »tiefer Verehrung und Ergebenheit«³.

Der Abt wurde mit dem Titel »Dalai« (»Meer«, gemeint ist »der Weisheit«) ausgezeichnet, während das religiöse Oberhaupt

Sherpa-Frauen in Tengboche

dem Herrscher den Namen »König des Glaubens, Erhabene Reinheit« verlieh. Streng genommen hätte Sönam Gyatso als der erste Dalai Lama (oder Tale Lama, wie die Tibeter sagen) betrachtet werden müssen, doch sah man ihn, weil er der dritte Abt der Sekte war, als dritten Hohepriester an und übertrug den Titel »Dalai« im Nachhinein auch schon auf seine Vorläufer.

Nun entwickelte und behauptete sich auf dem Dach der Welt eine neue, mächtige Dynastie von Papst-Königen.

Nach dem frühen Tod des Sönam Gyatso im Jahr 1588 wurde mit der metaphysischen Schläue eines Machiavelli eine Reinkarnation entdeckt, und zwar ausgerechnet unter den kleinen Urenkeln des Altan Khan. Aber der vierte Dalai Lama, Yonten Gyatso (1589–1617), kann alles in allem als Übergangsfigur gelten, auch weil er ziemlich jung starb – wie man vermutet, an Gift. Die wirklich überragende Persönlichkeit der Dynastie, der Gründer der tibetischen Theokratie, wie man sie in den folgenden Jahrhunderten bis in unsere Tage

---

3 Snellgrove, D. & H. Richardson: *A Cultural History of Tibet*. Weidenfeld and Nicholson, London 1968; Nachdruck Prajna Press, Boulder 1980, S. 184.

kannte, war Ngawang Lobsang Gyatso (»Macht des Wortes, Richtige Eingebung, Meer [der Weisheit]«), geboren im Jahr 1617, als Reinkarnation seiner Vorläufer von Kindheit an großer Papst der Gelben – und darüber hinaus irdische Verkörperung des Bodhisattva Avalokitesvara (tibetisch Chenrezig), Personifikation göttlicher Güte und Liebe. Der fünfte Dalai Lama, der Große Fünfte, wie er oft genannt wurde, war für die Tibeter so bedeutend wie Ludwig XIV. für die Franzosen, Kaiser Qianlong für die Chinesen, Heinrich VIII. für die Engländer, Philipp II. für die Spanier, Peter der Große für die Russen usw.: ein tatkräftiger Mann, hellsichtig, großmütig, wenn es notwendig war, im richtigen Augenblick furchterregend oder sogar schrecklich, durch den sich das Land zu Einheit, zum Ruhm und in eine wirkliche Unabhängigkeit geführt sah.

Als religiöses Oberhaupt der Buddhisten verfügte Ngawang Lobsang nicht über Streitkräfte, doch mit außergewöhnlichem Geschick wusste er seinen geistigen Einfluss auf die Gläubigen zu nutzen, vor allem auf die Mongolen, die sich damals in immer größerer Zahl und mit immer hellerem Eifer zum Buddhismus bekehrten.

Einer ihrer Könige, Gushri Khan, arbeitete eng mit dem Großen Fünften zusammen und tauschte gern militärischen Schutz gegen spirituelle Führung und Segen für sich und seine Untertanen. Das Herrschaftsgebiet des Dalai Lama war nun sehr weit ausgedehnt; es reichte von Kham im Osten bis zum Berg Kailasa (gemeint ist der heilige Berg Kailash) und weiter nach Westen fast bis vor die Tore von Ladakh, von den Hochtälern des

Der Potala-Palast in Lhasa

Himalaja im Süden bis zu den Kunlun-Bergen im Norden. Zwar war es nicht das mächtige Reich Tibet des Thrisong Detsen (756–796), doch fehlte nur wenig.

Der Große Fünfte legte immer besonderen Wert auf Etikette und das Zeremoniell, das seine Stellung verherrlichte, inzwischen nicht nur die des Hohepriesters, sondern auch des weltlichen Herrschers. Der Potala-Palast in Lhasa war seit den Zeiten des alten tibetischen Reiches hochherrschaftliche Residenz gewesen, und viele spätere bedeutende und unbedeutende Fürsten des mittleren Tibet hatten dort ihren Wohnsitz genommen. Ngawang Lobsang wollte ihn in großem Maßstab erweitern und verschönern; unter seiner persönlichen Leitung erhielt der riesige Gebäudekomplex, der über 1000 Räume enthält, weitgehend sein heutiges Aussehen – das einer verzauberten vatikanischen Festung, die aus dem Felsen herauswächst, sich vielfarbig zum Himmel aufschwingt und den Berg, den sie von der Natur als Fundament erhalten hat, vervollständigt, schmückt und krönt.

Mönche beim Festumzug

Im Potala-Palast befindet sich ein sehr bekanntes Porträt des Ngawang Lobsang Gyatso.[4]

Im Allgemeinen ist die tibetische Kunst hagiografisch und idealisiert den Gegenstand ihrer Darstellung in manchmal übermäßig schmeichelhafter Weise; hier aber hat uns der

---

4 *The Potala Palace of Tibet*. Shanghai People's Art Publishing House, Joint Publishing Co., Hongkong 1982, S. 77, Tafel 65.

Künstler, vielleicht überwältigt vom Eindruck der Persönlichkeit, ein Porträt hinterlassen, das an Lebendigkeit und Realismus mit den besten Büsten römischer Kaiser konkurrieren kann. Die mächtigen Kiefer, die man unter den von Falten zerfurchten Wangen erahnen kann, zeigen die Kraft des Mannes der Tat; die großflächige Stirn und der feste, sichere Blick der Augen verraten ungewöhnliche Intelligenz. Der Große Fünfte war alles in allem großmütig gegenüber den anderen buddhistischen Sekten, wenn sie sich ihm nicht zu offen widersetzten. Und zwischen einem Feldzug und dem nächsten, zwischen seinen verschiedenen Aktivitäten als religiöses Oberhaupt, Staatsmann, Bauherr und charismatischer Leiter des Volkes fand er sogar die Zeit, eine beachtliche Zahl von Werken zu verfassen, sowohl zu religiösen als auch zu historischen Themen. Die außerordentliche Geistesgröße dieses Mannes weckte in seinen Zeitgenossen eine so tiefe Verehrung, dass sein Tod im Jahre 1682 von seinem Stellvertreter Senggye Gyatso gut 15 Jahre lang geheim gehalten wurde, aus Furcht, die Nachricht könnte unkontrollierbare Unruhen im Lande auslösen.

Falls also die Sherpa sich im 16. Jahrhundert gezwungen sahen, ihren Wohnsitz in Tibet zu verlassen, hängt die Ursache der Wanderung wahrscheinlich nicht mit religiösen Bedrängnissen zusammen; handelte es sich dagegen um das 17. Jahrhundert, das die meiste Zeit von der allgegenwärtigen und autoritären Figur des Großen Fünften beherrscht wurde, könnte es sich anders verhalten haben. Hier wagt Michael Oppitz eine These. Er erinnert daran, dass

Yak-Karawane auf dem tibetischen Hochland

Tibet in den Jahren 1531 bis 1533 von den bewaffneten Horden eines fanatischen moslemischen Königs, Sultan Said Khan, in Angst und Schrecken versetzt wurde. Sie kamen aus Kashgar, das heute im Gebiet der chinesischen Region Xinjiang liegt. Die Moslems hatten es auf Lhasa abgesehen, das zu erreichen und zu zerstören ihnen jedoch nicht gelang. Aber sie richteten genau in jenem Teil des mittleren Tibet, in dem die Sherpa heimisch geworden waren, großes Unglück und entsetzliche Verwüstungen an. Hierzu schreibt Oppitz: »In der Annahme, dass diese Invasion von Fremden unmittelbar mit der Flucht der Sherpa über die Pässe des Himalaja nach Nepal zusammenhängt, wie bestimmte Hinweise vermuten lassen, können wir ihre Ankunft in Solo Khumbu mit großer Genauigkeit datieren. Es muss um 1533 gewesen sein.«[5]

Ob das schicksalhafte Datum nun dieses war oder ein anderes, späteres, eines ist sicher: dass die Sherpa in ihrer neuen Heimat fest und auf bewundernswerte Weise Fuß gefasst haben, indem sie Täler nutzten, die vorher leer, unbesiedelt und unergiebig waren, und sie in eine Gegend verwandelten, in der Menschen leben können. Es handelt sich immer noch um ein sehr kleines Volk, dessen Anzahl unterschiedlich berechnet wird, von einigen auf 110 000, von anderen auf nur 30 000, je nach den Kriterien der Statistiken.

Yak-Karawane unterhalb des Nangpa La

Dem ursprünglichen Kern von vier exogamen Clans schlossen sich vermutlich um 1600 weitere Clans an, und wieder andere in den hundert Jahren zwischen 1750 und 1850. Die

---
5 Vgl. Oppitz, 1974, a. a. O., S. 233.

erst spät – von 1800 bis 1850 – Dazugestoßenen betrachtet man als Angehörige von Pseudoclans. Als Letzte kamen die Khampas und als Allerletzte die Flüchtlinge, die Tibet nach 1959 verlassen haben.⁶

》 Ich war immer wieder erstaunt über die Gleichgültigkeit, mit der die Sherpas das ferne Bild von Bergen betrachteten, die doch ihr ganzes Leben beherrschen und Ziel ihres fanatischen Ehrgeizes sind. 《
Herbert Tichy

C. von Fürer-Haimendorf zählt gut 27 Clans. Zusammen mit den echten Sherpa, die sich in viele verschiedene Gruppen unterteilen, leben kleine Gemeinschaften von Nepalesen vor allem in den weniger hoch gelegenen Abschnitten der Täler. So ist also die Welt der Sherpa, die oberflächlich betrachtet so einfach, idyllisch und in bukolischen Traditionen verwurzelt erscheinen mag, in Wirklichkeit von einer diffizilen, verborgenen und voller Fallen steckenden Vielschichtigkeit – wie die ersten Anthropologen, die sie genau erforschen wollten, sofort bemerkt haben!⁷

Yak-Kadaver auf dem Weg zum Nangpa La

---

6 Fürer-Haimendorf, C. von: *The Sherpas of Nepal, Buddhist Highlanders*, Murray, London 1964; Nachdruck 1972, S. 19.
7 Vgl. besonders: Ortner, S. B.: *Sherpas through their Rituals*. Cambridge University Press 1978.

Die Expedition, von der uns Reinhold Messner in diesem Buch erzählt, folgt dem Weg der alten Sherpa in umgekehrter Richtung; sie führt nämlich von Süden, von den Tälern Solo und Khumbu nach Norden und zum Nangpa La (Nangpa-Pass). Der lange Gletscheranstieg macht diese Strecke auch für ausgerüstete Bergsteiger gefährlich; man ist wirklich verblüfft und voll Bewunderung, wenn man bedenkt, dass ihn vor langer Zeit eine mutige Gruppe von Männern in Angriff nahm, die Frauen, Kinder, alte Leute und Haustiere mit sich führte, und dies alles zu einer Zeit, als Kleider, Schuhwerk und Ausrüstung noch sehr einfach waren. Und doch schafften es die Sherpa. Sie bestanden die Probe. Sie gewannen die Wette mit dem Schicksal.

Der Cho Oyu, vom Nangpa La aus gesehen

Götterberg
von Reinhold Messner

》In der letzten Nacht im Lager II standen auf einmal zwei kleine Cho-Oyu-Götter am Zelteingang, von Kopf bis Fuß so grün wie der Türkis, den ich am Hals trage. Türkisgrün und ganz und gar unbekleidet.
›Komm heraus!‹, riefen die Götter. Und weil sie noch keine erwachsenen Götter, sondern ungezogene Buben waren, versuchte ich, einen von ihnen am Arm zu packen. Als ich ihn aber berührte, lösten sich beide Götterknaben in Luft auf. Durch meinen Körper zuckte ein glühend heißer Strahl.
Als ich mich wieder in den Schlafsack legte, rann mir noch stundenlang der Schweiß aus allen Poren. 《

Ang Dorje

Der Cho Oyu, obwohl ein sehr hoher Berg, ist in Europa erst seit 1921 bekannt. Ob sein Name wirklich »Göttin des Türkis« bedeutet? Es ist nicht eindeutig geklärt. Der tibetische Doppelname »Chomo Yu« (Choma = Göttin; Yu = Türkis) weist auf das Göttliche und den Schmuck der Tibeter hin. In der Färbung dieses Halbedelsteins soll der Berg manchmal am Abend leuchten.

Andere Bedeutungen des Namens aber – »Großer Kopf«, »Mächtiges Haupt« oder »Kopf des Gottes« –, obwohl sie naheliegen, haben sich nicht durchgesetzt. Cho-i-U (Cho = Gott, U = Kopf) klingt, schnell gesprochen, wie ich den Berg oft von Sherpas benannt hörte, ebenso überzeugend, übersetzt also »Gotteshaupt«.

Der Name kommt sicher aus dem Tibetischen: Der Berg ist im Norden weithin sichtbar, gegen Nepal hin ist er durch Vorberge verdeckt. Es ist anzunehmen, dass die Tibeter ihn benannten, bevor das Volk der Sherpa über den Nangpa La nach Solo Khumbu kam, Bild und Namen also wie auch die Legende vom Yeti mitbrachten.

> » Es gibt im Himalaja Gegenden, wo die Yetis völlig zu fehlen scheinen, und andere, wo sie häufig sind. Bisher wurden von den Europäern immer nur ihre Spuren, niemals die Tiere selbst gesehen. Die Gegend um den Nangpa La schien von den Yetis bevorzugt zu sein. Allerdings hatte im Vorjahr die von der englischen *Daily Mail* großzügig ausgestattete Expedition, deren einzige Aufgabe es war, das Rätsel des Yeti zu lösen, auch in diesem Gebiet nur Spuren und nicht das Wild ihrer fotografischen Jagd zu Gesicht bekommen. «
>
> *Herbert Tichy*

Trotzdem wurde der Cho Oyu von den Alpinisten lange Zeit übersehen. Andere Achttausender – Mount Everest, Kangchendzönga, Nanga Parbat und K2 – hatten durch die vielen Besteigungsversuche, die sie herausforderten, und die Opfer, die sie forderten, rasch Berühmtheit erlangt. Der Cho Oyu drang erst mit der Tichy-Expedition ins Bewusstsein der weltweiten Bergsteigerschaft.

Es war die erste (britische) Mount-Everest-Expedition, die 1921 eine gute Aufnahme dieses Berges mitbrachte. Das Bild ist vom Nangpa La aus aufgenommen und zeigt den Bereich, in dem Tichy später seine Aufstiegsroute wählte. Die Engländer aber, da-

Der Cho Oyu, von Nordwesten gesehen

mals nur bestrebt, den Zugang zum Mount Everest zu finden, wollten keine Zeit für dieses »unbedeutende« Ziel verschwenden. Obwohl ihr Bild zeigt, dass der Cho Oyu ein »möglicher« Achttausender ist, ließ diese erste »Sichtung« keine Begeisterung aufkommen.

Dreißig Jahre später, 1951, kam eine zweite englische Expedition in die Nähe des Berges. Eric Shipton führte eine Erkundungsfahrt an die Südseite des Mount Everest durch. Sie sollte Zugänge zum Gipfel der Welt von Nepal aus erforschen. Inzwischen hatte sich ja eine entscheidende politische Wende in Hochasien vollzogen: Tibet, über dessen Hochflächen die alte Anmarschroute zum Mount Everest geführt hatte, war von China besetzt und für Fremde gesperrt worden. Das bis dahin Fremden verschlossene Königreich Nepal hingegen war für Ausländer plötzlich zugänglich. Trotz der eindeutigen Fokussierung Shiptons auf ein einziges Ziel – den höchsten Berg der Welt – kam eine kleine Gruppe seines Erkundungstrupps bis zum Nangpa La. Der Cho Oyu – im Nordosten – stand unmittelbar vor den Bergsteigern. Die Himalaja-erfahrenen Briten erkannten die Besteigbarkeit des Berges auf Anhieb: »Die Nordwestseite des Cho Oyu ist die vielversprechendste, die ich je bei einem großen Himalaja-Gipfel gesehen habe«, schrieb W. H. Murray.

Endlich, 1952, wird der Cho Oyu zum ersten Ziel einer britischen Expedition. Unter der Leitung von Eric Shipton reisen hervorragende Bergsteiger nach Nepal: E. Hillary (ein Jahr später wird er auf dem Gipfel des Mount Everest stehen) und G. Lowe aus Neuseeland; aus

Yak-Skelett unter dem Nangpa La

England H. Riddiford, C. Evans, A. Gregory, T. Bourdillon: lauter Bergsteiger, deren Namen damals jeder Himalaja-Kenner mit Respekt aussprach.
Die Expedition aber kommt nur bis zum Eisbruch in etwa halber Höhe des Berges. Man gibt den Plan einer Gipfelbesteigung auf. Warum? Vielleicht, weil die Expedition zum Cho Oyu nur halbherzig geplant gewesen ist.

》 In einer Höhe von 22 500 Fuß stießen Hillary, Lowe, Evans, Bourdillon, Gregory und Secord auf eine gewaltige Barriere von Eisbrüchen, die sich um den Gipfel zieht ... Es war klar, dass es mindestens zwei Wochen dauern würde, dieses Hindernis zu überwinden und eine Route hinüber anzulegen, und das hätte das Heranschaffen von Proviant in einem Ausmaß nötig gemacht, gegen das wir uns schon ausgesprochen hatten. So gaben wir widerwillig den Versuch einer Besteigung des Cho Oyu auf. 《

Eric Shipton

Aber auch, weil Shipton – seine Route zum Cho Oyu führte ein paar Hundert Meter weit über tibetisches Gebiet – politische Schwierigkeiten fürchtete. Und solche galt es auf alle Fälle zu vermeiden. Deshalb konnte der Cho Oyu im Herbst 1954 Tichys Berg werden. Für Shipton war der Cho Oyu »Training« gewesen, für Tichy sollte er höchstes Ziel werden.

》 Der Weg zum Berg ist nicht nur ein Weg zu einem Gipfel, sondern vor allem ein Weg zu den anderen. 《

Anna Hecher

Ziel, Erkundung, Erstbesteigung[8]
von Reinhold Messner/Günter Seyfferth

Mount Everest – Britische Erkundungsfahrt 1921

》 Der Everest, der äußerste Punkt der Welt, scheint hier nahe. Manchmal habe ich das Gefühl, ganz oben auf der Erde zu sitzen, schon fast im Kosmos zu sein. 《

Anna Hecher

Die britische Expedition zur ersten Erkundung des Mount Everest erreichte von Osten kommend am 19. Juni 1921 den Ort Tingri nördlich des Cho Oyu. Die Teilnehmer waren wahrscheinlich die ersten Menschen des Westens, die überhaupt je in dieses Gebiet gewandert waren. Während sich die Bergsteiger G. Mallory und G. Bullock dem Everest zuwandten, blieben die Vermesser in Tingri. Am 25. Juni brechen O. E. Wheeler und A. M. Heron nach Süden in Richtung Gyabrag-Gletscher auf, am nächsten Tag folgt ihnen C. K. Howard-Bury. Sie gehen die wichtige Handelsroute zwischen Tibet und Nepal, die am Nangpa La die Grenze auf 5716 m Höhe überquert; in seinem Buch bezeichnet Howard-Bury diesen Pass allerdings noch als Khombu La. Zunächst hatten sie die 15 Kilometer lange Bergkette mit Gyachung Kang (7952 m) und Cho Oyu (8201 m) aus dem Hochland noch gut erkennen können, mit der Annäherung an den Gyabrag-Gletscher geraten sie aber in schlechtes Wetter. Schließlich geht nur noch

---

8 Siehe zu diesem Kap. auch Günter Seyfferth, www.himalaya-info.org

Howard-Bury weiter und steht am 28. Juni im Schneetreiben als erster Europäer auf dem Pass.

Vorher – während der Erkundungen am Gyabrag-Gletscher – war der Expedition allerdings aus größerer Höhe ein hervorragendes Foto von der Nordwestflanke des Berges gelungen. Auf diesem sehr scharfen Foto ist die spätere Route der Erstbesteiger von 1954 sehr gut auszumachen. Für Herbert Tichy, den Expeditionsleiter von 1954, war dieses Bild die Bestätigung, dass der Cho Oyu ein »möglicher« Achttausender war.[9]

Teilnehmer: C. K. Howard-Bury (Leitung), G. L. Mallory, H. T. Morshead, O. E. Wheeler, A. M. Heron

Cho Oyu-Westflanke

>> Ich habe wie die alten Expeditionszeichner arbeiten müssen. Ich habe mich umgestellt – den Spielraum vom Surrealismus zum Realismus ausgenützt, ohne mich dem Naturalismus verschreiben zu wollen. <<

Luis Stefan Stecher

---

9 Quellen: C. K. Howard-Bury: *Mount Everest – Die Erkundungsfahrt 1921*. Deutsch von W. Rickmer Rickmers. Benno Schwabe & Co., Basel 1922, S. 144; Herbert Tichy: *Cho Oyu – Gnade der Götter*. Ullstein, Wien 1955.

1952: Britische Expedition zum Cho Oyu[10]

>> Ohne ausreichendes Rüstzeug konnten wir keinen hartnäckigen Vorstoß wagen, der uns lange von der Hauptmacht abschneiden würde. Und vielleicht lauerten die Chinesen schon auf uns. Unter diesen Umständen war ich beinahe froh, dass der Berg uns abschlug. <<

Edmund Hillary, 1952

Die Briten hatten im Herbst 1951 nach der Öffnung des Königreichs Nepal für Fremde sofort eine Erkundungsgruppe zur Südflanke des Mount Everest entsandt. Man hatte den Khumbu-Eisbruch bis zum oberen Rand durchstiegen und sah die Möglichkeit, dass die Erstbesteigung des Everest über diese Route gelingen könnte. Inzwischen waren ihnen aber die Schweizer mit ihrem Antrag auf Genehmigung für je eine Everest-Expedition im Frühjahr und im Herbst 1952 zuvorgekommen.

Enttäuscht und bangend – damals durfte nur jeweils eine Expedition an einen Berg – wandten sich die Briten daraufhin dem Cho Oyu zu, in der Hoffnung, dass die Schweizer keinen Erfolg haben würden und man dann das lang ersehnte Ziel im Jahr 1953 als Erste erreichen würde.

Cho Oyu, von Westen gesehen

---

10 Quellen: Edmund Hillary: *Ich stand auf dem Everest*. Heinrich Albert Verlag, Wiesbaden 1995; Edmund Hillary: *High Adventure*. Hodder & Stoughton, London 1955; Herbert Tichy: *Cho Oyu – Gnade der Götter*. Ullstein, Wien 1955.

Nach einer kurzen Erkundung der Südflanke des Cho Oyu gehen die Briten über den Nangpa La zur Nordwestflanke, ständig in der Sorge, dass chinesisches Militär den illegalen Grenzübertritt bemerken könnte. Das Basislager schlägt man deshalb am 6. Mai möglichst verborgen im oberen Bereich des Gyabrag-Gletschers auf, direkt am Fuß des Nordwestgrates. Das erste Hochlager wird auf 6400 m Höhe errichtet, an dem Platz, an dem auch heute das Camp I auf der Normalroute steht. Diesen Punkt scheint man aber nicht über den heute begangenen Geröllhang von Südwesten erreicht zu haben, sondern direkt über den Eiswulst am Westrand des Lagers. Der weitere Aufstieg führt die Briten über den Nordwestgrat an den Fuß des Eisbruchs auf 6800 m Höhe, also auf der Route, die dem heutigen Normalanstieg entspricht. Beim Versuch, den steilen Eisbruch für die Träger gangbar zu machen, geben Hillary und Lowe dann bald auf. Vermutlich fehlte den Teilnehmern die rechte Motivation, weil ja gleichzeitig die Schweizer am Everest dabei waren, den Briten ihren eigentlichen Erfolg zu nehmen. 2 ½ Jahre später wunderte sich Herbert Tichy, dass die Briten hier aufgegeben hatten, brauchten die Österreicher doch nur einen Nachmittag, um den Eisbruch auch für die Sherpas gangbar zu machen.

Teilnehmer: Eric Shipton (Leitung), E. Hillary, G. Lowe, H. Riddiford, C. Evans, G. Pugh, A. Gregory, T. Bourdillon, R. Colledge

1954: Erstbesteigung am 19. Oktober durch eine österreichische Kleinexpedition[11]

Als die Österreicher im Herbst 1954 zum Cho Oyu gingen, war das etwas Außergewöhnliches: Bisher hatten sich immer nur Großexpeditionen mit Hunderten von Trägern an einen

---
11 Quelle: Herbert Tichy: *Cho Oyu – Gnade der Götter*. Ullstein, Wien 1955.

Achttausender gewagt. Jetzt waren es nur drei bescheidene Bergsteiger mit einigen wenigen Sherpas und Trägern. Ähnliches sollte nur noch 1957 am Broad Peak gelingen.

»Der Wiener Geograf und Reiseschriftsteller Dr. Herbert Tichy besitzt wie kaum ein anderer Europäer ein Herzensverhältnis zum Himalaja. Mit 23 Jahren war er, nur in Begleitung eines Sherpas, verkleidet nach Tibet gegangen und hatte einen Versuch auf die Gurla Mandhata unternommen. Das war 1936. «

Förster/Grassler

Die Gruppe geht von Süden über den Nangpa La zum Gyabrag-Gletscher in der Hoffnung, hier nicht von Chinesen beim illegalen Grenzübertritt erwischt zu werden. Das erste Lager wird am 29. September am Fuß des steilen Geröllhangs errichtet, der von Südwesten hinauf zum Nordwestgrat führt. Die Expedition bewegt sich von diesem Lager I bis zum Gipfel auf der Route, die heute als Normalroute bezeichnet wird. Geringe, durch Eis- und Schneeverhältnisse bedingte Abweichungen werden nicht als neue Routen betrachtet. Diese Normalroute wird mitunter auch als »Tichy-Route« bezeichnet.

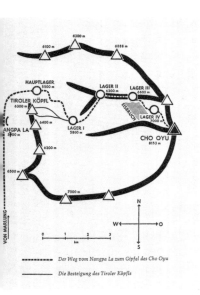

Die Höhe des Lagers II (heutiges Lager I) hat Tichy irrtümlich mit 6200 m anstatt mit 6400 m angegeben. Der erste Vorstoß führt bis zum Lager IV auf 7000 m Höhe (heutiges Lager II).

>> Ich liebe die Gebetsfahnen, weil sie Stürme und Windstillen lebendig machen ... ich liebe sie nicht darum, weil sie Hoffnung, Angst und Aufbegehren gegen den Himmel haben, sondern ganz einfach, weil sie jedem Hauch des Himmels Gestalt verleihen, ihn zu Bewegung und zu Geräusch werden lassen. <<

Herbert Tichy

Hier zwingt ein heftiger Höhensturm, bei dem sich Tichy schwere Erfrierungen an beiden Händen zuzieht, die Mannschaft zum Abstieg. Da die Vorräte zur Neige gehen, bricht Pasang am 8. Oktober mit einigen Trägern zu einem Gewaltmarsch nach Namche Bazar auf. Währenddessen kümmern sich die Kameraden um Tichys Hände. Am 11. Oktober kommen überraschend Madame Kogan und ein Begleiter von der schweizerischen Gaurishankar-Expedition ins Lager. Sie hatten keinen Erfolg und schlagen vor, nun gemeinsam den Cho Oyu anzugehen. Die Österreicher sind nicht begeistert; die Schweizer haben auch keine Genehmigung für den Cho Oyu. Zwei Tage später, als alle Schweizer unter Leitung von Raymond Lambert (Everest 1952) eingetroffen sind, einigt man sich nach einem Streit darauf, dass die Österreicher den Vortritt erhalten und die Schweizer erst anschließend zum Gipfel gehen werden. Am 15. Oktober steigen Tichy (!), Jöchler, Adjiba und Gyaltsen, die fast keine Vorräte mehr besitzen, erneut auf. Unterhalb des Eisbruchs wird Lager III in eine Eishöhle verlegt. Dort werden sie zwei Tage lang von einem Höhensturm festgehalten. Am 18. Oktober trifft Pasang mit neuen Vorräten im Lager III ein. Er hatte unterwegs erfahren, dass jetzt auch die Schweizer am Cho Oyu

Herbert Tichy (1912–1987)

seien, und war im Eilmarsch den Berg bis auf 6700 m hochgestürmt – eine bewundernswerte Leistung.

» Ich beneide die Männer um das Unterwegssein, in dem sie sich spüren können, für sich sein können. Doch wird der Neid schon kleiner, wenn ich an die Gefahren denke. Seit ich unweit von ihrem Weg eine Lawine abgehen sah, kann ich ihnen gar nicht mehr zuschau'n. «

Anna Hecher

Noch am 18. Oktober gehen Tichy, Jöchler, Pasang, Adjiba und Gyaltsen ins Lager IV. Am 19. Oktober brechen Tichy, Jöchler und Pasang um 6 Uhr zum Gipfel auf, den sie um 15 Uhr erreichen. Sie haben damit den sechsthöchsten Gipfel der Erde und den fünften Achttausender bestiegen. Zudem haben sie damit den höchsten Gipfel ohne Zuhilfenahme von künstlichem Sauerstoff bezwungen, ein Rekord, der erst mit der Besteigung des Mount Everest am 8. Mai 1978 durch Habeler/Messner gebrochen werden sollte. Die Schweizer erreichen den Gipfel nicht mehr. Claude Kogan stirbt 1959 bei einem erneuten Versuch am Cho Oyu.

Teilnehmer: Herbert Tichy (Leitung), Sepp Jöchler, Helmut Heuberger sowie die Sherpas Pasang Dawa Lama, Adjiba, Gyaltsen, Ang Nyima, Pemba Bhutar, Da Nurbu

Tichys Pilgerfahrt
von Reinhold Messner

Ein Jahr nach seiner abenteuerlichen Reise ins unerforschte Westnepal bricht Tichy am 2. September von der Hauptstadt Nepals nach Namche Bazar auf, um von dort weiter zum Nangpa La zu marschieren. Dabei steht die Frage, ob die Expedition auf dem Weg zum Cho Oyu tibetisches Gebiet queren muss, im Raum. Wie hoch das Risiko einer Verletzung der Grenzbestimmungen wäre? Tichy hat zwar ein ungutes Gefühl, er hofft aber fest, den Zugang zum Cho Oyu von Westen her zu finden und »auf der theoretischen Grenzlinie« zwischen Tibet und Nepal zum Gipfel zu kommen.

》Wahrscheinlich werden weder Pasang noch ich den ›sehr hohen Gipfel‹ erreichen, sondern ein junger Bergsteiger, den ich aus Europa mitbringen werde, oder ein junger Sherpa, den Pasang ausgewählt haben wird. Wir ›Alten‹ – und im Himalaja ist man mit 40 Jahren alt – werden dann im sogenannten Basecamp stehen ... und vielleicht werden wir sehen, wie sich ein winziger dunkler Punkt mit unendlicher Langsamkeit über die Eisgrate nach oben bewegt, bis er sich nicht mehr scharf gegen das leuchtende Weiß des Schnees abhebt, sondern mit dem strahlenden Blau des Himmels zu einer Einheit verschmilzt. 《
Herbert Tichy

Tichy reist mit zwei Österreichern und sieben Sherpas. Ist diese Gruppe stark genug, um einen Achttausender zu besteigen? Man würde sehen. Der Bergsteiger Sepp Jöchler aus Landeck ist 1954 ein berühmter Mann, hat er doch mit Hermann Buhl die Eiger-Nordwand und mit Ernst Senn die Matterhorn-Nordwand durchstiegen. Beide unter schwierigsten Verhältnissen. Dr. Helmut Heuberger steht als Geograf an der Universität Innsbruck für seriöse wissenschaftliche Arbeit; Herbert Tichy selbst, der Pilger und Träumer, ist Leiter der Expedition.

Für alle zehn Teilnehmer – Sherpas und Sahibs – steht gleich gute Ausrüstung bereit: Die Sherpas bekommen die gleichen Daunenjacken, Schlafsäcke, Anoraks wie die Sahibs. Keiner im Team soll benachteiligt sein. Tichy stellt sich vor, dass am Berg drei Seilschaften operieren: jede aus je einem Sherpa und einem Österreicher. Die vier übrigen Sherpas würden ausreichen, um den Nachschub in die Hochlager zu garantieren. Dazu stehen im Basislager vier weitere Sherpas bereit. Eine geniale Strategie, die sich dann leider nicht hat umsetzen lassen.

>> Im Herbst 1953 zog Tichy mit Pasang Dawa Lama, Adjiba, Gjaltsen und Pemba – also als einziger Weißer mit nur vier Sherpas – von Kathmandu durch Westnepal: vorbei am Dhaulagiri und der Annapurna-Gruppe bis in das Gebiet des Saipal und zur indischen Grenze am Kali-Fluss – und so ganz nebenbei erstieg er mit Pasang drei Sechstausender und zwei Fünftausender. Pasang bat ihn wiederzukommen und mit ihm einen ›sehr hohen Gipfel‹ zu besteigen. Damals entzündete der Sirdar Pasang Dawa Lama im Österreicher Herbert Tichy das Verlangen, den ›hohen Gipfel‹ Cho Oyu zu besteigen. **<<** *Förster/Grassler*

Das ganze Unternehmen wird weder militärisch noch demokratisch geführt. Wenn etwas zu besprechen oder zu entscheiden ist, setzen sich Sirdar als Sherpa-Chef und Sahibs zusammen. Man bespricht die Angelegenheit. Meist gibt dabei der berühmte Pasang mit seiner unantastbaren Autorität den Ausschlag. Er hat die größte Erfahrung! Keiner aber soll das Gefühl haben, Tichy sei der »Expeditionsleiter«. Er ist es gerade deshalb.

Die Sherpa-Mannschaft ist von Pasang zusammengestellt worden. Wie damals üblich, besteht sie großteils aus Mitgliedern seiner weitverzweigten Familie, darunter sind zwei seiner Söhne. Das ist sicher kein Nachteil, denn alle gehorchen ihm. Pasang ist nicht nur selbstbewusst und draufgängerisch, er fühlt sich verantwortlich für seine Leute.

Herbert Tichy denkt jetzt zurück an den Augenblick, als er den Himalaja erstmals sah: »Mit einem Freund war ich auf dem Motorrad nach Indien gefahren, und wir genossen in der Nähe von Patiala die Gastfreundschaft eines deutschen Försters. Er nahm uns nach einem hoch in den Bergen gelegenen Jagdsitz des Maharadschas mit, und weit im Norden sahen wir einen dünnen, weißen Strich – die Schneegipfel des Himalaja. Ich war bei diesem Anblick sehr glücklich; aber ich wusste noch nicht, dass die Sehnsucht nach diesen Bergen mich nicht mehr freilassen würde.«

Der Himalaja von Norden, ganz rechts der Cho Oyu

Nach drei Wochen Fußmarsch würden sie die Basis ihres Berges erreichen. Vorausgesetzt, die Pfade dorthin sind nicht zerstört, die Brücken passierbar, die Träger würden nicht krank. Beim Anmarsch aber tut es nicht gut, zu viel über die Herausforderung Cho Oyu nachzudenken. Er steht weit hinter diesen Hügeln, den Vorbergen und über den hohen Wolken: als fernes Ziel, fast noch ein Phantom.

Die Expedition verpflegt sich vorerst aus dem Land. Pasang kauft unterwegs Hühner, Eier, Reis, Kartoffeln, Knoblauch und Zwiebeln ein. Tichy dazu: »Wir wollen unsere kostbaren – und schweren – Konserven erst oberhalb der Schneegrenze verwenden und leben einstweilen vom Lande. Nicht ganz streng allerdings, denn wir haben vom Snow-View-Hotel ein Dutzend Brotlaibe mitgenommen, die zuerst hart, dann schimmlig werden und uns die Umstellung auf die landesüblichen Tschapattis sehr erleichtern. Morgens trinken wir meist Nescafé, und wir haben auch eine Dose Butter

Die Gipfelkalotte des Cho Oyu

und Marmelade aufgemacht. Wir können nicht behaupten, strenge Asketen zu sein, aber wir bringen die Konserven immerhin fast unangetastet bis an den Berg.« Ang Njima kocht, Pasang besorgt Tschang, das tibetische Reisbier, und Milch, kauft ein Schaf, das die Expedition bis Namche Bazar begleitet.

Tichy verfolgt auf dieser Expedition ein doppeltes Ziel: »An erster Stelle steht natürlich der Gipfel des Cho Oyu.« In drei oder vier Wochen wird sich entscheiden, ob er zu erreichen ist. Gleichgültig aber, ob sie Erfolg haben würden, will Tichy nachher einige Wochen wissenschaftlich arbeiten. Nur von einem oder zwei Sherpas begleitet. Wie er es auch bei früheren Reisen gemacht hat. Vor allem will er dabei »den Yeti zu Gesicht bekommen«. Auch Heuberger soll dann seinen wissenschaftlichen Aufgaben nachgehen, und Jöchler kann mit Pasang weitere Gipfel versuchen. Jeder also soll ein gewisses Maß an Selbstständigkeit genießen und so die Expedition auf seine Weise bereichern. Später aber zwangen Tichy Erfrierungen zum sofortigen Rückmarsch, der »Schneemensch« blieb Geheimnis, und die Kameraden wollten »den harmonischen Verlauf der Expedition nicht durch eine Trennung beeinträchtigen«.

Der Aufstieg über die Gletscher ist hart und gefährlich. Tote Yaks hängen in Gletscherspalten. Alle sind glücklich, müde und völlig zufrieden.

Auf der Passhöhe, dem Nangpa La, einer flachen Schneemulde, steckt ein Ast im Schnee, an dem Gebetsfahnen hängen: Dankesopfer der Pilger und Händler, die den Aufstieg heil hinter sich gebracht haben. Diese Gebetsfahnen markieren die Grenze zwischen Nepal und Tibet, die damals zwar nicht

Totes Yak in Gletscherspalte

eindeutig festgelegt war, im Allgemeinen aber der Wasserscheide des Himalaja folgte.

Der Voraustrupp der Expedition wagt es, ein paar Hundert Meter über tibetisches Gebiet zurückzulegen – ein Risiko, bedeutet es doch eine Verletzung der Grenzbestimmungen. Tichy hat zwar ein ungutes Gefühl dabei, als er sich aber dem östlichen Seitental nähert, von dem er hofft, es werde den Zugang zum Cho Oyu bilden, und keiner Grenzkontrolle begegnet, ist er beruhigt.

Herbert Tichy hockt sich in den Schnee und schaut nach Norden: Was für ein Ausblick! Der Gletscher vor ihm senkt sich zur graubraunen Hochfläche Tibets ab. Dahinter wieder Hügel, Andeutungen von Schneegipfeln, in der Tiefe pastellfarbenes Hochland. Einzelne Wolken schweben darüber, höher als die Gipfel ringsum, und doch ist das Schneeland am Horizont mit der Erde verbunden. Das Großartige dieser Landschaft ist nicht zu vergleichen mit der wilden Bergwelt, aus der sie kommen. Beim Blick nach Süden in die Berge von Solo Khumbu ist dichter Raum. Zwischen Weiß und Blau sticht der Himmel ins Auge. Es ist hingegen das Eintönige, das Weitläufige, die Tibet zu reiner Harmonie machen. Als ergänzten sich zwei widerstrebende Elemente: Die Berge berühren den Himmel, alles ist eins. Erde und Firmament erscheinen als ein gewaltiger Rahmen, wobei das Wolkenspiel, das die Erde nach unten hin abschließt, das Bild ausfüllt. Es ist, als habe sich das Hochland der Umarmung des Himmels preisgegeben.

Als Tichy den Westgrat des Cho Oyu erreicht, ist er mit seiner Expedition wieder genau auf der theoretischen Grenzlinie, vielleicht noch einen Fußbreit in Tibet. Und plötzlich ist der Cho Oyu frei! Der Berg sieht genauso aus wie auf den Fotografien der Shipton-Expedition.

Dieser Eric Shipton hat bei seiner Erkundung des Cho Oyu wohl ähnliche Bedenken gehabt wie Tichy. Galt es doch, eine große Expedition über Gletscher zu führen, die vielleicht

Cho Oyu von Nordwesten

bereits zu Tibet gehörten. Aber es war schon damals niemand vor Ort gewesen, der die Grenze kontrolliert hätte.

Was für ein Gefühl, dem Ziel endlich gegenüberzustehen! Wie unerwartet nach Monaten der Planung und Wochen der Anreise. Ob dabei Erleichterung oder Schrecken aufkamen? Auch. Wichtiger aber ist: Sie sind endlich da! Es scheint nicht unmöglich, den Berg zu besteigen, er wirkt aber auch nicht einladend. Lässt der steile Blick nach oben die Hänge doch flacher erscheinen, als sie tatsächlich sind! Und der Gipfel des Cho Oyu ragt noch 2500 Meter über ihren Köpfen auf! Die der Froschperspektive geschuldete Verzerrung des Berges muss beim Blick von unten immer mit eingerechnet werden. Wer aber bei dessen erstem Anblick schon mit dem Grübeln und Berechnen des Warum beginnt, ist rasch mutlos. Tichy findet eine breite Moräne und damit einen idealen Basislagerplatz. Die Aufgabe des Tages ist erfüllt.

Am 29. September steht Lager I in 5800 Meter Höhe. Wieder auf einer Moräne. Nachdem die Expedition den schmalen Westgletscher des Cho Oyu gequert hat, steigt sie in den Berg ein. Einen Tag später erreichen Tichy, Jöchler, Pasang, die Sherpas Adjiba und Ang Njima am Westgrat eine Höhe von 6200 Meter und übernachten dort im Lager II. Ihr Aufstieg führt zuerst über einen steilen, ermüdenden Schutthang, dann über Eis und Schnee und weiter über den Gratrücken bis zur Umkehrstelle der Briten von 1953. Bei einem ersten Erkunden kommen Tichy, Jöchler und Pasang bis in eine

Höhe von 6600 Meter und finden dort einen Platz für Lager III. Sie kehren nach Lager II zurück, Jöchler, der noch nicht akklimatisiert ist, steigt sogar nach Lager I ab. Am 3. Oktober stellt Tichy mit Pasang und fünf Sherpas Lager III auf, unter jener »gewaltigen Barriere aus Eisbrüchen«, von der Shipton glaubte, man benötige wohl zwei Wochen, um sie zu überwinden. Pasang aber, neugierig und angriffslustig, überklettert das Hindernis unmittelbar nach seiner Ankunft im Lager III. Ohne eine Rast einzulegen. Die Zelte sollen inzwischen andere Sherpas aufstellen.

Trotz seiner Müdigkeit steigt Tichy nach: »Nicht aus Freud an den nächsten Metern«, sondern weil es ihm richtig erscheint. Es ist eine Handlung des Pflichtbewusstseins, nicht der inneren Überzeugung; »Kaum hatten wir das Lager III erreicht, das noch gar kein Lager war, sondern nur eine Schneefläche, auf die wir unsere Lasten geworfen hatten, neben denen wir keuchend kauerten, begann Pasang Eishaken und Karabiner hervorzuholen. Es war zwei oder drei Uhr nachmittags; gerade die richtige Zeit, um die Zelte aufzustellen, Tee zu kochen und einem Abend der Rast entgegenzusehen. Aber Pasang wollte davon nichts wissen. Immer wieder starrte er nach der Eiswand, als hätte sie ihn persönlich beleidigt. Adjiba mochte diese Kränkung

Eisbarriere am Cho Oyu

durch das Eis nicht so stark empfinden; wahrscheinlich hätte er, genauso wie ich, jetzt am liebsten eine Schale heißen Tees getrunken. Aber ich wagte nicht, das Phlegma unserer Gruppe zu unterstützen und dem Draufgängertum Pasangs in den Rücken zu fallen. Als Adjiba mich fragend und ein wenig vorwurfsvoll ansah, blickte ich verlegen zu Boden und schnallte mir die Steigeisen fester. Wir würden nicht rasten, nicht essen, nicht trinken. Wir würden, als wäre es nicht eine Expedition vieler Monate, sondern ein Unternehmen weniger, kurzer Tage, den Eisbruch sofort versuchen. Wir füllten unsere Rucksäcke mit Eis- und Felshaken, nahmen einige Seile mit und setzten unseren Aufstieg fort. Die anderen Sherpas stellten inzwischen die Zelte auf, und Ang Njima grub sich eine Kochnische in den Schnee.«

»In einer Stunde haben wir das schwere Problem gemeistert. Vielleicht haben wir mit großem Glück gerade an der einzig möglichen Stelle angepackt. Vielleicht hat sich der Bruch seit Shiptons Versuch verändert. «

Herbert Tichy

Über ihnen der Gipfel, unten Leere: eine große Einsamkeit, die sie von den Menschen trennt. Nur im Vertrauen aufeinander ist ein Vordringen in diese exponierte Zone möglich. Pasang geht voraus. Jede seiner Bewegungen atmet Sicherheit und Erfahrung. Nicht zu fassen: In nur einer Stunde ist die Schlüsselstelle gemeistert. Sie haben Glück gehabt, die Eisbarriere an der richtigen Stelle angepackt. Das Tor zum Gipfel ist offen. Pasang hat wie so oft sein Genie gezeigt. Niemals hätte Tichy zu hoffen gewagt, hier so rasch durchzukommen und keine weiteren Hindernisse vor sich zu sehen. »Aber so verlockend es aussah, den Berg zu ›überrennen‹, das Risiko war zu groß, um es auf sich zu nehmen.« Und sie mussten sich weiter akklimatisieren. »Es hätte uns, soweit unsere Kräfte und das Wetter es zuließen, verlockt, ohne unnötige Rasttage den Gipfel anzugehen. Aber unserer kleinen Gruppe wäre in dieser kurzen Zeit nicht möglich gewesen, den entsprechenden Nachschub heranzubringen. Die Spitzenmannschaft hätte dann, wenn sie ermüdete oder in Wetterschwierigkeiten geriet, nicht damit rechnen können, weiter unten ein bemanntes und mit Proviant versehenes Lager vorzufinden, noch weniger hätte sie im Unglücksfall Hilfe erwarten dürfen. Alle anderen wären dann durch die intensive Arbeit des Nachschubs zu hergenommen gewesen, um auch noch Anschluss an die Spitzengruppe finden zu können.«

》4.10. Genieße alleiniges Zelt. Will letzte Vorbereitungen in der Früh treffen. Bei Morgengrauen brechen alle drei Zelte unter scheußlichem Sturm – habe nie derartiges erlebt. Liegen wie Fische im Netz oder Tote unter dem Leintuch. Wolkenloser Himmel – den ganzen Tag Sturm. Zwei Sherpas kommen vom Lager II. Sturm! Wenn er die Leinwand packt, von brutaler Gewalt. Habe kaum jemals Naturgewalt von solchem Gegensatz zur Schönheit des Landschaftsbildes gesehen. 《

Herbert Tichy (Tagebucheintrag)

Zuletzt überrumpelt der Cho Oyu Tichys Expedition, zwingen Sturm und Schneefälle sie doch aus der Westflanke zurück. Die grausame Kälte des Todes ist plötzlich näher als der Gipfel.

In knapp 7000 Meter Höhe schlägt »die Gipfelseilschaft«, Pasang und Tichy, am 5. Oktober Lager IV – zwei Zelte nur – auf. Gjaltsen und Pemba Bhutar helfen bei dieser mühseligen Arbeit, dann sollen sie zum Lager III absteigen. Adjiba und Ang Njima, die den Rückweg decken sollen, haben sich inzwischen in ihr Zelt verkrochen. Tichy und Pasang phantasieren schon vom »Gipfelsieg«, ihre Zelte stehen ausgesetzt an der Westflanke des Cho Oyu, über die jetzt wieder der eisige Sturm fegt. In dichten Wolken kommt Schnee daher. Kleine Eisstücke werden gegen die Zeltwände geschleudert. Es wird kein gemütlicher Abend in 7000 Meter Höhe. Mit Gewalt presst der Sturm die Zeltwand gegen die Körper im Inneren, es knattert und pfeift. Der Lärm ist ohrenbetäubend. Pasang stöhnt. Der Sturm reißt die Zelte aus der Verankerung, Zeltstäbe brechen. Und kein Schimmer von Tageslicht. Dazu die

Angst, weggeblasen zu werden. Es ist eine Katastrophe. Mit dem ersten Tageslicht nimmt der Sturm an Heftigkeit zu. Der eisige Orkan droht alles fortzutragen. Alles ist in dichte Schneeböen eingehüllt, der Himmel aber ohne Wolken. Der Orkan tobt mit einer Gewalt und Grausamkeit von 120 Stundenkilometern. 35 Grad unter null, der blaue, wolkenlose Himmel darüber schrecklich. Die vier Gestrandeten können nicht miteinander sprechen, sie brüllen, so laut ist das Getöse des Sturms. Als stumme, gequälte Kreaturen, ihre Gesichter blaugrau, warten die armseligen, von Kälte und Todesfurcht gepeinigten Menschen auf Rettung oder auf ihr Ende. Werden sie sterben? Tichy scheint verrückt zu werden: Er ist doppelt da! Ein Teil von ihm schaut spöttisch auf ihn herab. Für dieses zweite Ich ist diese Situation nicht schrecklich: kein Mitleid, keine Angst. Obwohl die Spaltung seiner Person ihn befremdet, da ist einer, der instinktiv handelt und animalisch leidet, ein anderer, der ohne Sorge ist: als kritischer Beobachter der Ereignisse. Immer wieder droht der Sturm die Zelte wegzublasen, und Tichy wirft sich darüber. Dabei geraten seine Hände in den Schnee. Ohne die Fäustlinge sind die Hände innerhalb von zwei oder drei Minuten erfroren.

» Wahrscheinlich haben die Erfrierungen und der Schock der Todesnähe mein Erinnerungsvermögen angegriffen. Das mag zu begreifen sein, denn der Tod, der im Lager IV um uns war, zeigte nicht das fröhliche Draufgängertum, das wir – selbst Draufgänger – erwarten durften, sondern eine zögernde Zurückhaltung, die mir für viele verwirrende Gedanken Zeit ließ. «

Herbert Tichy

Zuerst spürt Tichy nur ein Brennen in seinen Fingern, dann wird der Schmerz schlimmer und rast durch seinen ganzen Körper. Der Schnee taut auf seinen warmen Händen, und der eisige Sturm saugt alle Wärme im Nu ab. Tichy schreit. Seine Hände sind weiß und geschwollen. Sind sie verloren? Panik packt ihn. »Hinunter!«, schreit er, »nichts wie hinunter.« Es geht nur noch ums Leben, ums Überleben. Die Sherpas handeln schnell. Im panikartigen Aufbruch bleibt fast alles zurück: Sie raffen nur die wärmenden Ausrüstungsgegenstände an sich. Ein Schal ist jetzt mehr wert als eine Rolleiflex. Die Zelte bleiben liegen. Vielleicht wird der Sturm sie völlig zerstören, vielleicht kann man sie später bergen. Tichys Hände sind nicht mehr zu gebrauchen; Pasang schnallt ihm die Steigeisen an die Schuhe. Der Abstieg ist kein Rückzug, er ist eine Flucht. Ein schwerer Weg: die schreckliche Gewalt des Sturms, der den Schnee emporreißt; die Sherpas, von einer plötzlichen Böe gepackt, wie Katzen im Schnee verkrallt; Eiskristalle wie Messer im Gesicht; treibende Schneewolken und alle Orientierung verloren. Trotzdem ein Gefühl der Geborgenheit. Sie sind ja zu viert. Zu viert an einem Seil. Und sie wissen: Alle werden es schaffen oder keiner. Tichy: »Die Sherpas sehen – vielleicht aufgrund ihres Glaubens, vielleicht aufgrund ihrer fast tierhaften Erdverbundenheit – den Tod nicht als jenes dunkle Tor voll banger Fragen, das er für uns bedeutet. Sie sterben leichter und harmonischer als wir.« Trotzdem: Sie müssen hinunterkommen.

Zurück im Lager die Gewissheit: »Die Hände sind tot, der Gipfel ist verloren!« Tichy ist hilflos wie ein kleines Kind. Selbstzweifel plagen ihn. Warum konnte das Wetter nicht einen Tag länger halten? Jöchler betreut ihn mit rührender Sorgfalt. Warum der Sturm? Warum? Warum? Wo und wann hat Tichy einen Fehler gemacht? Die Hände, inzwischen auf das Doppelte ihrer gewöhnlichen Größe angeschwollen,

Lager südlich vom Nangpa La

sind mit riesigen Blasen bedeckt. Blasen, die wie Brandblasen aussehen und schmerzen.

Nach langer Rast und Tagen in Sicherheit wird das Team wieder optimistisch: Sepp, Helmut und Pasang sollen, sobald sie wieder Kräfte gesammelt haben, einen zweiten Versuch wagen. Mit viel Geduld und Mühe muss der Gipfel zu schaffen sein. In Lager I können sie warten und sich erholen. Es liegt ideal auf einer Moräne, der Cho Oyu darüber. Der Gipfel wirkt aus dieser Perspektive seltsam verkürzt und flach.

Pasang aber muss vorher nach Namche Bazar absteigen, um zurückgelassenen Proviant – Benzin, Mehl, Tsampa (geröstetes Gerstenmehl) und Fleisch – zu holen. Wenn man den Berg nicht überrennen kann, muss man ihn belagern, ist Tichys Erkenntnis. Pasang drängt also zum Aufbruch nach Namche Bazar. Mit ein paar Sherpas will er dorthin und in etwa zehn Tagen zurück sein.

In diesen Tagen bekommt die Tichy-Expedition Besuch. Es sind Bergsteiger! Sie kommen die unangenehme Moräne in bewundernswertem Tempo herauf. Tichy erkennt sie sofort: Es sind Madame Claude Kogan und Denis Bertholet von der Schweizer Expedition zum Gaurishankar: »Ein eigenartiges Gefühl, wenn man nach langer Zeit und in einem Gebiet, wo man allein zu sein glaubt, Europäer trifft. Die Freude, wieder mit Menschen der eigenen Sprache und – wahrscheinlich – ähnlichen Interessen beisammen sein zu können, ergreift mich.« Gleichzeitig fühlt sich Tichy aus seiner Einsamkeit herausgerissen und »die Bindung zu den eingeborenen Begleitern allein schon dadurch gestört, dass man plötzlich in einer fremden Sprache spricht oder Englisch mit einer Schnelligkeit, der sie nicht folgen können«.

Die Österreicher haben die Schweizer in Delhi und in Kathmandu getroffen. Man hat sich gegenseitig Glück gewünscht und auf »unsere« Gipfel getrunken. Die Sherpas bitten die Schweizer in das Esszelt und bieten den Gästen Tee an. Später, beim Gegenbesuch im Schweizer Lager, werden Tichy und seine Sherpas herzlich empfangen. In einem großen Zelt erleben sie ungewohnten Luxus: Metallstühle an einem richtigen Tisch; Kekse, Marmelade und frisch gemachte Yak-Wurst. Tichy, der durch das Einatmen eiskalter Luft während des Sturms seine Stimme verloren hat, kann nur krächzen. Dazu die geschwollenen Hände. Der Expeditionsleiter macht auf die Schweizer wenig Eindruck. Die Schweizer behaupten, eine Reiseerlaubnis für den ganzen Distrikt zu haben, also auch den Cho Oyu versuchen zu können. Tichy behauptet, die alleinige Erlaubnis der nepalesischen Regierung zu haben, in diesem Herbst den Cho Oyu anzugreifen. Um eine solche Erlaubnis musste man in Nepal lange Zeit vorher ansuchen. Die Österreicher sind also der Überzeugung, dass der Cho Oyu für sie »reserviert« ist. Die Schweizer erwidern, Tichy sei nur auf »Erkundungsfahrt«. Die Österreicher aber wissen, dass die Regierung in Kathmandu den Cho Oyu an sie und nicht an die Schweizer vergeben hat. Es kommt zu keiner Einigung. Zuletzt aber schlagen die Schweizer eine Zusammenarbeit vor. Sie wollen Tichy den Vortritt bei einem weiteren Versuch lassen und dann ihre Chance nutzen.

》 Lambert ist ein bewundernswerter Bergsteiger, ein unermüdlicher Himalaja-Gänger. Allein für seine Ergebnisse am Mt. Everest im Frühsommer und Herbst 1952 hätte er es verdient, einen ›very high peak‹ erstzubesteigen. Ähnliches ist von Claude Kogan zu sagen, der zierlichen Pariser Modezeichnerin, die im Himalaja und in den Anden mehr geleistet hat als je eine Frau. Sie hat am Cho Oyu am 28. Oktober den Welthöhenrekord für Frauen gebrochen, den seit 1934 Hettie Dyhrenfurth innegehabt hatte. 《
Förster/Grassler

Raymond Lambert, der zwei Jahre zuvor am Mount Everest gewesen ist, weiß, dass die Stürme im Herbst mit jedem Tag ärger werden und die Schweizer keine Zeit verlieren dürfen. Also will er sofort aufsteigen, obwohl es die Österreicher waren, die alle Schwierigkeiten bis unter den Gipfel ausgeräumt haben. Jöchler dazu: »Dann verzichten wir auf den Gipfel.« Schließlich erreicht man einen Kompromiss: Die Schweizer beginnen, ihr Lager einzurichten, und warten, bis die Österreicher ihren »Angriff« unternommen haben. Eine seltsame Abmachung an einem Achttausender, der bis dahin fast unbekannt gewesen war. Hat die geschwächte österreichische Mannschaft damit die richtige Entscheidung getroffen? Das Angebot der viel besser ausgerüsteten Schweizer – fünf Mann – verspricht doch eher Erfolg. Tichy weiß, dass der Gipfel nur unter günstigen Bedingungen zu erreichen ist. Es ist aber gerade dieses Ausgeliefertsein, eine Art Ohnmacht, die im hohen Himalaja jede Planung über den Haufen werfen kann: »Diese Abhängigkeit von einer höheren Gewalt – man mag sie Glück, Zufall, Schicksal oder Gott nennen – verleiht solchen Unternehmungen ein seltsam schwebendes Gefühl. Wir selbst können tun, was zu tun ist – aber die Entscheidung liegt außerhalb von uns.« Tichy hat schon einmal das Sterben erlebt und seine Lektion gelernt.

》 Für mich war es der Tod; denn zu seiner Vollendung fehlte nur noch ein wenig mehr Müdigkeit und Sich-Ergeben – und die sind friedlich. Aber der Kampf gegen die zunehmende Müdigkeit, die Frage nach dem Warum, die Bürde der Verantwortung und das bittere Gefühl des Versagens – all das war da. 《

Herbert Tichy

Aufbruch. Tichy will bis zum Lager III mitgehen. Im Lager III entsteht eine Schneehöhle. Begleitet von zwei Sherpas schafft Pasang inzwischen den schwierigen Marsch über den Nangpa La zurück zum Basislager an einem Tag. Am Morgen des zweiten Tages ist er mit genügend Proviant für den weiteren »Gipfelangriff« im Lager III.

Am frühen Nachmittag des nächsten Tages wird er auf dem Gipfel des Cho Oyu stehen! Eine unglaubliche Gewaltleistung. In nur drei Tagen hat er einen Höhenunterschied von mehr als 4000 Meter überwunden, dazu einen horizontalen Weg von vielen Kilometern über Moränen und Gletscher zurückgelegt. Im Tal hat er sich vorher noch verlobt.

Nachschub aus Namche Bazar

>> Komme ich auf den Cho Oyu, erhalte ich das Mädchen umsonst. Komme ich nicht hinauf, könnt ihr sie behalten, und ich bezahle 1000 Rupien Verlustgeld! <<

Pasang Dawa Lama

Fünfzig Meter über dem alten Lager IV wird auf einer flachen Schneeabdachung um vier Uhr nachmittags das letzte Lager errichtet. Zu sechst bleiben sie oben. In dem einen Zelt Jöchler, Pasang und Adjiba, im anderen Heuberger, Gjaltsen und Tichy. Wieder Sturm!
Der 19. Oktober ist ein eiskalter Morgen. Tichy kriecht aus dem Zelt. Die Sonne geht auf. Der Himmel über den Bergen Tibets ist in Aufruhr. Sepp und Pasang packen ernst und entschlossen ihre Rucksäcke. Niemand spricht. Dann schnallt Pasang Tichy die Steigeisen an, die Rechte fasst den Pickel. Über steile Schneefelder geht es langsam, ganz langsam bergan, die Steigeisen sinken nur millimetertief ein. Lange Zeit steigen sie im Schatten, die Sonne streift sie schräg parallel zum Hang. Sie gibt also keine Wärme. Pasang, voraus, legt die Spur. Wie von einem Dämon besessen setzt er seine Schritte.
Das Granitband, das den Gipfelaufbau des Cho Oyu umgürtet – ein paar Meter vereister Fels –, wird in wenigen Minuten durchklettert. Tiefer und tiefer sinken die umliegenden

Gipfel, der dunkle Himmel wird weiter. Und Tibet fließt als pastellfarbenes Sandmeer nach Norden, Wind weht. Im letzten Stück ist es, als packe der Sturm Tichy im Rücken und treibe ihn weiter nach oben: »Höher und höher. Wir sind wie willenlose Maschinen, die nichts anderes können als weitergehen. Oder vielleicht sind wir nur der Wille, der hinauf muss und den Körper weiterzwingt.« Sie sind jetzt in der »Todeszone«, auf 8000 Meter Höhe. Die Kälte des Weltraums scheint hier an die lebensspendende Atmosphäre der Erde weiter unten zu stoßen: »Absolute Schönheit und der Mensch als Eindringling in diese abstrakte Welt! Alles hier ist fremd.« Und Tichy weiter: »Den Begriff ›Todeszone‹ haben nicht sensationslüsterne Journalisten geprägt, sondern Ärzte, die festgestellt haben, dass der menschliche Körper ohne künstliche Sauerstoffzufuhr hier gerade noch den Zerfall, also den Tod, hinauszögern kann, aber nicht mehr fähig ist, sich zu regenerieren.«

» 19. Oktober 1954. Um sechs Uhr brechen Tichy, Jöchler und Pasang Dawa Lama auf, um den rund 1200 Meter höher gelegenen Gipfel des Cho Oyu anzugreifen. Gjaltsen hatte Tichy die Schuhe angezogen, Pasang ihm die Steigeisen angelegt. Sie steigen ohne Seil über steilen, aber harten Schnee, wie er idealer gar nicht sein könnte. Es ist bitter kalt, und Jöchler spürt, dass die Füße gefühllos werden. Er überlegt die Umkehr, aber die Lockung des Gipfels ist stärker. «

Förster/Grassler

Tichys Atem geht keuchend. Verstand und Gefühl fließen im Kopf ineinander und verschieben Zeit und Raum: »Vielleicht ist es die rein physische Nähe des Himmels, das Bewusstsein, an die Grenze unserer Welt gelangt zu sein, oder der Mangel an Sauerstoff, der die Zellen des Gehirns anders arbeiten lässt. Jedenfalls beginnt hier, so scheint es mir, ein Gebiet geklärter Sicht, wo man wie in einer Vision die äußeren Umrisse der

Dinge vernachlässigt und ihr wahres Wesen erfasst, wo das eigene Ich und die Umgebung zu einem harmonischen Ganzen verschmelzen, wo selbst die Todesnähe einen nicht drohenden, sondern wohlwollenden Charakter annimmt.« Gefühle und Erkenntnisse sind plötzlich eins: »Die Wand, die mich sonst von den anderen Dingen trennt, ist niedergebrochen. Die wenigen Erscheinungen, aus denen meine Welt noch besteht – der Himmel, das Eis, die Felsen, der Wind und ich –, sind ein unteilbares, göttliches Ganzes.« Wie ein Mystiker versucht Tichy seine Erlebnisse festzuhalten: vergeblich. Es fehlt ihm ein Instrumentarium dafür: »Würden die Pforten der Wahrnehmung gereinigt, erschiene den Menschen alles, wie es ist: unendlich«, wusste schon William Blake. Einerseits überzeugt, dass sie den Gipfel erreichen würden, andererseits, dass dieser Tag mit dem Tod enden würde, fühlt Tichy keine Verantwortung mehr, alle Werte haben sich verschoben: »Da fast alle Religionen der Erde bemüht sind, uns Menschen die Furcht vor dem Tod zu nehmen und ihn als etwas Selbstverständliches hinzustellen, darf man diese Stimmung vielleicht auch sachlich ein religiöses Erlebnis nennen.« Plötzlich ist keine Steigung mehr, nur noch der unbegrenzte Blick. Sie haben den Gipfel erreicht: »Pasang kommt uns entgegen, sein Pickel steckt im Schnee, von ihm wehen die Flaggen Nepals, Österreichs und Indiens.« Er umarmt die ganze Welt. Tränen rinnen über seine Wangen und gefrieren zu Eiskristallen.

Tichy, sonst kein Freund von Flaggen, treiben die Symbole seines Vaterlands und der beiden Länder, die er so liebt und denen er so

Am Gipfelplateau des Cho Oyu

viel verdankt, ebenfalls Tränen in die Augen. Es ist drei Uhr nachmittags, der 19. Oktober 1954. Pasang bedeutet der Gipfel mehr als den beiden Österreichern. Seit 20 Jahren bemüht er sich um einen »sehr hohen« Berg. Zweimal, am K2 und am Dhaulagiri, ist er seinem Ziel nahe gekommen, die letzten Schritte zum Gipfel aber blieben ihm immer verwehrt. Jetzt erst ist sie wahr geworden: die große Sehnsucht seines Lebens, auf einem Achttausender zu stehen. Endlich ist sein Traum in Erfüllung gegangen. Zu glücklich, um sprechen zu können, wiederholt er schluchzend: »Der Gipfel, Sahib, der Gipfel!« Immer wieder den gleichen Satz. Im Osten stehen Mount Everest, Lhotse, Nuptse, Makalu, dahinter der Kantsch, im Süden die wilde Gruppe des Kangtega und darüber der unendliche Himmel. Das Ganze ist überwältigend. Sepp Jöchler steckt ein kleines, hölzernes Kruzifix, das ihm seine Mutter mitgegeben hat, in den Schnee. Pasang vergräbt Süßigkeiten, ein »Dank an die Götter«. Ganz selbstverständlich folgt Tichy einer alten Sitte und wirft Tsampa, Reis und Zucker in den Sturm. Dann kniet er nieder und bleibt ein paar Sekunden lang in dieser Stellung – der einzig richtigen, die ihm dort oben zukommt. So danken alle drei auf ihre Art dem einzigen Gott.

Inzwischen sind ihre Schatten lang geworden, sie müssen hinunter. Auch beim Abstieg geht jeder für sich. Sie kommen rascher vorwärts, als sie zu hoffen wagen. Lager IV ist in der Tiefe als winziges Pünktchen zu erkennen.

》Wenn ich an die unvergesslichen Stunden des Gipfeltages zurückdenke, glaube ich, dass ich recht hatte: Es war nicht so sehr der Erfolg, der diesen Tag für mich einmalig machte, sondern die Nähe des Himmels. 《

Herbert Tichy

Eisig kalter Wind fegt über die Hänge, die Strahlen der Sonne fallen waagerecht in die Flanke, das Gehirn beginnt zu phantasieren und zaubert die seltsamsten Gedanken herbei. Bei

Gebetsfahner vor der Südwand des Cho Oyu

Dunkelheit erreichen sie das Lager. Wie ein Betrunkener taumelt Tichy in den nächsten Tagen zurück ins Basislager. Auf dem Heimweg gleicht die Expedition einer Schar von Ausflüglern. Die Sherpas steigen voraus und in Gruppen mit ihren schweren Lasten ab. Noch einmal sehen sie den Cho Oyu in seiner ganzen Größe. Gebets- und Schneefahnen von seinen Hängen. Ihr Weiß steht gegen den blauen Himmel, der Gipfel so fern! Vor Tagen noch sind sie auf ihm gestanden. Unglaublich! Sie kommen aus diesem Reich, wo Menschen nichts verloren haben, von wo aus sie einen kurzen Blick ins Jenseits zu machen glaubten.

Lambert und Madame Kogan müssen in knapp 7700 Meter Höhe aufgeben. Der eisige Sturm vereitelt den Vorstoß der Schweizer zum Gipfel. Madame Kogan aber hat damit einen Höhenweltrekord für Frauen aufgestellt, ein Erfolg, der lange unübertroffen bleiben soll.

Froh darüber, dass er auf dem Rückmarsch durch den Himalaja an keiner der Höhlen vorbeikommt, wo Tichy früher Segen und Rat der Einsiedler fand, nähert sich die Expedition Kathmandu. Wie hätte er sich vor Mönchen auch rechtfertigen sollen? Ein Achttausender! Sie hätten nur die Köpfe darüber schütteln können. Tichy: »Manchmal – in langen Gesprächen mit Priestern und Einsiedlern im Himalaja – habe ich das große Glück der Wunschlosigkeit gespürt, jene große Stille, die jede Musik und alle Schönheit der Erde einschließt. Aber dann kamen die großen Vögel mit ihren Schatten. Und ich weiß nicht, ob ich sie, die so viel Unruhe bringen, nicht liebe.« Auf dem Cho Oyu hat er auf eine andere Art Ähnliches erlebt wie die Mönche bei ihren Mantras: »Es gibt verschiedene Wege zu den Erkenntnissen«, war Tichys Resümee. »Wir waren zweifellos großartige Burschen, die, wie es sich für solche gehört, gelegentlich auf einen Achttausender steigen, gelegentlich einen Rausch haben, aber rechtzeitig nüchtern werden, um die wilden Tänze der Nacht nicht zu versäumen. Es wurde uns dabei bewusst, dass wir richtige Sendboten der westlichen Kultur waren – noch Jahre später würde Lukla von unserem Auftreten sprechen –, und wir bemühten uns sehr, die Reihe der Tanzenden durch unsere ungeschickten Schritte nicht in Unordnung zu bringen.«

> » Für Tichy und seine Freunde endete die abenteuerliche Reise zum Cho Oyu mit einem gewaltigen Fest: Pasangs Hochzeit. Der Sirdar hatte zwar seit 20 Jahren eine Frau und hing an ihr und an seinen sieben Kindern – zwei von ihnen waren, wie erwähnt, an der Expedition beteiligt –, aber seine Religion erlaubte ihm eine zweite Frau, und er hatte sich beim Anmarsch in eine 20-jährige Sherpani namens Yng Tschin (= Edelstein) verliebt. «
> *Förster/Grassler*

Pasang Dawa Lama, Herbert Tichy und Sepp Jöchler nach der Besteigung des Cho Oyu 1954

Claude Kogans Schicksalsberg
von Reinhold Messner

>> Madame Claude Kogan und ihre Begleiter von der französisch-schweizerischen Gaurishankar-Expedition hofften am Cho Oyu für ihr aufgegebenes Ziel Ersatz zu finden. Obwohl sie keine Genehmigung für den Cho Oyu hatten. Die Österreicher vor Ort aber vertraten den Standpunkt, dass allein die Tichy-Expedition, die ein ordnungsgemäßes Permit der nepalesischen Regierung für den Cho Oyu bezahlt hatte, bleiben dürfe. <<
Reinhold Messner

Im Sommer 1954 zog eine schweizerisch-französische Expedition unter Leitung des Genfers Raymond Lambert zuerst ins Gaurishankar-Gebiet, dann weiter zum Cho Oyu im Norden von Nepal. Unter den Teilnehmern war auch eine Frau: Claude Kogan aus Nizza.

Nach Tichys großem Erfolg wollten auch Lambert und Madame Kogan nicht unverrichteter Dinge heimkehren. Die zweite Besteigung des Cho Oyu schon hätte Claude Kogan geadelt. War sie doch die erfahrenere Bergsteigerin als Tichy, der im Laufe seiner Asienreisen mehr Buddhist als Alpinist geworden war. Sie hätte damit die erste Frau auf einem Achttausender sein können! Da aber setzten die Herbststürme ein, und die Seilschaft mit Kogan musste aufge-

Claude Kogan

ben. Auf einer Höhe von knapp 7700 Metern. Madame Kogan hatte dabei einen neuen Höhenweltrekord für Frauen aufgestellt. Ein Achttausendergipfel sollte ihre Karriere krönen. Damit wurde der Cho Oyu Claude Kogans Schicksalsberg!

Die viel bewunderte Modezeichnerin kennt ihr Ziel gut, als sie 1959 mit zwölf Frauen – darunter Loulou Boulaz, die den Walkerpfeiler an den Grandes Jorasses gemeistert hat, Jeanne Franco sowie zwei Töchtern Tensings – den Cho Oyu ein zweites Mal versucht. Sie will den Achttausender 1959 also mit einer »rein weiblichen Equipe« bezwingen und verschwindet dabei für immer. Eine gigantische Lawine bedeutet für sie und Claudine van der Stratten den Tod. Die Expedition ist damit zu Ende.

Der Cho Oyu galt bereits damals als relativ leichter und sicherer Achttausender. Auch deshalb tauchte wieder einmal die Schicksalsfrage auf: War 1959 ein Unglücksjahr im Himalaja? Kam es zufällig zu einer Häufung von Tragödien bei Alpinistinnen?

Nein. Es war Herbst, der Anmarsch ins Basislager kein Problem. Es stand wie schon 1954 5600 Meter hoch, am Fuß der Westflanke des Cho Oyu. Alles lief glatt, den Gletscherbruch zwischen 6600 und 6800 Meter Höhe überwanden die Frauen zügig, die schwierigste Passage lag bald hinter ihnen.

Schon am 1. Oktober richteten Claude Kogan und Claudine van der Stratten mit dem Sherpa Ang Norbu ihr Lager IV ein, 7100 Meter hoch. Von dort wollten sie an einem Tag bis zum

Claude Kogan 1954 unter Männern

Gipfel vorstoßen. So die letzte Botschaft von Claude Kogan. Dann schlug das Wetter um: Wind und Schneefall bei für diese Höhe unglaublich hohen Temperaturen. Lager II wurde vorsichtshalber geräumt. Das Wetter wurde schlechter. Trotz der schweren Schneestürme stieg Sirdar Wangdi in Sorge um Lager IV zusammen mit dem Sherpa Chhowang bergwärts, um der Spitzengruppe zu Hilfe zu kommen. Oberhalb von Lager III aber gerieten sie in eine Lawine und wurden verschüttet. Nur Wangdi konnte sich befreien und absteigen. Mit froststarren Händen und völlig verzweifelt kam er in der Nacht zurück ins Basislager. Die Angst um die drei in Lager IV wuchs.

Als der Himmel am 5. Oktober kurz aufklarte, war die Tragödie vom Basislager aus im Fernglas zu sehen: Eine Lawine ungeheuren Ausmaßes hatte den Platz von Lager IV überflutet. Tage später – vor Ort – konnten Jeanne Franco und Dorothea Gravina nichts mehr tun. Auch die Sherpas mussten sich ihre Hilflosigkeit eingestehen. Eine Suche nach den Verschütteten war unmöglich! Es musste mit Sicherheit angenommen werden, dass Claude Kogan, Claudine van der Stratten und Sherpa Ang Norbu in der Lawine umgekommen waren. Wie auch Chhowang weiter unten, der es als seine Pflicht angesehen hatte, dem Gipfelteam in seiner Not beizustehen.

Zwei der besten europäischen Bergsteigerinnen und zwei Sherpas blieben 1959 also am Cho Oyu verschollen. Ihre Tagebücher sind nie gefunden worden. Alle Details fehlen. Wieder einmal kam Kritik auf: Männer warfen den Frauen vor, ein zu hohes Risiko eingegangen zu sein. Es war geschmacklos. Die Schuldfrage aufzuwerfen, weil die Expedition hauptsächlich aus Frauen bestanden hatte, war auch noch scheinheilig. Hatten reine Männerexpeditionen im Himalaja nicht viel schlimmere Katastrophen zu verantworten? Die Tragik lag vielleicht darin, dass der Aufstieg so reibungslos begonnen hatte. Als habe das verführerisch schöne Herbstwetter der Nachmonsunzeit die Frauen in eine Falle gelockt.

So »flach« sich der Cho Oyu von Nordwesten zeigt, nach Süden bricht er mit einer Steilwand ab. In der ersten Phase des Große-Wände-Bergsteigens gelang der Seilschaft Koblmüller/Furtner der Durchstieg im Alpinstil. Der Abstieg erfolgte über dieselbe Route.

Edi Koblmüller – Bergsteiger, Bergführer, Reiseveranstalter – gehört seit mehr als 40 Jahren zu den erfolgreichsten Bergsteigern in Österreich. Seine Durchsteigung der Cho-Oyu-Südostwand zählt zu den Pionierleistungen des Himalaja-Bergsteigens.

Die Gipfelhänge der Cho-Oyu-Südostwand sind meist lawinenschwanger, von Spalten zerrissen, und sie nehmen kein Ende. Mit der Ausrüstung von 1978 war die Herausforderung, diese Wand anzugehen, eine vielfach größere als heute.

Wolfgang Nairz (1982) und Edi Koblmüller (1978) standen einer geheimnisvollen Wand gegenüber: ohne Wetterbericht über Satellitentelefon, ohne Vorgaben, ohne gesicherten Rückweg.

Die Südostwand des Cho Oyu mit ihren Sérac-Gürteln, aus der Froschperspektive gesehen

Tiefblick in der Cho-Oyu-Südostwand: extrem steile Eiskletterei mit »primitiver« Ausrüstung

Endlich am Gipfel: endlich flacher Schnee. Es ist bald Nacht! Koblmüller und Furtner kauern sich klein, bevor sie über die Aufstiegsroute wieder absteigen.

Verloren in Kälte und Schnee. Die Sonne verschwindet hinterm Westgrat, die Gipfelwechte hängt bedrohlich über den Bergsteigern. Hier gab ich 1982 im Winter auf. Zweimal mussten Koblmüller und Furtner 1978 hier durch.

Ein lebensfroher Reinhard Karl mit seinem Expeditionsleiter und Partner Wolfgang Nairz vor dem Zelt. Am anderen Morgen starb Karl unter einer Eislawine.

1982 im Winter, auf dem Weg zum Cho Oyu, war Reinhard Karl immerzu präsent. In unseren Gesprächen; sein Name eingeritzt in einem Tschorten; beim Anblick der gewaltigen Wand, unter der er gestorben ist.

Nairz und Karl im Zelt

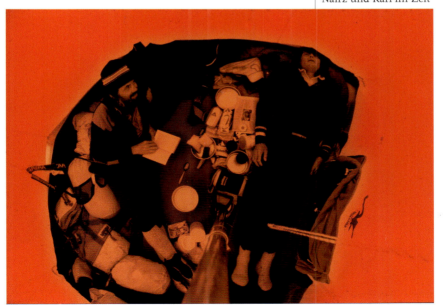

Die Südwand des Cho Oyu – von Denis Urubko und Boris Dedeshko erstbegangen – gehört zu den schwierigsten bis heute durchstiegenen Achttausenderwänden.

Denis Urubko am Gipfel des Cho Oyu. Sein Stil ist Beweis dafür, dass heute neben den Massenaufstiegen großer Alpinismus im Himalaja stattfindet.

FAKTEN

» Die Fachwelt ist sich einig darüber, dass Herr Saleki bis 1983 nie auf dem Gipfel des Cho Oyu (Himalaja, Nepal) stand, wie er selbst seit 1979 immer wieder behauptet. Dieser Überzeugung kann ich mich nur anschließen. Ich hatte ihn das erste Mal 1980 in der Nähe des Cho Oyu getroffen. Er ist körperlich gar nicht in der Lage, selbstständig in Höhen von mehr als ca. 7000 m aufzusteigen. Da erscheint es geradezu als Hohn, eine Fahne auf einen so hohen und ernsthaften Berg wie den Mt. Everest tragen zu wollen ... Versucht hatte er sich sehr wohl schon einmal an diesem Berg. Im Rahmen einer Expedition von Dr. Herrligkoffer 1972 war er immerhin bis ins Basislager gekommen und dort durch sein ›sportlich-faires‹ Handeln aufgefallen (siehe Anlage)!

Das von ihm immer wieder veröffentlichte Foto- und Filmmaterial vom Cho Oyu hat nicht er selbst, sondern Rudi Klingl und Norbert Hertkorn aufgenommen. Herr Saleki hat das Material unter Vorwänden an sich genommen und später behauptet, alle Filme seien unbrauchbar gewesen(!). «

Dipl.-Ing. Peter Wörner

Berg der Götter oder der Hybris?
von Reinhold Messner

» Tichy hat mehr als nur Achtung, er hat die Liebe seiner Sherpas gewonnen – und schon deshalb verdient er auch unsere Sympathie; er hat das Himalaja-Bergsteigen auf eine neue Ebene gestellt. Tichys Reise durch Westnepal 1953 und seine Besteigung des Cho Oyu könnten es reformieren – aber sie werden es nicht tun, denn dazu wären mehr Tichys und weniger Manager notwendig. «

Förster/Grassler

Der Cho Oyu, etwa 30 Kilometer westnordwestlich des Mount Everest gelegen, ist ein breiter, von Eis bedeckter Berg. Genau an der Grenze und Wasserscheide zwischen Tibet und Nepal gelegen. Er ist höher als der Dhaulagiri, der lange als zweithöchster Berg der Welt galt. Shipton hat seine Höhe mit 8189 Meter berechnet, Dyhrenfurth kam auf 8200 Meter. Heute gilt: 8202 Meter hoch!

Herbert Tichy hat bei seiner Expedition die einzige leichte Route gewählt und den Aufstieg in einem Stil vorgetragen, der für mich persönlich vorbildlich geblieben ist: Die gesamte Ausrüstung für zehn Mann – drei Europäer, sieben Sherpas – wog 926 Kilo, die kleinste Expedition, die bis dahin zu einem Achttausender unterwegs war. Sauerstoff (zwei Flaschen) war nur zu medizinischen Zwecken dabei. Auf dem Anmarsch lebte die Expedition aus dem Land.

Tichy fühlt sich am Cho Oyu als Teil dieser tektonisch herausgehobenen Berge. Über ihm nur noch die Wolken! Sie werfen dunkle Schatten, die wie Seen über die tibetische

Landschaft im Norden gleiten. Darüber beginnt der Himmel. All das suggeriert Einheit, und er gehört dazu: als Teil dieser Erde. Allein der Anblick dieser Landschaft bedeutet ihm Glück. Tichy, kein extremer Bergsteiger, gibt sich bescheiden: Er habe keine besonderen technischen Fähigkeiten, auch seine körperliche Leistungskraft sei begrenzt. Trotzdem will er auf dem Gipfel des Cho Oyu stehen! Er liebt diesen Gipfel, wie er einzelne Menschen liebt. Alle sind sie »gleichwertige Teile eines größeren Ganzen«.
Tichys Kunst und sein Stil waren es, hohe Berge mit geringen Mitteln zu besteigen. Auch den Achttausender Cho Oyu! Sind so große Gipfel auch ohne großen Aufwand zu erreichen? Will Tichy also etwas beweisen? Nein, es sind weder Fanatismus noch Ehrgeiz, die den Cho Oyu zu seinem Ziel gemacht haben. Es war der Wunsch Pasangs, diesen Berg zu besteigen. Und es sind Tichys Überlegungen zum »Eroberungsalpinismus«, der ihm unsympathisch ist. Er kommt ihm unmenschlich vor. Tichy will Berge nicht vergewaltigt sehen, er möchte den Zusammenhang aufheben zwischen materiellem Einsatz und Erfolg. Er will dem großen Himmel über Tibet nur so nahe kommen, wie es Menschen mit begrenzten Kräften möglich ist, aber ohne den bis dahin üblichen Aufwand. Nur der Westgrat des Cho Oyu bildet die Leiter zu diesem Himmel, und das Erlebnis allein reichte Tichy zum Glück, es machte ihn zuletzt wunschlos zufrieden.

Was Fritz Stammberger ein Jahrzehnt später, 1964, oder Mischa Saleki dann, über Jahre hinweg, am Cho Oyu erlebt haben wollen, muss für uns Außenstehende im Dunkel bleiben. Wie meist, wenn sich Bergsteiger neuer Rekorde rühmen oder sich auf Kosten anderer wichtig tun, ist Vorsicht geboten. Ihre Sprache ist häufig verräterisch.
Inzwischen ist der Cho Oyu der meistbestiegene Achttausender. Neben der Normalroute, die vorerst nur von Tibet aus zugänglich ist und Jahr für Jahr zweimal zu einer Piste ausge-

Anstieg zur Südostwand

baut wird, gibt es ein Dutzend schwierigerer Routen, die hohe Anforderungen an extreme Bergsteiger stellen, allerdings nur selten versucht und noch seltener wiederholt werden. Die beiden Schwärmer Stammberger und Saleki haben den Aufstieg von Nepal aus gewagt und sind dann irgendwo stecken geblieben, wie viele andere vor und nach ihnen auch, ohne sich allerdings zu ihrem Scheitern zu bekennen. Der eine schreibt von seinen Heldentaten, der andere von seiner »Pilgerfahrt am großen Berg.«

In seiner »Story der erfolgreichen und tragischen Skibesteigung des Cho Oyu« – Titel *Todeszone* – erzählt Fritz Stammberger großspurig vom größten Tag seines Lebens: Ein Blatt in der Geschichte des Alpinismus und der Skier sollte umgeblättert werden. Würde er Teil davon sein? Ein letztes Mal kann er sich im Hochlager so richtig austräumen: »Und da man nun mal gerne dramatischer träumt als handelt, sah ich uns schon über einen messerscharfen Grat zum Gipfelkreuz streben, oder im Pulverdampf durch die Cho-Oyu-›Arena‹ schießen. Der Traum war aber nicht nur unrealistisch, sondern ganz einfach dumm. Erstens – würde es kein Gipfelkreuz geben, und zweitens – keinen Pulverschnee.« Ob geträumt oder nicht – »noch zwölf Stunden bis zum Zapfenstreich« –, die Gipfelbesteigung kann so wie erzählt nicht stattgefunden haben. Georg Huber und Alois Thurmayr starben am Berg, Stammberger selbst ist wenig später im Hindukusch geblieben – verschollen.

Ich habe mich damals in den »Skandal um den Cho Oyu«, den der Alpinjournalist Toni (Anton) Hiebeler ausgemacht hatte, nicht eingemischt. Die Achttausender waren nicht meine Welt. Noch nicht.

Bei einem meiner Nanga-Parbat-Vorträge im März 1971 in München jedoch wurde ein Flugblatt mit nachfolgendem Text verteilt, der auch mich betraf. Ging es bei diesem Streit aber nicht in erster Linie um ein Bild, das nach Toni Hiebeler als Beweis dafür vorgelegt wurde, Stammberger habe den Gipfel des Berges nicht erreicht? Überschrieben mit »Saubere Expeditionen«, versuchte der Vater von Fritz Stammberger mit diesem Pamphlet seinen Sohn zu rehabilitieren und Toni Hiebeler als intriganten »Schreiberling« abzutun:

»Zur Parallele Cho Oyu – Nanga Parbat gebe ich folgende Tatsachen bekannt: 1965 erstattete der Redakteur der Zeitschrift ›Alpinismus‹ (Auflage angeblich 22 000) Strafanzeige gegen Rott und Stammberger, weil diese den Tod von zwei Teilnehmern verschuldet haben sollten. Als Beweis brachte er seine Artikel in seiner Zeitschrift. Eine Strafverfolgung hätte die ›Täter‹ entweder freigesprochen oder zu Verbrechern gestempelt. Dazu hatten die Staatsanwälte keinen Mut, schade. Richter waren einer Grundsatzentscheidung enthoben. – Vor 100 Jahren – zu Whympers Zeiten am Matterhorn – wollte auch ein Schreiberling eine Schau abziehen mit einer Strafanzeige. Damals hatten die

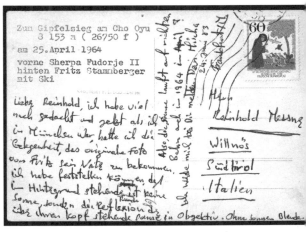

Grußkarte von Mischa Saleki

Menschen noch Mut. Ein Gericht traf eine Entscheidung, die Schweizer Presse spuckte den Mann aus ihren Reihen.

Die Strafanzeige von Hiebeler (Ziel: Strafe und Veröffentlichung) sollte nach dessen Protokollangaben bewirken, dass nicht nochmals Bergsteiger durch die gleichen Fehler das Leben lassen müssten.

Damit gibt der ›Winter-Bergkamerad‹ das Stichwort, wie man nicht nur in Bergsteigerkreisen, sondern auch in Fachberichterkreisen oberflächlich liest, denkt und schreibt. – Wenn es ›saubere‹ Expeditionen gäbe, müsste es auch ›dreckige‹ geben. Es gibt aber ›nur‹ Expeditionen. Aber es gibt saubere Menschen und Bergsteiger, viele bequeme Leser, die alles glauben, weil es gedruckt ist, und einige dreckige Schreiberlinge über Expeditionen, Vortrags- und andere Bergsteiger. Diese Wenigen müssten die einschlägigen, sauberen, gehobenen Schreiber aus ihren Reihen ausstoßen. Auch wenn sie als Chefredakteure im Impressum stehen. Einer dieser Wenigen ist Anton Hiebeler. Ich kann es beweisen.

Die Eroberer der Achttausender hielt man einst für übernatürliche Wesen. Die Astronauten von heute erscheinen passive Selbstmörder daneben. 1963 änderte sich das abstrakt. An den Vorbereitungen zum Cho Oyu arbeitete ich mit und weiß alles. Ich wurde zum ›Insider‹. Ich las Expeditionsberichte nicht mehr oberflächlich, wie ein Normalbergsteiger. Ich las und glaubte nicht mehr das Schwarze, nur weil es gedruckt da stand. Ich zerlegte die Details. Es war ganz persönliche Sorge um meinen Sohn Fritz Stammberger. 1964 betrat er den Gipfel des Cho Oyu, 8153 m, der höchste Berg, der je von einem Deutschen erreicht wurde. Als ich im Mai 1964 im Radio die erste Durchsage hörte: ›zwei Teilnehmer an Erschöpfung gestorben‹, ließ mich dies nicht einen Augenblick denken, mein Sohn könne einer davon sein. Ich kannte aber alle Teilnehmer. Es wurde viel darüber geschrieben, Staatsanwälte und Richter beschäftigt. Kein Jurist hatte den Mut, eine Grundsatzentscheidung herauszufordern.

1964 wurde der Cho Oyu betreten.

1970 wurde der Nanga Parbat wiederum auch von einem Deutschen erreicht. Zwischen 1964 und 1970 gelang keiner Mannschaft ein Gipfelsieg an einem Achttausender. Beide Erfolge haben inzwischen – allerdings immer mit dem Geifer des gleichen Menschen – das Prädikat erhalten: ›traurigste Kapitel in der Bergsteigergeschichte‹.

Zum Cho Oyu hatte Anton Hiebeler persönlich Strafanzeige erstattet, ungeachtet der DAV-Untersuchung. Zum Nanga Parbat sollen Ermittlungsverfahren laufen. Auch diese werden nach Jahr und Tag eingestellt sein.

Was wird übrig bleiben?

Der Verleumder, Denunziant und Rufmörder Hiebeler wird weiter ungestraft rumlaufen.

Keine Expedition wurde von Hiebeler beraten, befragt oder unbefragt. Was blieb übrig? Der Rufmord!

Darum schreibe ich dies, weil ich nichts zu verbergen habe und nicht im Auftrag handle. Und weil saubere Bergsteiger und Expeditionisten die Wahrheit wissen sollen.

Darum wünsche ich, dass sich erstens ordentliche Gerichte mit den Vorgängen befassen und zweitens saubere Presse darüber berichtet.

Zwingt Dreck raus und Sauberkeit rein: Dem Heckenschützen (siehe Tichy, BdW 55) Anton Hiebeler, der nun auch am Nanga Parbat einschlägig ›aktiv‹ ist, muss endlich das Handwerk gelegt werden.«

Dies also war meine erste Lektüre zum heiligen Berg der Sherpa. Die »Göttin des Türkis«, bis dahin von Einheimischen und Bergsteigern mit großem Respekt erwähnt, wurde plötzlich als Skandalberg behandelt. Die unschöne Auseinandersetzung zwischen Hiebeler und Stammberger hielt mich nicht davon ab, anschließend die Historie des Berges zu studieren, die Berichte der Erstbesteiger. Ich lernte in Kathmandu dann den großartigen Herbert Tichy kennen, später Sepp Jöchler und Helmut Heuberger. Noch heute schätze ich ihre Expedition als die schönste – im ethischen Sinne –, die im Rahmen der Erstbesteigungen an den Achttausendern geführt wurde.

Es ging Toni Hiebeler um die von Rudolf Rott geleitete Cho-Oyu-Expedition von 1964, bei der Fritz Stammberger den Gipfel erreicht haben wollte. Zwei Kameraden – Georg Huber und Alois Thurmayr –, die dabei ums Leben kamen, obwohl Stammberger alles Mögliche getan hatte, um die Höhenkranken zu retten, hatten nicht rechtzeitig ins Tal transportiert werden können. Ich mute mir zu dieser Tragödie kein Urteil zu, verstehe aber die Haltung des Vaters von Fritz Stammberger, der obigen Text unter dem Schlagwort »saubere Expeditionen« verfasst hatte. Vor allem weil auch ich Neid und Missgunst der kleinen Münchner Clique damaliger extremer Bergsteiger selbst kennengelernt habe.

Vollkommen unglaubwürdig ist das »dramatische Schicksal« von Mischa Saleki am Cho Oyu. Auf dem Weg zu seinem Achttausender im Sperrgebiet zwischen Nepal und Tibet verstrickt er sich in die Hybris, sich den Gipfelgang suggerieren zu können, und gleichzeitig »in einen Wettlauf mit der Zeit«. Seiner Herausforderung allerdings – »in zehn Tagen auf den Gipfel des Cho Oyu und zurück« – wird er nicht gerecht. Er schafft keinen Gipfel und keinen Rekord.

Salekis Bergsteigen – 24-mal zu verschiedenen Jahreszeiten am Cho Oyu – ist vielleicht mehr religiöser Natur: mehr Pilgerfahrt als Gipfelgang. Er will seine Alleingänge auch nicht als sportliche Leistung gewertet wissen. Seine Illusion besteht nicht allein darin, viermal am Gipfel gewesen zu sein, son-

Mischa Saleki

dern in jener »Selbsterfahrung«, die »ganz oben« »tief unten« ankommen will. Auch wenn die von der Zivilisation gelangweilten Menschen die Verschwörungstheorie Salekis lieber glauben wollen als Tatsachen.

> *Ganz oben,* Klappentext: **»** Rekordleistungen entsprechen nicht Mischa Salekis Auffassung vom Bergsteigen, denn er begreift Bergsteigen als religiöse Erfahrung, als Pilgerfahrt. Die physische Leistung wird zur Selbsterfahrung. **«**
> *Mischa Saleki*

Anders als die vielen Cho-Oyu-Anwärter heute, hatten Saleki und Stammberger keine Zeugen für ihre »Heldentaten«. Heute sind es so viele, dass jeder Gipfelgang beglaubigt ist – von den jeweils anderen, die auch wieder unter den Augen dieser anderen ganz oben ankommen: mit fliegenden Lungen und pochenden Herzen. Denn auch in der Spur und im Gänsemarsch ist ein so hoher Gipfel wie der Cho Oyu nur unter größter Anstrengung und dem ständigen Zweifel zu erreichen, ob es zurück ins eigene Leben noch reicht. Das weite Schneefeld am Gipfel – dieser »Tanzplatz der Götter« – ist also jener Erfahrungsraum, der uns alle verbindet, die wir »ganz oben« waren und heil zurück in die Zivilisation gekommen sind. Tichys ureigenste Erfahrungen dabei sind leider nie mehr zu haben.

> **»** Es ist inzwischen nicht nur unter Bergsteigern bekannt, dass Saleki Märchen in die Welt setzt, die jeglicher Grundlage entbehren. Wenn Saleki aussagt und schreibt, er habe den Cho Oyu schon mehrmals bestiegen und den Everest-Gipfel zweimal geküsst, dann wissen zumindest die Insider, dass dies erfunden und die Phantastereien eines Irren sind. Genauso wenig stimmen die Aussagen in seinem Buch über unsere Besteigung des Cho Oyu. **«**
> *Michl Dacher*

Neue Wege zum Cho Oyu
von Reinhold Messner/Günter Seyfferth

》 Dieser Berg bestimmt den Tagesablauf, unser Tun. Er bestimmt alles. Die Gespräche der Männer drehen sich um ihn, und die Gedanken der Frauen. Abends legt er sich mit uns in den Schlafsack. Manchmal nennen die Männer ihre Wand eine ›verdammte Hure‹, doch meist lassen sie alles liegen und stehen, um zu ihr zu eilen. Sie ist nicht einmal schön. Nein, wir alle wissen, dass sie kalt, grausam und vor allem gefährlich ist. Sie – das ist die Südwand des Cho Oyu. 《
Uschi Demeter

Inzwischen gibt es am Cho Oyu ein Dutzend schwieriger Routen, dazu ein paar Varianten. Die interessanteste – wegen der frühen Begehung und weil ohne Permit gewagt – ist jene von Koblmüller/Furtner. Ein kühner Wurf (1978!) und, da die Illegalität inzwischen verjährt ist, eine vorbildliche Art, auf so hohe Berge zu steigen.

Die Erstbegehung der Südostwand durch eine österreichisch/deutsche Expedition im Alpinstil 1978 bleibt ein Meilenstein in der Historie des Große-Wände-Bergsteigens im Himalaja.

Der Text der nun folgenden Chronik wurde von Günter Seyfferth (www.himalaya-info.org) unter dem Titel »Cho Oyu, 8201 m, Erkundung, Erstbesteigung, weitere Erstbegehungen« erarbeitet.

»Die drei Österreicher und zwei Deutschen unter Leitung von Eduard (Edi) Koblmüller kommen im Oktober 1978 ohne Genehmigung für eine Besteigung an den Fuß des Cho Oyu. Mit einem Trekking-Permit hatten sie ihre Traglasten mit Yaks nach Gokyo bringen lassen. Von dort trugen sie die 250 kg auf ihren Rücken ins Basislager Gyazumpa am Lungsampa-Gletscher auf 5140 m Höhe, nachdem sich die Yak-Treiber wegen starken Schneefalls geweigert hatten weiterzugehen. Nach der mühsamen Überquerung des Gletschers wird zunächst die ca. 1000 Meter hohe Felsinsel rechts des Gletschers durch steinschlaggefährdete Passagen erklettert. Das weite Gletscherplateau auf 6000 m am Fuß der Südostwand bereitet keine Probleme. Zunächst aber müssen die Bergsteiger zur weiteren Akklimatisation zurück ins Basislager. Einige Tage später beginnt der schwere Teil des Aufstiegs vom Hochplateau über den mittleren Eispfeiler der Wand, teilweise bis 70 Grad steil und von Felsen durchsetzt. Auf 7400 m dienen zwei Höhlen als Camp. Die anstrengende Kletterei sowie das Anbringen von Fixseilen erzwingen einen Rasttag am 26. Oktober. Es ist bereits 16 Uhr am nächsten Tag, dem 27. Oktober, als die fünf Bergsteiger etwa noch 150 Höhenmeter, die – nach den flacheren Passagen – nochmals erheblich steiler sind, bis zum Gipfel vor sich haben. Haberl, der Erfrierungen an den Fingern hat, sowie Gizycki und Spousta, die das Risiko eines nächtlichen Abstiegs fürchten, steigen ab.

Koblmüller und Furtner wühlen sich weiter durch den hüfthohen Schnee, spuren dann ungesichert den folgenden 60 Grad steilen Eishang im Zickzack hinauf und taumeln schließlich zum Gipfel. Der Abstieg gerät durch Neuschneefälle, ständig abgehende Lawinen und Tiefschnee auf

Cho-Oyu-Südwand

dem Plateau nochmals zu einem fünf Tage dauernden Kampf ums Überleben.«

》Die Entscheidung ist gefallen, Reinhold und Hans sehen keine Möglichkeit mehr weiterzukommen. Pulverschnee bis zum Bauch. Ob Peter und Voytek weitermachen können, wo Furtner und Koblmüller 1978 zum Gipfel gekommen sind? 《

Anna Hecher

Cho Oyu im Handstreich
von Edi Koblmüller

Wir steigen ab. Es ist schön, die weiche Erde, das braune Herbstgras unter den Sohlen zu spüren, den Geruch nach Vegetation zu empfinden. Da und dort noch Schneeflecken, Reste des großen Schneefalls vor einigen Tagen, in der Sonne zerfließender Schnee, der in mir die Vision eines Abstiegs nach einer Frühjahrsskitour in den heimischen Bergen erzeugt.

Heute ist der 4. November, Herbst in Nepal. Dunkelblauer Himmel über den weißen Bergen ringsum, in den Tälern rote, gelbe und braune Farben. Ich fühle mich sehr frei, unbeschwert. Heute ist für mich der schönste Tag dieser Expedition. Ich bin glücklich. »Futschi« (Alois Furtner), der ein Stück vor mir geht – sehr mager ist er geworden, denke ich –, bleibt stehen, wirft den Rucksack ins Gras, blickt zurück. Unvermutet ist der große Berg noch einmal auf-

Auf dem Weg zum Cho Oyu

getaucht, schließt als mächtige Eismauer das Tal ab: der Cho Oyu, die »Göttin des Türkis«, wie die Tibeter diesen Achttausender nennen.

Noch einmal sehen wir die 3000 Meter hohe Südwand, in der wir vor wenigen Tagen im grundlosen Neuschnee um unser Leben gekämpft haben. Der

1982: Winteranmarsch

Höhensturm bläst lange Schneefahnen vom Gipfel weg. »Der Cho Oyu raucht wieder«, sage ich zu Futschi. Wir sitzen im Gras, schauen und hängen unseren Gedanken nach. Beinahe wären wir dort oben geblieben ...

Ich verdränge die Gedanken an Strapazen und Lawinen. Wir haben Hunger, aber nichts mehr zu essen. Das heutige Frühstück fällt mir ein, ein erfreulich ausgiebiges Frühstück, das wir in einem Sherpa-Dorf gegen meine Expeditionsbergschuhe eingetauscht haben.

Ich denke intensiv an die Dinge, die wir im nächsten Dorf kaufen werden – Kartoffeln, Tschapatti (Fladenbrot), Yak-Butter, Tsampa, Tee, vielleicht auch schon Kekse?

»Gehen wir«, sagt Futschi, und wir steigen weiter ab.

Eigentlich ist der Gerhard schuld. Gerhard Haberl, mit dem ich 1970 auf dem 7300 m hohen K6 im Karakorum gestanden bin, rückte mit einer schon länger gehegten Idee heraus: »Wie wär's mit einem Achttausender?« »Welcher?« »Cho Oyu.« Das war im Winter 1977. Die Idee wurde zum Plan. Da wir keine Sherpas mitnehmen wollten, hielten wir eine Gruppe von vier bis fünf Teilnehmern für optimal: Gerhard Haberl und ich, dazu kamen Alois Furtner, 29 Jahre alt, und unsere beiden Münchner Freunde Herbert Spousta (34) und Dr. Peter von Gizycki, Jahrgang 1946. Letzterer sprang für

Edi Koblmüller

meinen Linzer Expeditionskameraden Dr. Fred Preßl ein, der beruflich verhindert und als Arzt für uns fast unersetzbar war. Peter hat zwar auch einen Doktortitel, aber leider als Geologe. Es musste eben auch ohne Arzt gehen. Für alle Fälle ging ich bei Fred ein paar Stunden »in die Lehre«, was immerhin zur Folge hatte, dass keiner von uns krank wurde. Angst vor dem »Mediziner« als beste Prophylaxe. Verständlich!

» Dieser Erlebnisbericht von Edi Koblmüller, unmittelbar nach der erfolgreichen Expedition niedergeschrieben und 1978 veröffentlicht, gibt den Geist und die Intensität des großen Bergsteigens der Siebzigerjahre wieder. Damals gab es kein Satellitentelefon oder Internet, über das heutige Alpinisten ihre Erfolge verkünden – Tag für Tag. «

Reinhold Messner

Anfänglich hatten wir den »Normalweg« über die Nordwestflanke im Sinn, also jene Route, auf der Herbert Tichy den Berg 1954 erstmals erstieg. Aber dazu hätten wir die nepalisch-chinesische Grenze illegal überqueren müssen, was uns schließlich doch zu riskant war. Ich schlug die Südwand vor. Cho-Oyu-Südwand. Eine Achttausenderwand, die Reinhold Messner zu den »Großen« der Welt zählt. Die Südwand ist 3000 Meter hoch, zum Teil extrem schwierig. Riesige Eisbrüche sperren den unteren Wandteil. Ich beurteilte unsere Chancen auf den Gipfel mit nur 10 bis 20 Prozent, aber unser Ziel ist in erster Linie die Wand, zumindest ein ernsthafter Versuch.

Der entscheidende Punkt unseres Plans ist aber das »Wie«. Eine große konventionelle Expedition kommt nicht infrage, uns fasziniert das moderne Himalaja-Bergsteigen »by fair means«: geringster Aufwand an technischen Hilfsmitteln, Zeit und Geld, dafür höchster persönlicher Einsatz. Der Mensch, sein Können und seine Taktik sollen entscheiden, nicht massiver Materialeinsatz und technische Tricks. Dieser Stil ist ähnlich jenem, in dem die großen Westalpenwände, auch im Winter, bewältigt werden, in einem Zug, ohne Hilfe von außen. Das hieß für uns am Cho Oyu: 250 kg Gesamtgepäck, natürlich kein künstlicher Sauerstoff, aber auch Verzicht auf die Hilfe von Sherpas ab dem Basislager. Tatsächlich waren wir die erste Expedition in Nepal, der die Besteigung eines Achttausenders ohne Sherpas gelungen ist.

> » Die Cho-Oyu-Südostwand zählt mit ihren 3000 m Höhenunterschied zu den größten Wänden der Welt. Die Wand gliedert sich in zwei markante Teile: Der untere, etwa 1000 Meter hohe Wandteil ist von riesigen Eisbruchzonen durchsetzt. Die dadurch gegebene große Gefahr von Eislawinen zwang die Expedition zu einer komplizierten Routenführung. Im oberen, 1600 m hohen Wandteil (6600 bis 8153 m) erforderte eine Steilzone zwischen 7000 und 7500 m extrem schwierige Eiskletterei. Zwischen beiden Wandteilen liegt ein großes, 3 km langes Schneeplateau. «
> *Edi Koblmüller*

Die Zeit der Großexpeditionen mit Millionenaufwand, mit Tonnen von Gepäck und Hunderten von Trägern, die den Berg mit Bergen von Material »bekämpfen« und deren Berichte fast wie Kriegsmeldungen klingen, wird über kurz oder lang vorbei sein, auch oder gerade in den großen Wänden des Himalaja.

Schon Herbert Tichy betrachtete 1954 diese Riesenexpeditionen als Einbruch in die Harmonie des Himalaja und beschränkte sich bei der Erstbesteigung des Cho Oyu auf eine Kleinexpedition. Aber Tichy war mit dieser Einstellung seiner Zeit weit voraus. Erst seit einigen Jahren, seit den Erfolgen von Reinhold Messner und Peter Habeler und einiger briti-

Gezeichnet: Edi Koblmüller

scher und amerikanischer Seilschaften, beginnt sich der faire Stil im Himalaja durchzusetzen.

»Freitag, 13. Oktober«, schreibe ich mit klammen Fingern in mein Tagebuch. »Rasttag im Basislager (ein gutes Datum für einen Rasttag!). Gehe Nachmittag zur Moräne rauf, studiere mit dem Fernglas den Gletscher und die Wand. Viele Fragezeichen.« Ich blättere im Tagebuch zurück.

Anfangs hatte alles geklappt. Am 23. September sind wir von München abgeflogen. Meine Idealvorstellung vom Start einer Expedition hat sich erfüllt. Keine monatelange Organisationsarbeit, viel Zeit zum Training. Kein Tamtam vor der Abreise, einfach mit 50 kg exakt durchdachtem Gepäck ins Flugzeug steigen. Als Ziel eine große Achttausenderwand.

Doch dann saßen wir mehr als eine Woche in Kathmandu fest, der Hauptstadt Nepals. Der außergewöhnlich starke und lang andauernde Monsun dieses Jahres verhinderte einen raschen Weiterflug nach Namche Bazar, dem Hauptort des Sherpa-Landes. Bedrückt wanderten wir durch Kathmandu, die »Stadt der tausend Tempel«. Eine Stadt, in der sich zwei Weltreligionen – Buddhismus und Hinduismus – auf faszinierend tolerante Art begegnen. Diese Toleranz allem Fremden gegenüber, dem religiös Andersdenkenden, dem Neckermann-Reisenden genauso wie dem heroinsüchtigen »Freak«, war einer meiner bleibenden Eindrücke von diesen Menschen. Obwohl Nepal eines der ärmsten Länder der Welt ist, wirken die Gegensätze in Kathmandu nie so grell, so entsetzlich wie etwa in den indischen Großstädten.

Erst am 2. Oktober konnten wir endlich in die Pilatus-Porter-Maschine klettern, und eine Stunde später standen wir mitten im Himalaja! Wir heuerten in Namche Bazar für unsere acht Traglasten drei Yaks und zwei Träger an. Mitleidig betrachteten die Sherpas unsere Lasten: »Damit wollen die Sahibs den Cho Oyu besteigen?« Wir nickten und sahen ein wenig betreten auf unser kümmerliches Gepäck. Aber der erste traumhaft schöne Anmarschtag ließ uns alle Zweifel vergessen. Zum ersten Mal sahen wir den Mount Everest, den Lhotse. Die Ama Dablam tauchte auf, »nur« 6856 m hoch, aber einer der schönsten Berge der Welt, ein heiliger Berg der Sherpas, Sitz der Götter. Wir kamen durch Khumjung, ein großes Sherpa-Dorf in 3700 Meter Höhe, wie alle Dörfer harmonisch in die Landschaft eingefügt. So schön hatte ich mir Nepal nicht vorgestellt.

Und dann der nächste Rückschlag: 48-stündiger Schneefall hielt uns tagelang in Gokyo fest, der letzten noch zeitweise bewohnten Hochalm in 4800 Meter Höhe. Wir fanden zusammen mit den Sherpas Unterschlupf in einer der einfachen Steinhütten, kochten wie sie am offenen Feuer, blickten hinaus in den Nebel. Vom Cho Oyu nichts zu sehen, nur drei Yaks standen unbeweglich im Schnee. Urweltliche Tiere in ihrem zottigen, fast bis zum Boden reichenden Fell.

Am 8. Oktober klarte es endlich auf, und tags darauf versuchten wir weiterzugehen. Aber die Yaks versanken bis zum Bauch im tiefen Neuschnee. Wir luden die Lasten ab, die Träger verließen uns, wir waren allein. Noch einen vollen Tagesmarsch vom Cho Oyu entfernt.

Heute, am 13. Oktober, können wir uns endlich ausruhen. Wir haben es auch ohne Träger und Yaks geschafft, haben das Gepäck etappenweise heraufgeschleppt und am rechten Rand des großen Lungsampa-Gletschers unser Basislager aufgebaut. 5100 Meter hoch, ein zauberhafter Platz in einer überwältigenden Landschaft.

Gleich neben dem Zelt ein großer Moränensee, in dem sich die umliegenden Sechs- und Siebentausender spiegeln. Und vor uns, noch ein paar Kilometer entfernt, wächst die mächtige Südwand des Cho Oyu in den Himmel, eine riesige Mauer aus Fels und Eis. Ob wir eine Route durch diese Wand finden können?

Am Abend schlüpfe ich noch mal aus dem Zelt. Die letzten Strahlen der Sonne streifen den Cho-Oyu-Gipfel. Kalt und blaugrün leuchten die Eisfelder herab. Die Göttin des Türkis. Wir kommen uns ziemlich klein vor am Fuß dieses Berges.

» In ihre Zeit gestellt, gehört die Erstbegehung der Südostwand des Cho Oyu durch Koblmüller (›BergSpechte‹) und Furtner zu den Highlights des Höhenbergsteigens überhaupt: eine Performance in sauberem Alpinstil mit minimalem Aufwand und maximaler Exposition. «

Reinhold Messner

Dann die Rückschläge: Die Eislawine heute Nachmittag, die an der gegenüberliegenden Flanke mit unglaublicher Geschwindigkeit heruntergedonnerte, hat unsere Aufstiegsspur meterhoch mit Eis verschüttet. Wäre sie eine Stunde früher gekommen, wir hätten keine Chance gehabt.

Das Erwachen jenes neuen Tages, an dem wir am Plateau den Rückzug antreten mussten, als der verblassende Vollmond den Cho-Oyu-Grat hinunterzurollen schien und wenig später das gelbe Licht der Sonne die Südwand herunterfloss. Bei einem von uns waren erste Anzeichen der Höhenkrankheit aufgetreten: Kopfschmerzen, Erbrechen.

Die furchtbare Strahlungshitze, die uns um die Mittagszeit zu stundenlanger Untätigkeit im Schatten eines Biwaksacks zwang. Der unwahrscheinliche Temperatursturz, sobald die Sonne verschwunden war. Minus 30 Grad am frühen Morgen in 6000 Meter Höhe.

Morgen die Entscheidung: Ob sich unsere Theorie von der Möglichkeit einer raschen Achttausenderbesteigung verwirklichen lässt? Ob die immer noch kurze Akklimatisationsphase ausreichen wird, die »Todeszone« über 7000 Meter zu ertragen? Das Wetter? Viele Fragen. Irgendwann bin ich dann doch eingeschlafen.

23. Oktober, 6600 m Höhe. Peter und ich stehen am Rand der Gletscherspalte, in der wir unsere

In der Wandmitte

Schneehöhle gebaut haben, schauen hinauf in die Wand. Ich habe das Gefühl, der Entscheidung ganz nahe zu sein. Die große Wand liegt längst im Schatten, vom Gipfel ziehen lange Schneefahnen über den Abendhimmel.

»In ein paar Tagen wissen wir es«, sagt Peter. »Ja. Entweder – oder.« Am violetten Osthimmel leuchten die ersten Sterne auf, der Wind treibt Schneekristalle gegen das Zelt neben uns. Die Kälte wird unerträglich, ich steige in die Schneehöhle hinunter, in der sich Gerhard schon wohnlich eingerichtet hat. Es ist eng in der Höhle, gerade dass wir zu zweit liegen können. Sitzen ist nur mit eingezogenem Kopf möglich, und auch dann stößt man immer wieder den Schnee von der niederen Decke.

Eine ideale Behausung für Platzangstanfällige.

Dafür ist es hier wärmer und sicherer als droben im Zelt, trösten wir uns.

Wir versuchen zu schlafen, was trotz eines leichten Schlafmittels nicht zu erzwingen ist. Der Körper ist den langsamen Atemrhythmus des normalen Schlafes gewohnt, was schon in dieser Höhe ein leichtes Sauerstoffdefizit zur Folge hat. Man schreckt auf, glaubt momentan zu ersticken, doch nach ein paar tiefen Atemzügen ist alles wieder in Ordnung. Dann liegt man wach, denkt an die Wand, und die Schwierigkeiten und Gefahren sind in der Dunkelheit plötzlich riesengroß. Bruchstückhaft kommen mir die Ereignisse der letzten Tage in den Sinn, wirr durcheinander, zusammenhanglos.

Wir hatten uns folgenden Plan für den Gipfelangriff zurechtgelegt: Am 24. Oktober wollten wir zu fünft den Beginn der 500 Meter hohen Steilzone in 7000 m Höhe erreichen, an der uns extrem schwierige Kletterei bevorstand. Futschi, Peter und Herbert sollten hier in der Randkluft eine Zweimann-Schneehöhle graben und dann wieder absteigen. Gerhard und ich würden am 24. und 25. Oktober die Steilzone über einen markanten, felsdurchsetzten Eispfeiler überwinden, fixe Seile anbringen und die Nacht in der vorbereiteten Schneehöhle verbringen. Am 25. hofften wir, oberhalb des Pfeilers auf etwa 7500 m wieder alle fünf vereint zu sein, und der 26. Oktober sollte der Gipfeltag sein. Ab 6600 m verwenden wir aus Gewichtsgründen keine Zelte mehr, sondern schlafen in Schneehöhlen.

Eine glatte Rechnung. Leider hatte die Gleichung mehrere Unbekannte – und in Mathematik war ich immer schon schwach.

25. Oktober. Mit beängstigender Steilheit bäumt sich der Pfeiler auf, extrem schwierige Eiskletterei in blankem, bis zu 70 Grad steilem Eis.

Klettern an der Grenze, in dieser Höhe, der Körper nur gehalten von den Frontalzacken der Steigeisen, von Pickel- und Hammerspitze. Keuchendes, fast verzweifeltes Luftholen.

Gerhard und ich wechseln nach jeder Seillänge die Führung, fixieren die 7-mm-Reepschnur als Sicherung für den Abstieg. Am Abend liegt der schwierigste Teil des Pfeilers unter uns. 7400 m, wir haben es geschafft. Schon im Dunkeln, beginnen wir zwei Schneehöhlen zu graben, Stunden später kriechen wir erschöpft in die

Tiefblick aus 7500 Metern

Schlafsäcke, fühlen uns vorerst geborgen. Der Benzinkocher schnurrt am Eingang, seine blaue Flamme wirft unregelmäßige Schatten an die Schneewände. Nur langsam kommen die überreizten Nerven zur Ruhe. Gerhard hat einen hohen Preis für seine großartige Leistung am Pfeiler bezahlt – Erfrierungen an den Händen, fast alle Fingerspitzen sind weiß. Ein Preis, der ihn den Gipfel kosten wird.

Am 26. Oktober waren wir zu erschöpft und pausierten auf 7400 m.

Und dann kommt der 27. Oktober. Die Wand liegt bereits im vollen Tageslicht, aber ohne Sonne ist außerhalb der Schneehöhlen an keine Aktivität zu denken. Im Morgengrauen messen wir an die 40 Grad minus, die Kälte beginnt uns zu zermürben.

Neun Stunden später, vier Uhr nachmittags. Der Höhenmesser zeigt bereits mehr als 8000 m Höhe an. Die Schneeflanke unter uns war nicht allzu schwierig, aber sehr anstrengend, vielleicht auch gefährlich, wir hatten Angst vor Schneebrettlawinen. Im knietiefen Schnee kamen wir nur sehr langsam höher. Peter und Herbert haben vor einer Stunde knapp unter der Achttausendergrenze aufgegeben. In weniger als zwei Stunden wird es dunkel sein. Die Gipfelwand über uns, vielleicht noch 100 Meter hoch, sieht fast unmöglich aus.

Ein Versuch, den Gipfel zu erreichen, bedeutet mit Sicherheit einen Abstieg in der Nacht. Gerhard fürchtet eine Verschlimmerung seiner Erfrierungen und entscheidet sich schweren Herzens zur Umkehr. Schade! Aber sein Verzicht auf den Gipfel war sicherlich richtig. Futschi und ich werden die Gipfelwand zumindest versuchen und den Nachtabstieg mit meiner Stirnlampe riskieren. Es ist die einzige und letzte Chance.

Im Tiefschnee spure ich die Wand hinauf, ich muss es schaffen. Die Schneeauflage wird weniger, es geht leichter, dann steiles Blankeis. Äußerste Vorsicht, wir haben kein Seil mehr! Ich zähle die Meter zur Abbruchkante, alles um mich versinkt zur Bedeutungslosigkeit. Ich steige wie im Traum, rede mit mir selbst und sage mir jede Bewegung an. Pickel, Eishammer, Frontalzacken. Schon spüre ich den kalten Hauch des Höhensturms. Der erste Blick über die Kante, direkt in die tiefstehende Sonne, ich schreie vor Freude. Knapp 50 Meter vor mir der Gipfel! Der Sturm zerrt am Anorak, ich warte zusammengekauert auf Futschi. Dann gehen wir der Sonne entgegen – zum Gipfel.

>> Es ist fünf Uhr abends, am 27. Oktober 1978. Alois ›Futschi‹ Furtner und ich steigen die letzten Schritte zum Cho Oyu hinauf. Der Gipfel, 8153 m hoch! Die Sonne steht gerade noch handbreit über dem Horizont. Ziehende Nebelwände, die der Sturm vor sich herpeitscht, rotgoldenes, manchmal gelbgrünes Licht um uns. Ich stehe meinem eigenen Gefühlsausbruch hilflos gegenüber, gehe in Trance auf der Gipfelkalotte sinnlos hin und her, heute glaube ich manchmal, es wäre ein Traum gewesen. Gefühl des Irrealen, Freude, Stolz, Nervosität, alles zu gleicher Zeit. <<

Edi Koblmüller

In der Südostwand des Cho Oyu 1982

Zehn Minuten, die ich kaum beschreiben kann, aber nie vergessen werde. Drüben der Everest, im Norden Tibet, diese Farben, die Nacht in den Tälern. Unruhe, denn der Abstieg liegt noch vor uns, Hast, denn in einer halben Stunde wird auch hier heroben Nacht sein. Ich klopfe Futschi noch einmal auf die Schulter, das Gesicht des anderen wirkt fremd hinter der Sturmbrille. Wir steigen über die Abbruchkante in den Abgrund, 3000 m über dem Gletscher.

Wir brauchten vier Tage, um das Basislager am 1. November zu erreichen. Ausgehungert, mit den letzten Kräften, mit vor Erschöpfung fast unkenntlichen Gesichtern. 28-stündiger Schneefall hielt uns im Lager II in 6600 m Höhe fest, zwei Nächte und einen Tag lagen wir zu fünft im Zelt. Die Verpflegung ging zu Ende. Als es am Morgen des 30. Oktober aufklarte, lagen am Plateau zwei Meter Neuschnee, wir versanken bis zur Brust in der pulvrigen Masse. Augenblicke der Verzweiflung, der Resignation.

Ich weiß nicht mehr, wie ich es geschafft habe, zwei Tage lang zu spuren. Fast immer hüfttief, manchmal bis zur Brust im Schnee. Man kann doch unter einem wolkenlosen Himmel nicht so einfach sterben! Zwei Tage für drei Kilometer.

Am Fuß der Wand fielen wir uns alle um den Hals.

Teilnehmer: Eduard Koblmüller (A, Leitung), Alois Furtner (A), Peter von Gizycki (A), Gerhard Haberl (D), Herbert Spousta (D)[12]

Die fünf Bergsteiger werden wegen der unerlaubten Besteigung von der nepalesischen Regierung mit einem fünfjährigen Einreiseverbot bestraft.

---

12 Quelle: Elizabeth Hawley: *The Himalayan Database – CHOY 783–01 with Expedition report of Alois Furtner.*

Blick zurück zum Cho Oyu

» Vor dem Aufbruch studieren wir die Wand, die tief religiösen Sherpas beschwören in einem Gebetsritual die ›Göttin des Türkis‹, ihren heiligen Berg an der Grenze zwischen Nepal und Tibet. «

Reinhold Messner

1985: Erstbegehung des Südostpfeilers durch eine polnische Expedition unter Leitung von Andrzej Zawada und erste Winterbesteigung des Cho Oyu
von Günter Seyfferth

Es war ein äußerst kühnes Vorhaben, den Cho Oyu erstmals über seinen Südostpfeiler zu besteigen, und das auch noch im Winter! Aber Zawada hatte Erfahrung mit Winterbesteigungen; einer von ihm geleiteten Expedition war im Jahr 1980 die erste Winterbesteigung des Mount Everest gelungen.

Am 30. Dezember 1984 bezieht die Expedition ihr Basislager Gyazumpa am Lungsampa-Gletscher auf 5140 m Höhe. Der schwierigste und gefährlichste Teil der gesamten Route ist gleich zu Beginn zu bewältigen. Der eigentliche Grat kann erst nach etwa 1000 Höhenmetern erreicht werden. Vorher ist ein breiter Felspfeiler auf der linken Seite zu umgehen, ständig bedroht von Steinschlagsalven aus dem Felsriegel selbst und von Lawinen aus der Südsüdostwand. Es waren insgesamt fünf Lager vorgesehen, die großen Schwierigkeiten des Materialtransports führen aber schließlich dazu, dass das Zelt von Camp III (6600 m) hinauf nach Camp V (7500 m) getragen wird. Die extremen technischen Schwierigkeiten sowie der Einfluss des Winters werden in folgenden Daten der Lagererrichtung deutlich: 8.1.1985: Camp I, 5400 m; 13.1.: Camp II, 5700 m; 29.1.: Camp III, 6600 m; 8.2.: Camp IV, 7200 m; 11.2.: Camp V, 7500 m. Es war ein hartes Ringen um jeden Höhenmeter. Am 12. Februar um 14.30 Uhr erreicht das erste Gipfelteam Berbeka und Pawlikowski den Gipfel. Das zweite Gipfelteam war zunächst nur zur Hälfte anwesend, denn Jerzy Kukuczka befand sich noch auf dem Weg vom Dhaulagiri I, dessen Gipfel er am 21. Januar erreicht hatte. Am 8. 2. kam er in Lukla an, am 10. 2. war er bereits im Basislager; welch ein Gewaltmarsch! Am 13. 2. begegnen Heinrich und Kukuczka dem absteigenden ersten Gipfelteam oberhalb von Lager II. Sie übernachten in Camp IV. Am 14. 2. erreichen sie Camp V nicht mehr und müssen knapp unterhalb biwakieren. Am 15. 2. kommen sie bei Sonnenuntergang am Gipfel an. Es ist genau der Tag, an dem das Gipfelpermit der Expedition ausläuft. Nach einem Biwak erreichen sie Camp V und bleiben wegen vollkommener Erschöpfung einen Tag dort. Am nächsten Tag gelangen sie mit Mühe zu Camp II. Kurz vor Mitternacht des 19. Februar treffen sie schließlich im Basislager ein.

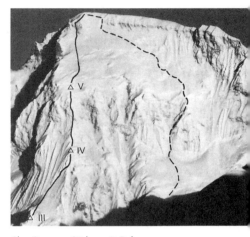

Cho Oyu von Süden mit Polen- und Koblmüller-Route

Teilnehmer: Andrzej Zawada (Leitung), Jacques Olek, Maciej Berbeka, Eugeniusz Chrobak, Ryszard Dmoch, Krysztof Flaczynsk, André Frappier, Miroslaw Gardzielewski, Zygmunt Andrzej Heinrich, Jerzy Kukuczka, Maciej Pawlikowski, Yves Tessier[13]

Cho Oyu von Norden: Gipfelhänge

---

13 Quelle: Jerzy Kukuczka: *My Vertical World. Climbing the 8000-metre peaks.* Mountaineers Books, Seattle 1992.

Nacherschließung
von Günter Seyfferth/Reinhold Messner

1986: Erstbegehung des unteren Westgrates durch eine polnische Expedition unter Leitung von Ryszard Gajewski

Anmerkung zur Bezeichnung der Route: Dieser Grat wird häufig als Südwestgrat bezeichnet. Dies ist eindeutig eine falsche und sehr irreführende Angabe. Zusammen mit dem Gipfelgrat hat der Grat – vom Gipfel gesehen – die Gesamtrichtung West-Nord-West.

Während die Normalroute über den Nordwestgrat verläuft und ab dem Eisbruch in die Nordwestflanke quert, ist der Westgrat eine Alternative bis zur Höhe von 7000 m. Hier trifft er mit dem Nordwestgrat zusammen und setzt sich als West-Nord-Westgrat zum Gipfel fort. Die Polen nutzten den Westgrat bis zur Höhe von 7000 m und querten von dort in die Nordwestflanke, wo die Tichy-Route auf etwa 7550 m Höhe erreicht wurde. (Die Route weiter entlang des Grates wird erst im Jahr 1993 gegangen; siehe dort.) Die Teilnehmer bezeichneten die Besteigung als relativ leicht, allerdings waren im oberen Teil des Westgrates 150 bis 200 Meter mittelschwere Kletterei zu bewältigen. Der Westgrat/West-Nord-Westgrat ist die nördliche Begrenzung der Südwestflanke. Die Südwestflanke befindet sich vollständig auf chinesischem Staatsgebiet, was lange unklar war. Die Grenze verläuft vom Gipfel über den Kamm des Nangpai Gosum zum Phasang Lama Chuli (Jasamba).

Das vorgeschobene Basislager wird am Fuß des Grates auf 6000 m errichtet. Weitere Lager stehen auf 6600 m, 7100 m und 7600 m. Am 29. April erreichen Gajewski und Pawlikowski den Gipfel, Pawlikowski nach seiner Winterbesteigung von 1985 zum zweiten Mal auf einer neuen Route. Am 1. Mai steht auch Konopka solo am Gipfel, am 3. Mai Danielak und Osika. Während des Abstiegs wird Danielak höhenkrank, kann aber durch die schnelle Hilfe von Dr. Korniszewski gerettet werden.

Teilnehmer: Ryszard Gajewski (Leitung), Lech Korniszewski, Marek Danielak, Piotr Konopka, Krysztof Oleksowicz, Andrzej Osika, Maciej Pawlikowski, Zbigniew Terlikowski[14]

1988: Erstbegehung der Nordwand durch eine jugoslawische Expedition unter Leitung von Roman Robas

Die Jugoslawen errichten ihr Basislager in der Nähe der Einmündung des Palung-Gletschers in den Gyabrag-Gletscher. Die Begehung des Palung-Gletschers zum Fuß der Nordwand bereitet Probleme, sodass vor dem Lager am Wandfuß (6200 m) noch ein Zwischenlager erforderlich wird. Man wählt eine Route im rechten Teil der etwa vier Kilometer breiten Nordwand, da der gesamte mittlere Teil durch die Séracs eines Hängegletschers bedroht wird. Eine schräg in Richtung Nordgrat verlaufende Rampe führt an den westlichen Rand des Abbruchs des Hängegletschers, wo Camp III auf 7200 m Höhe eingerichtet wird. Die teilweise 55 bis 60 Grad steile Eisflanke mit Bedrohung durch Lawinen gestattete kein Lager auf niedrigerer Höhe. Bei sehr schwierigen Schneeverhältnissen kämpft man sich weiter durch den etwas flacheren Teil der Flanke. Auf 7550 m Höhe wird schließlich das Zelt von

---

14 Quellen: *The American Alpine Journal* 1987, S. 240 (Josef Nyka); Elizabeth Hawley: *The Himalayan Database – CHOY 861–01*.

Camp IV aufgestellt. Die große Kälte reduziert zum Glück die Lawinengefahr. Am 2. November bricht Iztok Tomazin im Alleingang von Camp III auf. Als härtester Teil der Route stellt sich das ca. 300 Meter hohe Couloir vor dem Gipfelplateau heraus, darin ein kurzes Stück senkrechter Fels. Tomazin steigt über die unpräparierte Normalroute bis auf 6000 m ab, wo er am 3. November auf Skarja trifft. Am 5. November steigen Groselj und Rozman von Camp IV zum Gipfel auf einer Routenvariante mit Querung zur Tichy-Route im oberen Teil. Am 8. November folgen Nadvesnik und Prezelj wieder direkt durch das Couloir, am 9. November Robas und Jereb mit der Traverse nach rechts. Abgesehen von leichten Erfrierungen kommen alle Teilnehmer heil zurück ins Tal.

Teilnehmer: Roman Robas (Leitung), Viktor Groselj, Balz Jereb, Radivoj Nadvesnik, Marko Prezelj, Joze Rozman, Anton Skarja, Iztok Tomazin[15]

1990: Erstbegehung der Südwestwand durch Erhard Loretan, Jean Troillet und Wojciech Kurtyka im Alpinstil

Als Erhard Loretan 1990 zum Fuß der Südwestwand kommt, hat er noch einmal die Szenerie des tragischen Unglücks seines Kletterpartners Pierre-Alain Steiner vor Augen. Er war im Jahr 1986 zusammen mit Steiner etwa bis zur halben Wandhöhe gekommen. Nach einem Biwak entschlossen sie sich wegen Höhenproblemen bei Steiner zur Umkehr. Nach etwa 100 Metern glitt Steiner aus und stürzte an Loretan vorbei in den Tod.

Jetzt, am 19. September 1990, nach einer Höhenakklimatisation bis auf 7000 m an der Normalroute, steigen Loretan,

---

15 Quellen: *The American Alpine Journal* 1989, S. 283 f. (Roman Robas); Elizabeth Hawley: *The Himalayan Database – CHOY 883–07.*

Troillet und Kurtyka um 18 Uhr in die Wand ein. Im rechten Teil der Wand führt ein Couloir schräg hinauf zum oberen Südgrat des Cho Oyu, dem Grat auf dem Grenzkamm zwischen dem Nangpai Gosum im Westen und dem Gipfel des Cho Oyu. Eine Lawine in der Nacht führt den Bergsteigern die Gefährlichkeit der Wand vor Augen, Tiefschnee bis zu den Knien oder bis zur Hüfte macht den Aufstieg zur körperlichen Qual. Gegen 17 Uhr des 20. September treten sie auf 8100 m auf den Südgrat hinaus. Bald stoßen sie auf eine Strecke mit grundlosem Tiefschnee, wo sie für 50 Meter zwei Stunden brauchen. Der Schnee reicht bis zum Hals und muss Schritt für Schritt niedergetreten werden. Es wird Nacht, und sie biwakieren kurz vor dem Gipfel. Als sie am Morgen des 21. September auf dem Gipfel stehen, haben sie in 27 Stunden reiner Kletterzeit eine neue Route am Cho Oyu eröffnet, die erste Begehung der Südwestwand. Sie steigen über eine Variante der Normalroute ab und fahren sofort hinüber zum Shisha Pangma.

Teilnehmer: Wojciech Kurtyka, Erhard Loretan, Jean Troillet[16]

1991: Erstbegehung des Ostgrates (Ngozumpa-Grat) durch eine russische Expedition unter Leitung von Sergei Efimov

Die Nährgebiete des Lungsampa- und des Ngozumpa-Gletschers auf der Südseite des Cho Oyu werden von einem nach Südosten gerichteten Grat getrennt, der in zwei Kilometer Entfernung östlich des Gipfels des Cho Oyu am Grenzkamm zum Gyachung Kang ansetzt und von dort steil herunter-

---

16 Quellen: Jean Amann, Erhard Loretan: Erhard Loretan: Den Bergen verfallen. Paulusverlag, Freiburg 1996 (Cho Oyu: S. 137–150); Wojciech Kurtyka: »New Routes – Cho Oyu und Shisha Pangma«, *American Alpine Journal 1991, Himalayan Journal* 48; Elizabeth Hawley: *The Himalayan Database – CHOY 903–02.*

kommt. Von Süden gesehen fällt dieser Grat im oberen Teil mit seiner breiten Felswand auf, deren oberer Rand bereits der Grenzkamm zum Cho Oyu ist. Dieser Felsgrat ist im linken Bereich auf 7800 m Höhe durch eine rund 70 Meter tiefe Scharte gespalten, die sogar aus dem Tal zu erkennen ist. An der Route hatten sich schon einige Expeditionen anderer Nationen vergeblich versucht.

Am 22. September wird das Basislager in Gyazumpa am Lungsampa-Gletscher errichtet. Weitere Lager entstehen am Fuß der Felseninsel (5200 m), auf dem Lungsampa-Gletscherplateau (6200 m) und am Fuß des Felsgrates (6950 m, letztes festes Lager). Dieser Punkt 6950 wird durch eine steile Eisflanke erreicht, die rechts von der prägnanten Felswand vom Plateau hinauf zum Grat führt. Auf dem Grenzkamm wird Camp IV errichtet. Die Scharte wird in schwieriger Kletterei in 80 Grad steilem Fels auf der Nordseite umgangen. Am 18. Oktober wird ein erster Versuch von Camp IV in Richtung Gipfel gestartet. Es ist aber bereits 13 Uhr, als man jenseits der Scharte steht, sodass eine Rückkehr vom Gipfel vor Einbruch der Dunkelheit unmöglich erscheint. Der Versuch wird daher abgebrochen. Am 19. Oktober verlegt man das Camp IV in Richtung Scharte und bringt weitere Fixseile an. So kann man am 20. Oktober bereits um 8 Uhr die Scharte überwinden, und um 11 Uhr stehen fünf Mann auf dem Gipfel: Bogomolov, Pershin, Plotnikov, Vinogradski und Yakovenko. Der Arzt Grebeniuk war zuvor auf 8000 m wegen beginnender Erfrierungen umgekehrt. Am 21. Oktober steigen alle sechs Bergsteiger von Camp V nach Camp III ab. Beim Abstieg wird Grebeniuk von einem Stein am Kopf getroffen und stirbt kurz darauf. Er muss am Ort des Unfalls zurückgelassen werden.

Teilnehmer: Sergei Efimov (Leiter), Sergei Bogomolov, Yuri Grebeniuk, Salavat Khabibulin, Valeri Kouzmine, Piotr Kouznetsov, Vladimir Lebedev, Irina Miller, Valeri Pershin, Ivan

Plotnikov, Aleksander Pogorelov, Valeri Putrin, Sergei Timfeev, Evgeni Vinogradski, Aleksander Yakovenko, Nikolai Zakharov[17]

1993: Erste komplette Begehung des Westgrates/ Nordwestgrates durch Marco Bianchi und Krysztof Wielicki

Während die Polen im Jahr 1986 bei ihrer Besteigung nur den Westgrat bis 7000 m Höhe gegangen und von dort hinüber zur Tichy-Route gequert waren, gelang dem Polen Krysztof Wielicki und dem Italiener Marco Bianchi als Teilnehmer einer internationalen Expedition die »logische« Fortsetzung dieser Route direkt weiter über den West-Nord-West-Grat zum Gipfel. Die Schwierigkeiten der Felskletterei reichen auf dieser Route laut Angaben der Erstbegeher bis Schwierigkeit IV nach UIAA.

Am 17. September gehen Bianchi und Wielicki vom vorbereiteten Camp I am Westgrat auf 6500 m bis auf 7000 m an der Spitze des Westgrates und errichten dort ihr Zelt (Camp II). Am 18. September brechen sie um zwei Uhr in der Nacht auf und stehen um 16 Uhr auf dem Gipfel. Die Nacht verbringen sie nochmals in Camp II. Am 24. September erreichen Garcia und Pustelnik ebenfalls den Gipfel.

Teilnehmer: Krysztof Wielicki (Leiter), Marco Bianchi, Nicholas Cienski, Mike Dobin, Joao Garcia, Piotr Pustelnik, Mariusz Sprutta, Zbigniew Terlikowski[18]

---

17 Quellen: *American Alpine Journal* 1992, S. 210; Elizabeth Hawley: *The Himalayan Database* – CHOY 913–10.
18 Quelle: Elizabeth Hawley: »Cho Oyu and Shisha Pangma: New Routes«, *American Alpine Journal* 1994; S. 274 f.

1994: Erstbegehung einer neuen Route in der
Südwestwand durch Yasushi Yamanoi,
Mitglied einer japanischen Expedition,
sowie Wiederholung der Loretan-Route von 1990
durch zwei Japanerinnen

Japaner durchsteigen im September 1994 die Südwestwand auf zwei verschiedenen Routen. Eine beachtliche Leistung. Während die beiden Frauen Nagao und Endo die Route von Kurtyka/Loretan/Troillet aus dem Jahr 1990 wiederholen, gelingt dem Japaner Yamanoi die Eröffnung einer neuen Route im mittleren Teil der Wand.

Alle drei akklimatisieren sich nach ihrer Ankunft am 5. September zunächst auf der Normalroute bis 7000 m Höhe. Am 21. September gehen sie an den Fuß der Südwestwand und steigen noch in der Abenddämmerung in die Wand ein, Yamanoi im Alleingang in eine neue Route im mittleren Wandteil, die beiden Frauen in die Route von 1990 weiter rechts. Yamanoi erreicht um vier Uhr morgens nach 1000 Meter Aufstieg durch die Eisflanke auf 7200 m Höhe die markante, rautenförmige Felsformation im oberen Teil der Wand. Hier muss er die Morgendämmerung abwarten, um die Möglichkeiten des weiteren Aufstiegs zu erkennen. Er entscheidet sich, die Felsformation auf der rechten Seite durch ein Eis- und Felscouloir zu umgehen. Auf 7600 m biwakiert er und bricht am 23. September um sechs Uhr zum Gipfel auf. Den Gipfelgrat erreicht er zwar schon um zwölf Uhr, verliert dann aber viel Zeit im tiefen Schnee des Gipfelplateaus und bei der Suche nach dem wirklich höchsten Punkt. Diesen erreicht er schließlich um 16 Uhr. Er steigt über die Normalroute mit einer weiteren Biwaknacht ab.

Die beiden Frauen auf der Loretan-Route verlieren zunächst einen ganzen Tag, weil sie in ein falsches Couloir eingestiegen sind. Nach zwei weiteren Biwaks schaffen sie den Gipfel am 25. September. Das Basislager erreichen sie nach einem weiteren Biwak auf der Normalroute.

Teilnehmer: Taeko Nagao (Leiterin), Yuka Endo, Yasushi Yamanoi[19]

1996: Erstbegehung des Nordgrates durch den Spanier Oscar Cadiach und den Österreicher Sebastian Ruckensteiner

Alle Teilnehmer der Expedition bestiegen zunächst zur Akklimatisation den nahe gelegenen Palung Ri (7012 m). Dieser Gipfel bietet ihnen einen hervorragenden direkten Einblick in die Route am Nordgrat. Eigentlich ist der Grat ein Nord-Nord-West-Grat, wir bleiben aber bei der einfacheren Bezeichnung Nordgrat. Im Gratverlauf befindet sich der markante Punkt bei 7570 m. Am Cho Oyu errichten sie nur ein einziges Lager auf 6517 m Höhe am Palung La, wo der Nordgrat ansetzt. Während Pujol und Tovar am nächsten Tag wieder absteigen (Pujol fühlte sich krank), brechen Cadiach und Ruckensteiner zum Gipfel auf. Am Grat gibt es Passagen bis zu 75 Grad Neigung. Nach einem Biwak auf 7500 m brechen sie am 28. September um neun Uhr zum Gipfel auf, den sie um 16 Uhr erreichen. Ihnen gelingt noch am selben Tag die Rückkehr zum Biwak. Von dort steigen sie am 29. September über die weiter westlich gelegene Normalroute ab. Ein weiterer Versuch durch Pujol und Tovar muss wegen Höhensturms abgebrochen werden.

Teilnehmer: Oscar Cadiach (Leiter), Joan Carlos Griso, Lluis Rafols Pujol, Sebastian Ruckensteiner, Toni Tovar[20]

---

19 Quellen: Elizabeth Hawley: *The Himalayan Database – CHOY 943–04;* American Alpine Journal 1995, S. 243 f.; Website: http://www.russianclimb.com/kozjek.html (Routen in der SW-Wand).
20 Quelle: Elizabeth Hawley: *The Himalayan Database – CHOY 963–21;* American Alpine Journal 1997, S. 343 f.

2006: Eröffnung einer weiteren Route in der Südwestwand durch eine slowenische Expedition unter Leitung von Uros Samec

Die Slowenen kommen am 12. September ins Advanced Basecamp am Cho Oyu. Nach der Akklimatisation auf der Normalroute bis 7000 m gehen sie zur Südwestflanke. Am frühen Morgen des 2. Oktober um 3.30 Uhr steigt Pavle Kozjek im linken Teil der Eisflanke ein. Diese Route zielt auf den linken Rand der auffallenden, rautenförmigen Felsformation im oberen Teil der Wand. Um dort einen Eisabbruch zu passieren, muss Kozjek nach rechts in die Felsen ausweichen. In schwieriger Kletterei (5.6) erreicht er den West-Nord-West-Grat auf etwa 7400 m Höhe, das heißt die Route von Bianchi/Wielicki aus dem Jahr 1993. Von dort quert er durch tiefen Schnee zur Normalroute und erreicht den Gipfel um 18 Uhr. Es war ein Solo-Aufstieg in 14½ Stunden auf einer neuen Route durch die Südwestwand. Nach einer Übernachtung auf 7000 m auf der Normalroute erreicht er das Basislager am 3. Oktober.

Samec, Kovac und die beiden Tratniks waren ihm am selben Tag gefolgt, campieren aber am 2. Oktober zunächst an der Stelle des Zusammentreffens mit der Normalroute. Sie erreichen den Gipfel am nächsten Tag.

Teilnehmer: Uros Samec (Leiter), Urban Golob, Miha Habjan, Marjan Kovac, Pavle Kozjek, Peter Poljanec, Aljaz Tratnik, Emil Tratnik[21]

---

21 Quellen: Website http://www.russianclimb.com/kozjek.html (mit Routen SW-Wand); Elizabeth Hawley: *The Himalayan Database – CHOY 063–43*.

2009: Erstbegehung der Südsüdostwand durch die Kasachen Boris Dedeshko und Denis Urubko

Die beiden Kasachen beziehen ihr Basislager am 15. April neben der Moräne des Ngozumpa-Gletschers. Um die Wand zu Gesicht zu bekommen, müssen sie ein kleines Stück talaufwärts nach Gyazumpa (Six Lakes, 5140 m) gehen. Während der Akklimatisation hatten sie bereits ein Zelt am Fuß der Wand auf 5300 m aufgestellt. Am 7. Mai verabschieden sie sich von ihren beiden Sherpas mit den Worten: »Wenn wir nach acht Tagen nicht zurück sind, schaut ihr nach uns. Wenn wir nach zehn Tagen nicht zurück sind, könnt ihr alles zusammenpacken und nach Hause gehen.«

> » Bulle sagt, er spielt beim Anmarsch nicht Karten, sie würden oben am Berg russisches Roulette spielen. «
>
> *Ulrike Stecher*

Der Einstieg liegt auf 5600 m Höhe. Die Wand ist extrem steil bis senkrecht; auch Überhänge sind zu überwinden. Da sich Fels und Eis häufig abwechseln, klettern sie meist mit dem Steigeisen. Der erste Platz, auf dem sie ihr Zelt aufstellen, ist ein schmaler Sims auf 6100 m, der nächste Platz ist unter einem Überhang auf 6600 m. Am 9. Mai werden sie in steilen Eispassagen von Schlechtwetter überrascht. Über äußerst heikle Stellen lockeren Schnees hinweg finden sie auf 7100 m eine

Lawinenabgang an der Südwand des Cho Oyu

kleine Eisnische bei einer Spalte, die sie mit ihren Eispickeln so weit erweitern können, dass ihr Zelt Platz findet.

Am nächsten Tag ist das Wetter nicht besser. Lawinenabgänge machen den Aufstieg gefährlich. Dennoch erreichen sie eine Höhe von 7600 m, wo sie ihr Zelt unter der Wand eines Bergschrunds aufstellen können. Am 11. Mai gehen sie um vier Uhr los – das Wetter hat sich etwas gebessert – und erreichen noch im Laufe des Vormittags auf 7950 m Höhe den Südostgrat, die Route der Polen von 1985. Doch die Schwierigkeiten werden größer. Der tiefe Neuschnee droht jederzeit als Lawine zu Tal zu gehen; an der letzten Rinne vor dem Gipfelplateau – es wird schon dunkel – sitzen sie ratlos im Schnee und überdenken das Risiko. Schließlich wühlen sie sich in der Dunkelheit weiter aufwärts, die Hangneigung nimmt ab, ebenso die Tiefe des Neuschnees, um 20.10 Uhr sinken sie vollkommen erschöpft am Gipfel zu Boden, in finsterer Nacht.

Sie hatten überlegt, über die Südostflanke, die Route der Österreicher von 1978, abzusteigen, mussten diesen Plan aber in Anbetracht der extremen Lawinengefahr verwerfen. Ihre Aufstiegsroute war zwar auch nicht sicher, aufgrund der Steilheit hatte sich hier aber doch weniger Neuschnee angesammelt. Am 12. Mai um 12.30 Uhr kommen sie bei ihrem Zelt auf 7600 m Höhe an. Hier müssen sie sich ausruhen und vor allem viel trinken. Drei weitere Tage voller Gefahren – Lawinen, Eis- und Steinschlag – benötigen sie, bis sie wieder im Basislager bei ihren Sherpas ankommen.

Denis Urubko

Teilnehmer: Denis Urubko, Boris Dedeshko[22]

Die Route der Kasachen durch die 2500 m hohe Wand ist bis heute (2012) die schwierigste am Cho Oyu. Sie ist auch gefährlich. Da Urubko und Dedeshko in stilreinem Alpinstil unterwegs waren, können wir auch von maximaler Exposition sprechen. Hier kommen also alle Zutaten zusammen, um von großem, traditionellem Bergsteigen zu sprechen. Ein Beweis, dass neben den vielen Normalwegbegehern Platz und Herausforderungen geblieben sind für die extremen Bergsteiger von heute, die sich mit ihrem Können, ihren Mitteln, ihrem Geist ausdrücken wollen. Wichtiger aber als ihr Erfolg ist ihnen das Erleben.

Kletterei in der Südwand des Cho Oyu

---

22 Quellen: Website http://aaj.americanalpineclub.org/?s=Cho+Oyu des *American Alpine Journal*; Website http://www.russianclimb.com/chooyu2009/co_southeast_en.html; Website http://www.mountain.ru/article/article_display1.php?article_id=3851.

Aufstieg in der Südostwand des Cho Oyu

EMOTION

» Die Besteigungsgeschichte eines Berges ist die Summe aller an diesem Berg erlebten Geschichten. Und diese vielfältigen Emotionen graben sich in unsere Erinnerung tiefer ein als alles Alltägliche. Um diese Emotionen, die wir zuletzt alle mit nach Hause nehmen wie einen Schatz, geht es beim Abenteuer Berg. Wir alle aber können nur von unseren ureigensten Erfahrungen erzählen, und deshalb berichte ich hier nur von meinen Cho-Oyu-Expeditionen, lasse aber auch meine Kameraden und meinen Freund Wolfgang Nairz, der von Reinhard Karl erzählt, zu Wort kommen. Bei jeder Reise gibt es ja immer so viele Geschichten, wie es Teilnehmer gibt. «

Reinhold Messner

Der große schwarze Vogel
von Wolfgang Nairz

» Die Stelle, wo Wolfi und Reinhard verschüttet wurden. Jetzt bin ich hier, der Kreis hat sich geschlossen. Weit über uns löst sich eine Eislawine. Peter sieht sie als Erster, schreit. Die Lawine rast auf uns zu. Wir rennen. Sinnlose Gebärden. Dort, wo wir noch vor zwei Minuten waren, überrollen Eisbrocken unsere Spur. «

Oswald Oelz

Unsere Expedition 1982 war der Tichy-Expedition ähnlich. Auch wir waren eine kleine, starke Mannschaft, die sich im Alpinstil versuchen wollte – jedoch in einer schwierigeren Route. Die nepalesische Regierung hatte nur die Südwand des Cho Oyu zur Besteigung freigegeben. Diese Wand war 1978 von einer deutsch-österreichischen Expedition durchstiegen worden – allerdings ohne Genehmigung. Wir wollten einen neuen Versuch in dieser Wand wagen.

» Die absturzbereiten Eisbalkone über uns sorgen für die nötige Adrenalin-Ausschüttung. Stoff für die Süchtigen. «

Oswald Oelz

Unsere Mannschaft konnte sich durchaus sehen lassen: Dr. Oswald Oelz (»Bulle«), Reinhard Karl, Rudi Mayr und ich. Bulles Frau begleitete uns von Beginn an, meine Frau Edith und Reinhards Frau Eva sollten später ins Basislager kommen.

Und so begann es ...

Bulle hat todkrank ins Krankenhaus von Kathmandu geflogen werden müssen. Und immer noch war diese Ungewissheit da, ob nicht doch »der große schwarze Vogel« ...?

> » Nach meinem Hirnödem in diesem April 1982 im Basislager des Cho Oyu und der nachfolgenden Lungenembolie in Kathmandu falle ich in ein tiefes Loch. Ich hatte mich selbst geschlagen, krank gemacht, war fast gestorben. «
> *Oswald Oelz*

Dann Lager II, es ist Abend, der 18. Mai. Wir kochen Suppe, draußen schneit es. Um 6.00 Uhr funken wir. Rudi, der mit Zahnweh abgestiegen ist, geht es wieder gut. Er ist nach Lager I aufgestiegen. Morgen will er uns nachkommen. Draußen über dem Tal klart es langsam auf. Morgen ist das Wetter sicher schön.

»Dieses Achttausender-Bergsteigen geht mir langsam auf die Nerven. Ich bin aber dafür, dass wir jetzt so lange heroben bleiben im Lager II, wie das Wetter schön bleibt. Wir werden ihn einfach machen, diesen Cho Oyu!«, schimpft Reinhard neben mir. »Also das ist mein letzter Achttausender – zumindest für dieses Jahr«, fügt er ironisch hinzu.

Langsam machen wir uns für die Nacht zurecht. Ich ziehe Bulles Daunenoverall an und krieche in den Schlafsack. Bis unsere Flaschen mit Tee gefüllt sind, vergeht noch eine Stunde. Jeder hängt seinen Gedanken nach: Wird es morgen klappen? Die Sherpas haben jedenfalls viel Auftrieb. Maila Pemba wird mit Reinhard und mir zum Gipfel gehen, wenn Rudi morgen nicht bis Lager III nachkommt. Ang Lakpa wird dann einen Tag später mit ihm gehen.

Zuversichtlich schlafen wir ein. Ich schlafe tief und fest.

19. Mai – 5.00 Uhr früh, ich wache auf. Klick – das Feuerzeug funktioniert nicht, klick, noch einmal klick, dann brennt

der Kocher, und ich stelle den Topf mit Eis auf, den Reinhard am Abend gefüllt hat.

Durch das Geräusch wacht Reinhard ebenfalls auf. »Wie ist das Wetter?«, frage ich. Er streckt den Kopf zum Zelt hinaus. »Wolkenlos – heute und morgen packen wir's!«, antwortet er. Bis das Eis geschmolzen ist und wir frühstücken können, dauert es noch etwas. Ich drehe mich zur Seite und ziehe mir den Schlafsack über die Ohren.

Reinhard liegt auf dem Rücken. Ein wenig Zeit bleibt uns noch.

Plötzlich ein Rauschen und Dröhnen – »Was ist das!«, höre ich Reinhard noch rufen. Und es ist aus. Über uns fällt die Eislawine: so gewaltig und schnell, dass wir keine Zeit haben, irgendwie zu reagieren. Ich halte die Hand über den Kopf, versuche meine Füße zu bewegen, aber sie sind eingeklemmt wie in einem Schraubstock.

Ich höre und rieche, wie Gas ausströmt. Es ist ganz dunkel um mich. Ich rufe: »Reinhard!« Nochmals: »Reinhard, Reinhard!« Totenstille. Nur das Gas höre ich strömen. Es ist aus, denke ich und werde benommen.

Eigentlich ist Sterben gar nicht so schwer, denke ich noch. Im Augenblick scheint es mit Angst nichts zu tun zu haben: Als ich in Bewusstlosigkeit falle, ist es wie eine Erlösung.

Zweieinhalb Stunden später. Langsam wird um mich herum alles klar, und ich kann unsere Sherpas erkennen: Ang Pasang, Dorje, Maila Pemba. Sie stehen am Eingang – und ich liege eingewickelt in drei Schlafsäcke in ihrem Zelt.

»Wo ist Reinhard?«, stammele ich. Große Augen, fragende Gesichter. »How is Reinhard?«, quäle ich heraus. »Not good, not bad«, antwortet Maila Pemba. Ein Sherpa flößt mir vorsichtig heißen Tee ein. Ich schlucke. Langsam versuche ich mich aufzurichten. Unter Schmerzen winde ich mich aus dem Schlafsack. Ich krieche aus dem Zelt. Gleißendes Sonnenlicht blendet mich. Von irgendwem bekomme ich eine Brille gereicht und setze sie auf. Den rechten Fuß kann ich kaum bewegen, jede Bewegung tut höllisch weh. Langsam begreife ich das Wunder: Ich bin am Leben, ich lebe noch. »Is Reinhard dead?«, frage ich, obwohl ich das Unmögliche schon in Maila Pembas Augen sehe. »Yes, he is dead.« Ich schließe die Augen und falle zurück in die Arme der Sherpas. Später bringt mir einer meine Schuhe. Man hat sie inzwischen ausgegraben, sagt man mir – wie zur Entschuldigung für Reinhards Tod. Die Sherpas ziehen mir die Schuhe an.

400 bis 500 Meter breit und 600 bis 700 Meter lang ist die Eislawine, die oberhalb unseres Lagers abgebrochen ist. Kubikmetergroße Eisbrocken liegen herum. Vom Zelt sind nur noch Reste zu sehen. Einen halben Meter neben unserem Zelt aber ist von der Lawine fast nichts mehr zu entdecken – nur ein paar vereinzelte Brocken Eis liegen dort im Neuschnee. Inzwischen haben die Sherpas Reinhard ein paar Meter weiter in den Schnee gelegt. Er liegt in seinem Schlafsack, seine linke Gesichtshälfte blutüberströmt. Ein Eisbrocken muss ihn mitten ins Gesicht getroffen haben.

Trotzdem, es sieht aus, als ob er schläft – mitten im Himalaja, mitten in seinen Bergen. Ihm würde es nichts ausmachen, hier zu sterben, hat er einmal gesagt, als wir Bulle hinaustransportierten. Jetzt liegt er hier, friedlich gestorben, in Gedanken sicher schon weit oben, vielleicht am Gipfel des Cho Oyu, der »Göttin des Türkis«.

Ich ziehe dem toten Freund die Daunenjacke über den Kopf. Die Sherpas haben eine Spalte aufgeschaufelt, tragen Reinhard hinüber und betten seinen Körper in das ewige Eis. Tränen stehen mir in den Augen. Aus seiner Wasserflasche gießen sie etwas Tee nach. Einer streut Reiskörner hinunter, und wir alle murmeln ein paar Gebete. Dann schaufeln die Sherpas Schnee in die Kluft. Bis sie voll ist. Nur noch ein paar rote Flecken im glänzend weißen Schnee zeigen die Stelle, wo Reinhard gelegen hat.

Ich drehe mich weg und setze mich so in den Schnee, dass ich weit hinaussehen kann in die Berge. Ich bleibe ein paar Minuten still sitzen, als würde ich Reinhards Stimme hören.

Dabei erzählen die Sherpas:
Sofort nach dem Lawinenabgang stürmten sie aus ihren Zelten. Von unserem Zelt war nichts mehr zu sehen. Eineinhalb Meter Eis lagen darüber. Mit den Eispickeln begannen sie zu graben. Nach 30 Minuten fanden sie Reinhard. Er war schon tot. Sie suchten weiter und konnten nach 40 Minuten auch mich entdecken. Ich steckte ganz im Schlafsack, auf die Seite gedreht, und habe nur noch in ganz kurzen Zügen geatmet, war jedoch bewusstlos. Schnell haben sie mich ganz ausgegraben, in ein Sherpa-Zelt geschleppt und mir gleich mehrere Tassen Tee eingeflößt. Dennoch sei ich nicht aufgewacht. Dann, als Maila Pemba den Sauerstoff angeschlossen und mir die Maske übergezogen hat, habe ich langsam die Augen aufgemacht und immer wieder nach Reinhard gefragt.

Die Sherpas haben inzwischen Rucksäcke, Funkgerät, Fotoapparate, Gaskocher und den Kochtopf ausgegraben. Der Kochtopf ist flach wie ein Teller. Er hatte dort gestanden, wo normalerweise Rudi lag.

Meine rechte Hand ist stark geprellt, ebenso der Oberschenkel. Der Unterschenkel und Knöchel schmerzen furchtbar, etwas muss gebrochen sein. Ich nehme zwei starke Schmerztabletten. So beginnen wir den Abstieg. Die Sherpas mit Riesenrucksäcken voraus, dahinter Maila Pemba und ich. Immer wieder drehe ich mich um und schaue zurück. Ich kann meine Tränen nicht zurückhalten und fasse Maila Pemba bei der Hand. »A man does not cry«, sagt Maila Pemba nur. Wir stapfen weiter übers Plateau, vorbei an großen Spalten und Eistürmen. Ich sehe Rudi heraufkommen. Er weiß von den Sherpas bereits, was los ist, und rennt förmlich herauf. Wortlos gehen wir uns entgegen, fallen uns in die Arme. Endlich kann ich meinen Tränen freien Lauf lassen.

Rudi möchte schnell hinaufgehen, um Reinhard ein letztes Mal zu sehen. Ich sage ihm aber, er solle ihn besser so in Erinnerung behalten, wie er ihn zuletzt gesehen hat. Wir steigen also gemeinsam ab. Der Schmerz in meinem Bein wird fast unerträglich: Ich nehme zwei weitere Tabletten. Die Sherpas gehen voraus. Um 12 Uhr haben wir Funkkontakt mit dem Basislager. Etti schickt einen Trekker nach Gokyo, um einen Arzt suchen zu lassen.

Rudi zieht mir die Steigeisen an und sichert mich über die kleinen Steilstufen bis zum Ende des Fixseils am oberen Ende der Séracs. Von dort lässt er mich mit Halbmastwurf am weiteren Fixseil hinunter. Mühsam kommen wir zum Lager I der Sherpas. Über einen Eisüberhang fahre ich im Abseilsitz mit Karabinerbremse hinunter. Rudi und ich steigen von diesem Lager gleich weiter. Steilstufen muss er mich jeweils hinuntersichern. Ich nehme wieder Schmerztabletten. Um 16.30 Uhr kommen wir im Pfeilerlager an. Etti und Sherpa Subas sind vom Basislager gekommen. Obwohl ich fast keinen Schritt mehr machen kann, muss ich den weiten Weg über den schuttbedeckten Gletscher mit den vielen Tälern und Moränenhügeln selbst hinübergehen. Ich beiße die Zähne zusammen – und es geht. Langsam wird es dunkel, vor der Moräne beim Basislager aber sehen wir Lichter auf uns zukommen. Die Sherpas haben ein langes Seil heruntergelassen. Ich binde mich an, und oben wird gezogen. Um 10.00 Uhr abends torkele ich ins Basislager, nach 14 Stunden zwischen Leben und Tod.

Abstieg ins Basislager

> » Bulle teilt uns beiläufig mit, dass er nie mehr die Absicht habe, in diese Wand zu steigen. Er sei schließlich nicht geisteskrank. «
>
> Ulrike Stecher

Reinhard Karls Erinnerungstschorten

Bulle ist zum Cho Oyu zurückgekommen. Im Winter. Und trotz allem will er zurück in die Wand, in der sein Freund Reinhard Karl gestorben ist.

Für uns alle, die wir Reinhard am Mount Everest schätzen gelernt hatten, war sein Tod eine Erschütterung ohnegleichen. Keiner von uns aber hat auf weitere Abenteuer ganz verzichtet. Wir sind älter und vorsichtiger geworden, langsamer und ungeschickter, aber immer noch gehen wir in die Berge. Reinhard ist in Gedanken oft dabei.

》 Viele Versuche und Tragödien gingen dieser Epoche voraus, die man als die ›Eroberung des dritten Pols‹ bezeichnet. Man wusste bereits von den Gefahren der Todeszone, von den verheerenden Stürmen, von den Erfrierungen und von den mannigfaltigsten Schicksalen tapferer Männer. Für jede Bergsteigernation galt es als eine große Ehre, bei der Erschließung der Weltberge dabei zu sein. 《

Sepp Jöchler

Cho Oyu im Winter – ein Versuch
von Reinhold Messner

>> Nach meinem Achttausender-Hattrick soll die Winterbesteigung des Cho Oyu im Himalaja der Höhepunkt meines Expeditionsjahres 1982 werden. Ich habe eine ›barocke‹ Expedition zusammengestellt. Neben vier Spitzenbergsteigern kommen drei Frauen und zwei Künstler mit. <<

Reinhold Messner

Der Cho Oyu, obwohl der sechsthöchste Berg der Erde, blieb lange Zeit gesperrt. Die Route, die Herbert Tichy gewählt hatte, von Nordwesten her, war bis 1988 offiziell unzugänglich. Sie liegt auf chinesischem Hoheitsgebiet, und China hat bis in die Neunzigerjahre noch keine Erlaubnis für den Cho Oyu von Norden gegeben. 1981 aber erlaubten die Behörden in Nepal wieder Besteigungen, allerdings nur über die Südseite, die sehr steil und schwierig ist.

Die Südostwand, im Herbst 1978 von einer Kleinexpedition unter der Leitung von Edi Koblmüller erstmals durchstiegen – ohne Genehmigung, aber in vorbildlichem Stil –, ist eine grandiose Herausforderung. Diese Wand wurde also das Ziel einer Südtiroler Expedition, die ich im Winter 1982/83 in den Himalaja führte: sechs Kletterer, Dr. Oswald Oelz als Arzt und zwei Künstler – Bruno Laner und Luis Stecher. Sie sollten auf ihre Weise Eindrücke von der Expedition festhalten. Unsere »barocke« Expedition verfolgte also mehrere Ziele.

Unser Plan: Anfang November in Nepal eintreffen, weiter ins Solo-Khumbu-Gebiet reisen, um uns dort zu akklimatisie-

Die Künstler: Luis Stefan Stecher und Jul Bruno Laner

ren. Am 1. Dezember 1982 wollten wir mit der Besteigung des Cho Oyu beginnen. Seine Südseite hatte im Frühling zuvor tragische Berühmtheit erlangt, als Reinhard Karl, der erfolgreichste deutsche Bergsteiger, in einer Eislawine dort verunglückt war. »Unsere« Wand ist im unteren Teil relativ schwierig, im Mittelteil liegt ein großes Schneeplateau, die zweite Wandhälfte ist sehr steil, den Stürmen ausgesetzt, auch lawinengefährdet. Wir wollten die Besteigung Ende Dezember zu Ende bringen, um in der Neujahrszeit wieder zu Hause zu sein.

Dieses Unternehmen war auch für mich eine völlig neue Herausforderung. Wir hatten, im Gegensatz zu polnischen und japanischen Bergsteigern, keine Erfahrung mit dem Winterbergsteigen im Himalaja. Neue Ausrüstung musste entwickelt werden, wir würden fast ausschließlich in Schneehöhlen campieren, weil im Winter keine Zelte den Stürmen standhalten; wir würden vor allem gegen diese enormen Winterstürme zu kämpfen haben, das größte Hindernis neben der Kälte bei Winterbesteigungen im Himalaja.

Trotz vieler Versuche war bis dahin keine Besteigung eines Achttausenders in der eigentlichen Wintersaison (1. Dezember bis 31. Januar) gelungen.

》 Es ist nicht einfach, die drei Tonnen Gepäck auf eine Höhe von 5200 Meter zu schaffen. Der Winter im Himalaja ist stürmisch, die Nachttemperaturen sinken bis auf minus 50 Grad. 《

Reinhold Messner

Polnische Bergsteiger hatten zwar eine großartige Besteigung des Mount Everest im Winter begonnen und diese in der zweiten Februarhälfte zu Ende geführt. Die Regierung in Nepal erkannte sie erst in späteren Jahren als Winterbesteigung an. Alles nur, weil sie nicht mehr in der für Wintersteigungen vorgesehenen Zeit zum Erfolg geführt worden war.

Unser kostspieliges Unternehmen soll zwei Monate lang dauern und der Elite der Südtiroler Bergsteiger die Möglichkeit geben, völlig neue Erfahrungen zu sammeln, einige Wochen in Extremsituationen zusammen zu sein und vielleicht einen kleinen Schritt weiter zu gehen in der Geschichte des Alpinismus.

>> Reinhold hält sich meist im Hintergrund, fast als wolle er sich selbst beiseiteschieben, damit die Gruppe ihre eigenen Gesetzmäßigkeiten herausfinden kann. <<
Jul Bruno Laner

»Barocke« Expedition

>> Contenance, Madame, wir sind keine Extrembergsteiger und wollen es auch nicht werden. <<
Luis Stefan Stecher

>> Morgenfunk, Wortfetzen von Gefahr, Gefahr, Gefahr ... Sie scheinen ganz scharf drauf zu sein, ihr Leben zu riskieren. <<
Ulrike Stecher

Mit Rousseau und der Romantik bekamen die Berge endgültig die Bedeutung, die Petrarca hatte anklingen lassen. Die Auseinandersetzung mit der Natur und den Naturgewalten schlägt sich seit gut zweihundert Jahren vor allem in der Malerei nieder.

Man begann zu reisen, Berge zu besteigen. Man brauchte Chronisten, um festzuhalten, was wo geschah: Edward Whymper, ein englischer Lithograf und Bergsteiger – zum ersten Mal gibt es diesen Begriff –, erzählt seine Besteigung des Matterhorns auf Stichen. Die bayerischen Brüder Hermann, Adolf und Robert Schlagintweit halten ihre abenteuerlichen Reisen in Hochasien (die größte fand 1854 bis 1857 statt) im Geiste Alexander von Humboldts akribisch genau auf Zeichnungen und Bildern fest. Sie verbinden dabei romantischen Charme mit wissenschaftlichen Aussagen. Wenig später tauchen die ersten Fotografen im Gebirge auf. Der italienische Bankier Vittorio Sella zieht um die Jahrhundertwende mit riesigen Kameras in den Karakorum und zum Kangchendzönga. Er bringt einmalige Dokumente und poetische Stimmungsbilder mit nach Hause, das allgemeine Interesse für den Himalaja wächst.

Zur gleichen Zeit malt Paul Cézanne die Montagne Sainte-Victoire in der Provence. Ferdinand Hodler, Félix Vallotton und später Georges Braque setzen sich mit den Bergen auseinander, während Giovanni Segantini von den realistischen Schilderungen der Hochgebirgstäler im Engadin zum Symbolismus überwechselt.

Der letzte akribische Bergmaler, auf dessen Bildern man mühelos Routen einzeichnen könnte, ist E. T. Compton. Dann tritt die Fotografie endgültig in den Vordergrund und ersetzt die Malerei. Der Siegeszug der Farbreportagen setzt ein.

1977, auf einer Reise zum Dhaulagiri, unterhalte ich mich mit den Reisebegleitern über das langsame, bewusste »Schauen« und »Betrachten«, das das Zeichnen mit sich bringt und das durch

Malerwinkel mit Hund im Basislager

die Fotografie verloren geht. Auch hier führt der Apparat, die Maschine zum Kulturverlust. 1978 nahm ich erstmals einen Zeichner mit auf eine Expedition zum Mount Everest, den einheimischen Maler Kapa Gyaltsen. Als naiver Chronist mit unverstelltem Blick erzählt er von unserer Besteigung, 40 Bilder entstehen. Seither begleiten mich immer wieder Maler auf Reisen. Künstler werden meine Partner.

Technisch gesehen ist die Bergmalerei heute bei Expeditionen ein Anachronismus. Gerade deswegen bietet sie eine faszinierende Spielmöglichkeit, einen im wahren Sinne beschaulichen Gegenpol zur Fotografie. Diese Aufgabe mit europäischen Augen wahrzunehmen sollte bei der »barocken« Südtiroler Cho-Oyu-Expedition die Arbeit von Luis Stefan Stecher sein.

» Ich tu lieber spazieren sitzen als spazieren gehen. Trotzdem hat mich Reinhold zum Cho Oyu eingeladen. «

Luis Stefan Stecher

Den alten, weisen Raben wollt' ich fragen …
von Jul Bruno Laner

》Obwohl immer wieder nächtliche Sturmböen die Leinwand mit sich reißen, entsteht auf dem löchrigen Stoff ein Panorama mit den höchsten Bergen der Welt.《
Jul Bruno Laner

Einen Fuß vor den anderen setzte ich auf dem Weg von Phakding nach Namche Bazar. Ich trug nur meinen Pullover. Hatte uns Reinhold, der »König der Berge«, nicht geraten, keine Lasten zu tragen? Viele Tausend Kilometer und einige Wochen zurück lagen der Spott und die Bedenken meiner Freunde. »Was, du willst mit dem Messner in den Himalaja? Also dann auf Nimmerwiedersehen! Mit deinen zwei Zentnern Gewicht hältst du am Berg keinen Tag durch! Diese extremen Burschen haben anderes zu tun, als auf dich aufzupassen. Der Messner hat nur den Gipfel im Kopf. Bist du verrückt?«

》Ist Winterbergsteigen nicht der absolute Wahnsinn? Könnte ich je einen solchen Unfug mitmachen?《
Oswald Oelz

Mein Atem ging schwer, trotzdem fühlte ich mich wohl. Jeder Schritt war mir Genugtuung. »Ich schaffe es schon! Reinhold hetzt schließlich niemanden in den Tod, er ist erfahren und weiß, was er jedem von uns zutrauen kann.«

Luis Stecher, der Maler, und ich waren vom Atelier beziehungsweise vom Schreibtisch weg in den Himalaja gekommen, und Reinhold hatte uns verboten, schwere Rucksäcke zu tragen. Wer wusste schon, wie zwei »beleibte Philosophen« bei harten Tagesmärschen in Himalaja-Höhen aussehen würden.

Das hier war wirklich eine »barocke« Expedition. Barock im ursprünglichen Sinne des Wortes. »Barocco« kommt aus dem Portugiesischen und bedeutet »unregelmäßige Perle«. Dieses Zusammensein von Menschen verschiedenen Alters, Geschlechts, weltanschaulichen Hintergrunds und Könnens – wer hatte schon einen Beruf? – war die Unregelmäßigkeit schlechthin. Und doch sollten wir eine eingeschworene Freundesgruppe werden.

Nicht nur Luis und ich, auch Anna und Ulrike, ja sogar Uschi, Reinholds Frau, waren keine abgebrühten Himalaja-Freaks. Wir waren den professionellen Kletterern gegenüber Laien, denen man zum Teil noch zeigen musste, wie man einen Schlafsack so luftdicht verschließt, dass man darin nicht erfriert.

Auf dem Weg ins Basislager

Die dünne Höhenluft machte sich bemerkbar. Die Anstrengung war beachtlich, so gingen wir langsam, nicht schneller, als Herz und Lunge es erlaubten. Der Körper bewegte sich mechanisch nach oben, während die Gedanken immer freier wurden.

» Wir Frauen, Dichter und andere der Erde Verhaftete aus Fleisch und Blut betrachten das Spektakel von unten, halten bei jeder Sturmböe erschreckt unsere Zelte fest und vertreten uns verschämt die Beine, weil wir noch keine Masochisten geworden sind. «

Uschi Demeter

Wie im Zeitraffer tauchte der Hintergrund dieser Expedition nochmals in meinem Gedächtnis auf: die Pläne ein Jahr zuvor, der Entschluss, nicht mehr zu rauchen, meine Trainingsläufe über den Weg, der steil in die Bozener Porphyrplatte geschnitten ist. Dann die Angst um Friedl Mutschlechner mit seinen am Kantsch angefrorenen Fingern und Zehen, das Bangen um Reinhold, den wir drei Achttausender lang nicht mehr sehen sollten. Von seinem Überleben würde diese Winterexpedition abhängen. Nach seiner triumphalen Rückkehr die Sorgen um die Finanzierung des neuen Unternehmens, wochenlanges Packen, der Nachtflug nach New Delhi und Kathmandu. Wie eine seelische Sauna wirkte diese plötzliche Verpflanzung in eine religiös und ethnisch so vielschichtige Ecke Asiens.

» Das war heut' was in der Nacht. Da stürzten und stürzten mir die Tränen herunter, ich konnte mich gar nicht mehr beruhigen. Angefangen hat es damit, dass ich mich fragte, warum ich eigentlich die Kassette mit den Mazurkas von Chopin mitgenommen habe. Und da sah ich ganz plötzlich meine Mutter vor mir, wie sie im Licht des Nachmittags am Klavier saß. Da gab es eine Stelle, bei den Mazurkas, die war sehr schwierig, und sie ließ nicht locker, sie in den Griff zu bekommen. «

Ulrike Stecher

»Wie weit ist es noch nach Namche Bazar?« Das war jetzt meine einzige Sorge, die Frage, die ich allen entgegenkommenden Trägern stellte. In der Körpersprache gab es keine Verständigungsbarrieren. Es sei nicht weit, hieß es, aber es würde schneien in Namche Bazar. »Namasdé« – »Ich grüße das Göttliche in dir« – eröffnete und beschloss alle unsere Gespräche.

In einer kleinen Holzhütte suchte ich Schutz vor dem Nieselregen. Eine mandeläugige Sherpani verkaufte heißen Tee. Aus einer riesigen Thermoskanne goss sie immer wieder nach. »Bist du auch einer von der Messner-Expedition?«, fragte plötzlich ein Schweizer, der neben mir seinen Tee schlürfte. »Warum?«, fragte ich zurück. »Weil du auch blaue Hosen mit weißen Streifen anhast.« Und dann: »Ja, so, du gehst also zum Cho Oyu?« Plötzlich fühlte ich mich unter Leistungsdruck gesetzt. Als wäre ich einer der »Extremen«, spürte ich die mir unbehagliche, weil unverdiente Reverenz. Ich nickte freundlich, bezahlte sechsmal Tee und verabschiedete mich mit einem »Namasdé«.

Wie gern ging ich allein weiter! Reinhold hatte es jedem von uns freigestellt, wie schnell oder langsam er ging. Der Nieselregen verwandelte sich innerhalb von 50 Höhenmetern in Schneetreiben. Novemberwetter. In Namche Bazar saßen die Dohlen auf verschneiten Bambusstangen, an denen froststeife Gebetsfahnen hingen. Die Yaks im Schnee sahen aus wie schwarze Kleckse auf Reispapier.

Anmarsch vorbei am Gokyo-See

Winter. In einem »Hotel« aus Trockenmauern und Wellblech am Dach trafen wir von der Expedition uns wieder. Kleider wurden getrocknet, Tee geschlürft. Die wassergetriebenen Gebetsmühlen draußen vor dem Fenster wirkten in ihren Häuschen auf dem weißen Hintergrund wie Kinderbilder.

Am Nachmittag brachte der Wirt Pellkartoffeln, Eier und Yak-Butter. Ein batteriegespeister Kassettenrekorder jaulte getragene englische Schlagermusik aus zwei Lautsprecherboxen. Aus jeder Geste des Besitzers sprach Stolz über die Diskothek im Sherpa-Land. Nein, hier lebte man nicht hinter dem Mond.

Einige Stunden später kamen Yaks und Träger an. Das Expeditionsgepäck steckte in 50 Containern zu je 25 Kilogramm. Alles war trocken geblieben. Die Mühe des Packens in Kathmandu hatte sich gelohnt. Die einzelnen Lasten waren zuerst in einem kleinen Flugzeug transportiert, dann auf Yaks und Träger verteilt worden. Friedl zählte die Seesäcke und Container, blaue Behälter aus Plastik, so groß wie Barhocker. Alles war da: das Material, die Kleidung. Handgreiflich unsere gemeinsame Hoffnung. Diese Äußerlichkeiten waren vorerst das Verbindende, das, was die Gruppe auf einen Nenner brachte. Dazu kam das Wissen um ein gemeinsames fernes Ziel, die Besteigung eines Achttausenders im Winter. Jeder war auf seine Weise mit dieser Idee beschäftigt.

» Wir sind eine Gemeinschaft, sprechen vertraulich miteinander, oft ohne Übergang und Einleitung; das fällt jedem hier leichter als zu Hause. «

Ulrike Stecher

Und doch gab es eine Diskrepanz: keine Unstimmigkeit, es war Spannung. Deutlich spürte ich die Kluft zwischen den erfahrenen Himalaja-Hasen Reinhold, Bulle, Voytek und Friedl einerseits – und den Greenhorns Hans und Hanspeter. Dazwischen stand Paul. Sein Verhalten entsprach dem eines pubertierenden Jungen. Keiner wusste so richtig, wann er Witze machte und wann ihm ernst war.

Die nicht gipfelambitionierte Abteilung der Expedition, die »Damen- und Kulturabteilung«, war heute wacker mitmarschiert und hatte nie jemanden aufgehalten. Das gab uns Selbstvertrauen.

Die Dunkelheit kam schnell. Reinhold ging früher ins Bett als alle anderen. Kaum war er weg, kreiste das Gespräch um die bislang unausgesprochene Hierarchie in der Gruppe. Vorsichtig wurden seelische Belastungen freigelegt. Reinhold rangierte außerhalb der Hierarchie. Er hatte aber offensichtlich für jeden Einzelnen von uns eine Rolle vorgesehen. Jetzt gab jeder, ohne es zu merken, dieser Rolle jenen Stellenwert, den er sich selbst zugedacht hatte. Gleichzeitig wurde jene Unruhe spürbar, die selbst eine in Watte gepackte Hackordnung auslöst.

> 1980, als die Regierung in Nepal ihre Berge für die Winterzeit (1. Dezember bis 31. Januar) freigab, stand ich dem Winterbergsteigen im Himalaja skeptisch gegenüber. Nun leite ich eine Winterexpedition. «

Reinhold Messner

Der große Berg wurde zum kleinsten gemeinsamen Vielfachen unserer Gruppe, die Erkenntnis dadurch scharf und klar. Hierarchie ist etwas Ursprüngliches, nur im direkten Vergleich und Wettbewerb ermittelbar, am besten an einem großen gemeinsamen Ziel. War Reinhold nun ein Bezugspunkt? Sollten wir uns mit seiner Idee identifizieren, anstatt uns selbst zu finden? Das war die Kernfrage. Der Kreis von Individualisten war mit einem Mal zum Kern von Verschworenen mit nahezu neurotischem Mitteilungszwang zusammengeschmolzen. Bald wusste jeder von jedem alles: durchgestandene Ängste und erlebte Freuden, erfahrenes Selbstbewusstsein und aufbrechende Unsicherheiten. Doch niemand wusste Antwort auf die Frage, warum Menschen bergsteigen, warum sie Strapazen, Gefahren und nochmals Gefahren auf sich nehmen, anstatt zu Hause in der guten Stube die Pantoffeln zu wärmen. Von der seligmachenden

Abenteuerlust über den Forschungsdrang bis hin zum Verdacht auf Masochismus kam alles zur Sprache – das Phänomen Bergsteigen blieb letztlich als eine mehr lust- als frustbringende Betätigung unerklärbar stehen.

》 Ich kann lange Zeit nicht einschlafen. Im Kerzenlicht sehe ich Peters schlafendes Gesicht. Es ist kummervoll, nicht entspannt. Einmal scheint er im Schlaf hochzuschrecken, ganz fest hält er meine Hand: Meine innere Unruhe wächst. Ob es richtig gewesen ist, ihn in diesem gefährlichen Tun zu bestärken? Ich habe ein schlechtes Gewissen. Hat der Wunsch, einen ›großen Zampano‹ zum Freund zu haben, in mir überhandgenommen? 《

Anna Hecher

Am nächsten Morgen riss die Wolkendecke auf. Mehrheitlich wurde beschlossen, den langen Marsch zur Hochalm von Dhole anzutreten. Schnell noch wurden warme Mützen und Schals aus Yak-Wolle eingekauft, Ratschläge gegeben. Dann ging es aufwärts, an den hohen Stupas vorbei und an Kindern, die sich aus Pappkartonstreifen Skier gebastelt hatten, auf denen sie mit lautem Geschrei die Hänge hinabsausten.

Es waren kaum noch Trekker zu sehen. Bald öffnete sich das Solo-Khumbu-Tal, und die Bergriesen wurden sichtbar: Everest, Lhotse, Nuptse, Ama Dablam – einer der heiligsten Berge der Welt. Jeder von uns ging so, wie er konnte. Die durchtrainierten Extremen rannten wie D-Züge, ich kam mir vor wie eine dampfgetriebene Bimmelbahn. Ich keuchte, und mein Atem stieg stoßweise auf, als ich in einer Höhe von 4000 Metern bei einer Stupa rastete. Reinhold hatte sich noch vergewissert, ob alle nachkamen, dann erst ging er voraus, um auf der Hochalm von Dhole die Aufstellung unseres Lagers zu organisieren.

An diesem Tag fiel die »Kulturabteilung« weit zurück. Thirka, ein junger Sherpa, und der nimmermüde Hans Kammerlander kamen Ulrike, Luis und mir hilfreich entgegen.

Sie brachten Tee. Noch vor Einbruch der Dunkelheit kamen wir ins Lager, wo sich die Gruppe drei Wochen lang akklimatisieren sollte.

Bulle, durch seine Aufgabe hier zum exklusivsten Hausarzt der Welt geworden, erklärte anderntags die physiologischen Vorgänge der Höhenanpassung und die Gefahren der Höhenkrankheit. Ein halbes Jahr zuvor war er selbst ein Opfer jener Tücken geworden. Nur wie durch ein Wunder war er gerettet worden. Es war während jener tragischen Expedition zum Cho Oyu gewesen, bei der Reinhard Karl von einer Eislawine erschlagen worden war. Es schneite. Reiskorngroße Schneegraupel rieselten hörbar aufs Zeltdach. Mehrmals in der Nacht mussten wir die schneeschweren Zeltplanen durchschütteln, um sie zu entlasten.

Bilder trocknen an den Zeltschnüren.

> » Heftigste Windböen, Sand- und Schneegeprassel am Zelt. Draußen muss man sich rücklings gegen den Wind stemmen, um noch atmen zu können. Drei Mann sind dabei, Juls Zelt zu reparieren. «
>
> *Ulrike Stecher*

Doch die Schneefälle dauerten nicht lange. Nach wenigen Tagen schmolz der Winter von den Sonnenhängen, nur die Gletscherzungen des Cho Oyu, der drohend in der Ferne sichtbar war, blieben kalt wie der Nordpol.

Die Besteigung des 6000 Meter hohen Island Peaks förderte offensichtlich die Moral in der Klettermannschaft. In Kathmandu waren mir die sieben Bergsteiger wie nervöse

Rennpferde erschienen, die auf den Start warteten. Nun waren sie ruhiger. Mit ihren Sturmhauben erinnerten sie mich an Falken, die den Wind noch nicht so recht im Gefieder spürten. Manchmal glaubte ich, Angst in ihren Gesichtern zu entdecken, jene Angst, die sie von zu Hause mitgenommen hatten und von der sie nun die große Wand befreien sollte.

» Reinhold, glaube ich, ist froh, wieder etwas tun zu können. Die zwei Tage über, die er im Basislager ist, kann er keine Ruhe geben. Er ist dauernd unterwegs: überprüft die Yak-Lasten, die ankommen; bestellt neue Lebensmittel; schaut nach den Zelten; lässt Wasserabflüsse und Wegsteine legen; baut für Luis prompt und nach Wunsch ein windsicheres Gestell, um eine Leinwand für ein drei Meter langes Bild aufzuspannen. «

Ulrike Stecher

Nach knapp drei Wochen stiegen wir auf zu den heiligen Seen von Gokyo und weiter bis an den Fuß der »Göttin des Türkis«. So übersetzen die Sherpas den Namen des Cho Oyu. Eine Yak-Karawane und zwei Dutzend Träger begleiteten uns bis zum Basislager.

Am 1. Dezember ging Reinhold mit den ersten Seilschaften in die Wand. Für mich, der ich keine Stunde Leben in diesem Inferno von Lawinen und Spalten ertragen hätte, war der Aufbruch wie ein Ritual. Das Warten mit dem Fernglas in der Hand wurde zum seelischen

Letzter Steilhang vor dem Basislager

Stress ohnegleichen. Welcher vernünftige Mensch ist bereit, in Schnee und Eis seine Zelte aufzuschlagen, in eine 3000 Meter hohe Wand zu steigen, die von stürzenden Eisbrocken bedroht wird, so groß wie Klaviere?

> » Den Weg bis zur Basis des Berges – eine Woche Fußmarsch durch tiefe Schluchten, Schnee und Kälte – legen wir mit zwei Dutzend Yaks, einer Handvoll Sherpas und einheimischen Bauern als Träger zurück. «
> *Reinhold Messner*

Sollte das das Aufgehen in der Natur sein, der schwere Weg der Selbstfindung? Ich wusste es nicht. Eines wurde mir bald klar: Mein verdrehter Alltag war umgekrempelt, seit er, in blaue Container verpackt, in eine gefährliche Welt geschleudert worden war. Die Uhr tickte nicht mehr für chaotische Startschüsse zum wilden Konsum, sie füllte leere Räume zwischen meiner Vergangenheit, Gegenwart und Zukunft. Die Welt in mir war wie meine Zeit.

Durch das Fernglas konnte ich den Einsturz eines Séracs beobachten. Die Eislawine verursachte ein furchtbares Tosen und Krachen. Paul und der Sherpa Nawang wären beinahe erschlagen worden, erfuhren wir später.

Ist es Ehrgeiz und Geltungsdrang, dachte ich da, was Menschen so weit treibt? Im gleichen Augenblick setzte ein Rabe vor unserem Zelt auf. Er hatte uns bis in diese Welt begleitet, wo das Leben hart und gefährlich ist. Den alten, weisen Raben aber konnte ich nicht fragen, warum er die Niederungen verlassen hatte und in die grimmige Winterkälte des hohen Himalaja gezogen war. Mit einem Male wurde mir bewusst, dass die Triebfeder für unser eigenes Hiersein tiefer liegen musste, als es das risikobeladene Schlagwort »Bergsteigen« ausdrücken kann.

Eine Himalaja-Expedition fängt dort an, wo jedes Hochleistungs-Trekking endet. Die Berge beginnen hier, wo sie in den

Alpen aufhören. Mehr noch als in den Alpen muss man die Größenordnung hier mit den Beinen und Lungen ausmessen, um etwas zu erfassen. Wie gern hätte ich den schwarzen Raben gefragt, warum er da war und warum wir. Seine Antwort blieb ein freudiges Krächzen, als ich ihm einen Happen Speck zuwarf.

>> Manchmal bin ich richtig stolz darauf, zu dieser Gruppe zu gehören, zu einer Expeditionsgruppe überhaupt. << *Anna Hecher*

Die Bergsteiger kletterten, aber auch ich, Luis und die Frauen, mit denen ich über Monate in Eis, Schnee und dünner Luft lebte, wollten etwas erfahren. Erfahrung hat mit Fahren zu tun, und wir waren auf einer großen Bergfahrt. So groß wie der Berg war auch das sichtbar gewordene Unbewusste.

Es ging uns wie dem Raben. Wir suchten eine Welt, die besser war als die, in der wir sonst lebten. Das Suchen, Sich-Vortasten, gehörte zu dieser anderen Welt. Ihr Wert war nicht im Wahrscheinlichen vor der Haustür zu finden, er lag im unbequemen Unwahrscheinlichen. Ich verstand, warum Reinhold immer gegen träge Anpassung war, warum er im Versuch, das nahezu Unmögliche zu wagen, gewachsen ist.

Bergsteigen befriedigt den Drang, immer weiter zu forschen, der dem Leben selbst innewohnt. Es ist ein permanenter menschlicher Versuch. Das anonyme Risiko, das im Leben steckt, bekommt hier ein Gesicht, einen Na-

Jul Bruno Laner

men, der Tod wird greifbar. Jeder Versuch allerdings kann auch Irrtum werden, ein Fehler, der das Leben kostet.

Das Leben in diesen Grenzzuständen, körperlich und seelisch, kann nicht wie das Einmaleins gelernt werden. In kritischen Situationen am Berg nimmt eine unendliche Vielfalt von Erfahrungen Gestalt an. Blitzschnell werden sie zur Erwartung, die Verhaltensweisen bestimmt. Eine extreme Bergfahrt ist nicht zuletzt Bewegung gewordener Geist, sichtbar gemachte Überschreitung in Richtung Freiheit. Freiheit wiederum bedeutet jene »bessere Welt«, die wir, seit es Leben gibt, nur durch Verzicht auf Sicherheiten um uns aufbauen können.

Plötzlich wurde ich aus meinem Gedankenfluss gerissen. Ulrike las im Kosmogral – wie wir unser Gemeinschaftszelt scherzhaft nach einer Idee des Architekten Clemens Holzmeister nannten – aus ihrem Tagebuch vor:

> » Morgen beginnen sie mit der Besteigung. Es geht ruhig und gelassen zu, eine Menge Witze werden gemacht, unterschwellig tut sich aber doch einiges, und auch wir Nichtbergsteiger sind davon stark berührt. «
>
> *Ulrike Stecher*

»Nachmittags, halb drei, noch Sonne und draußen grellweißes Schneelicht. Ganz still sind wir hier im Zelt. Anna schreibt, Uschi schreibt, Luis schreibt, ich schreibe, und Voytek liest, auch teilweise schreibend, Vokabeln übersetzend. Jul war auf der Anhöhe und wird uns berichten. Wir sind ganz friedlich. In einem langen Gespräch haben wir uns angenähert, ohne Aggressionen sind die Reden von einem zum anderen geflossen, versiegelte Flaschenpost ist angekommen.

Von der Ich-Findung in der Natur war die Rede – Voytek hat einen diesbezüglichen Satz in Reinholds Buch *Mein Weg* gefunden –, vom stillen Gesetz, vom Sich-eingebettet-Fühlen

Im »Kosmogral«

zwischen Himmel und Erde, vom Ausspannen der Seelenflügel – ›als flöge sie nach Haus‹ –, von Freundschaft und Vertrauen – sich öffnen, das gehälftete Herz, die Herzkammern darbieten und die Angst davor, man spuckt dir hinein, sagt Luis –, von der Freiheit und dem Freiraum, von dem Uschi sagt, dass sie nicht leben kann ohne ihn, man kann einen Menschen eben nicht 24 Stunden am Tag besitzen. Und Luis fragt mich, wie viel Freiraum er eigentlich brauche, er habe noch gar nicht darüber nachgedacht. Ich schon, entweder soll ich Händchen haltend die ganze Zeit bei ihm und mit ihm sein, ganz und gar, oder er ist weit weg, und da kann er sich auch zeitweilig vorstellen, dass er uns, die Kinder und mich, vergessen könnte. Aber er ist jedes Mal zurückgekommen, wie einer aus dem Morgenland, weiser und reicher, und hat mir die Welt um den Hals gehängt. Es ist die alte Geschichte von der rechten ›maze‹, die man finden muss zwischen der ›aventiure‹ und der ›minne‹.«

》 Über einen kilometerlangen Gletscher nähern wir uns einer Eiszunge, die wie eine gigantische Marmortreppe auf ein Plateau in 6000 Meter Höhe leitet. 《

Reinhold Messner

Grundfragen des Lebens bildeten einen Großteil des alpinen Philosophierens im Basislager. Die Gespräche wurden von Woche zu Woche angeregter. Jeder, der aus der Wand kam, brachte neben spannenden Erlebnisberichten auch Denkanstöße mit. Es war ein ständiges Abwechseln der Seilschaften, die sich immer weiter nach oben schoben. Immer weiter nach innen zielten die Gespräche im sturmgepeitschten Zelt.

Oft saß ich stundenlang mit dem Fernglas auf der großen Moräne und sah den Kletterern zu. Wie kleine schwarze Punkte krabbelten sie die Eiswand hinauf. Ich bangte um diese Punkte. Die Tücken im Detail konnte ich von unten nur erahnen. Die Bergsteiger aber kamen stets heil zurück, müde, oft auch erschöpft und der eine oder andere moralisch angeknackst.

Es war meist Reinhold, der die Lage neu besprach, Skizzen und neue Taktiken entwarf. Dem »verdammten Pfeiler« zwischen 7000 und 7500 Meter musste beizukommen sein. Mit charismatischer Autorität, niemals mit autoritären Gebärden, verstand er es, Zweifel auszuräumen und ohne jeglichen Druck die Gemüter neu zu motivieren, egal ob die der Sahibs oder der Sherpas.

Ang Dorje war nachts ein Dämon erschienen. Er hat lange mit ihm gerungen. Schließlich konnte er ihn besiegen und vertreiben. Die Aufregung war groß.

Reinhold ging auf die Glaubensvorstellungen der Sherpas ein, auf ihre Probleme, auf ihre Ängste und Vorschläge. Oft saß er mit den

Eislabyrinth am Fuß der Südostwand

Hochträgern im Küchenzelt und wärmte sich am Yak-Mist-Feuer die Füße. Er redete stundenlang mit ihnen über unsere und andere Expeditionen, über gemeinsame Abenteuer und über ihre Familien. Die Sherpas lebten mit uns, sie identifizierten sich mit unseren Erfolgen und Rückschlägen. Jedes

Mal, wenn eine Seilschaft morgens aufbrach, um in die Wand zu steigen, wurde ein Feuer aus Rhododendrongeäst angezündet und Reis geopfert.

Als die Spitzengruppe kurz unter dem Gipfel im tiefen Schnee stecken blieb und aufgeben musste, schien die Enttäuschung der Sherpas größer zu sein als die der Sahibs. Nur der Umstand, dass alle noch am Leben waren, konnte über die peinliche Situation hinweghelfen.

>> Reinhold und Hans, die ich im Lager II treffe, meinen, Paul sei verrückt – was ich auch meine. <<

Oswald Oelz

In einer langen Diskussion wurde über Funk gemeinsam beschlossen, die Expedition abzubrechen. Jeder kam zu Wort. Auch die Sherpas sahen den weisen Entschluss ein. Zurück! In wenigen Sätzen organisierte Reinhold von oben den Rückmarsch. Yaks bestellen, Träger abrufen, wiederverwendbares Material ordnen und verpacken, alles zum Abbruch der Zelte vorbereiten. Zum Grübeln blieb uns keine Zeit.

Wir im Basislager hatten uns das Scheitern für die Bergsteiger als Tragödie vorgestellt. Nichts dergleichen war zu spüren.

In diesen Tagen kam Vanessa, Bulles Frau, ins Basislager. Zwei Träger schleppten ihre Habseligkeiten. Sie hatte aus Zürich alle Herrlichkeiten dieser Welt mitgebracht: Gänseleberpastete mit Trüffeln, allerfeinsten Balik-Lachs, Weihnachtsplätzchen. Sie holte Nicht-mehr-Gewohntes, nein, Unvorstellbares aus den Körben der Träger.

>> Paul nimmt täglich ein Bad am See, Jul spielt dabei den Bademeister; das Ritual ist perfekt: mit Handtuch, Seife und Schüssel ziehen sie aus, das Loch im Eis muss stets von Neuem ausgehauen werden. Wasser wird in die Schüssel geschöpft, und dann beginnen die Waschungen. Jul hält das Handtuch. <<

Ulrike Stecher

Friedl hatte in seinem Schlafsack Bier versteckt. Das rauschende Fest im Kosmogral dauerte bis in den späten Abend. Bei üppig flackernden Kerzen wurden Liedertexte improvisiert, für jeden Teilnehmer ein eigener Song erfunden. Übermut und Witz sprudelten aus der Runde. Kein Hauch von Verbitterung lag in der Luft. »Take it easy« war hier keine leere Phrase, menschlich war diese Expedition ein Erfolg. Überhaupt keine Frage.

Die Zelte wurden abgebrochen, und jeder war frei, die drei Tagesmärsche vom Basislager nach Lukla zu gestalten, wie er wollte. Drei Tage lang trieb ich mit Reinhold talwärts, von Sherpa-Dorf zu Sherpa-Dorf, von Haus zu Haus. In Solo Khumbu ist Reinhold längst zum lebenden Mythos geworden. Jeder kennt ihn, jeder bittet ihn in seine Hütte, jeder will ein Glas Rakshi oder Tschang mit ihm trinken. »Namasdé, Namasdé«, tönte es allerorts, und wir kamen aus unserem angeheiterten Zustand nicht mehr heraus. Ab und zu hängte man uns Khatas, weiße Glücksschleifen, um den Hals.

Ein paar Stunden vor Lukla kamen uns Reiter entgegen. Sie erinnerten mich an Dschingis Khan und seine Mannen. Sie setzten Reinhold auf eines ihrer Pferde und begleiteten ihn bis zur Landepiste in Lukla. Hoch zu Ross, obwohl gescheitert, kam er dort an, wo unsere Expedition begonnen hatte. In diesem Augenblick wusste ich, dass dieser Mann den Cho Oyu eines Tages doch noch besteigen würde. Wir feierten Weihnachten, denn es war Heiliger Abend. Ich zauberte dreizehn rote Kerzen aus meinem Rucksack und klebte sie im Hotel auf ein Tischchen unter ein Buddha-Bildnis.

Abschied vom Cho Oyu

Während die Maschine anderntags in den Dunst der Täler eintauchte, warf ich einen Blick zurück zu den gleißenden Gipfeln des Himalaja. Unwillkürlich musste ich an den alten Raben denken, der sicher noch da oben vor sich hin krächzte.

Ich habe einen schweren Rucksack gepackt. Ich werde Mühe damit haben
von Hanspeter Eisendle

> ≫ Angst vor der Schule. Gedrillt zum täglichen Versagen. Einmaleins, Subjekt und Prädikat zum Quadrat, rechts Vorfahrt geben, rechts natürlich, Ignorantia non excusat ... hat mich schon früh in die Wälder getrieben. War ich ich, wurde ich sofort in die Ecke gestellt. Auszählen, eins, zwei, drei, aus! Flucht in die Berge, für Stunden am Sonntag. Ich brauche Freiraum und die Sehnsucht nach den weißen Wolken dort oben. ≪
>
> *Hanspeter Eisendle*

Ich steckte in einer Bergsteigerhose neuesten Modells, in zwei zu großen, geilroten Plastikschuhen und stolperte Richtung Einstieg. Das Riesending auf meinem Rücken zwang mich nach vorn. Homo erectus? Mein Gang ließ daran zweifeln. Ich war glücklich, überglücklich, in dieser wilden Landschaft unterwegs zu sein. Was für ein Durcheinander der Elemente! Ich kannte das nur aus Erzählungen und Berichten. Der endlose Toteisgletscher am Wandfuß war zerfurcht und zerhackt. Er sah aus wie die Miniatur einer Gebirgslandschaft, ein Gipsmodell: bizarre kleine Bergspitzen, unzählige Täler und Mulden, erstarrte Seen und Milliarden von Steinen. Wie ein Riese durchschritt ich diese große kleine Welt, spürte sie durch meine Sohlen und fühlte ihre Ruhe, die sich breitmachte in mir.

Wir folgten einigen Markierungsfähnchen einer koreanischen Expedition, die im Oktober den Ngozumpa Kang, einen Gratrücken östlich des Cho Oyu, bestiegen hatte. Die Spur

Hanspeter Eisendle

endete plötzlich am Fuße des gewaltigen Berges. Wir hockten uns auf Steine und berieten über die sicherste Aufstiegsroute. Da entdeckte Ang Phurba, einer unserer Hochträger, weiter oben ein Steinmännchen. Die Koreaner mussten also über den gewaltigen mittleren Hängegletscher zum Hochplateau am Wandfuß hinaufgestiegen sein.

Die Sonne stand schräg, es war gegen Mittag, als wir beschlossen, uns den zerrissenen Eisfall aus der Nähe anzuschauen. Wir fanden Reste von Fixseilen, Wäscheleinen ähnlich. Teils wehten sie im Wind, teils waren sie gefroren. Plötzlich belebte Spannung Reinholds Gesicht. Spontan beschloss er, mit Hans vorauszuklettern, um die alten Seile zu überprüfen; wo nötig, sie mit neuen zu ersetzen. Schreie kamen von oben, Seilkommandos. Es war die Aufregung, die in Reinhold den kleinen Buben wachrief. In all den Jahren hat er nichts von der Lust, von der Freude an seinem »verrückten Tun« verloren. Auch ich geriet irgendwie aus dem Häuschen. Ich hätte große Lust gehabt, vorauszuklettern, den Weg zu suchen; Lust, ins Eis zu hacken und zu steigen, wie in den Wasserfällen zu Hause. »Heute ist der erste Tag«, dachte ich, »die erste Stunde, die du am Fuß, an den Zehenspitzen eines Achttausenders stehst. Heute ist nicht dein Tag, aber der wird noch kommen.«

» Wir sichern den Weg mit fixen Seilen und steigen die haushohen Stufen eine nach der anderen empor. «

Reinhold Messner

Der Rest der Welt, die übrigen Expeditionsteilnehmer und ich, verteilten die Lasten der beiden Vorsteiger unter uns. In einem engen Eiskamin kam ich mir vor wie ein Elefantenbaby. Tragriemen, Foto- und Filmausrüstung, ein Durcheinander von Seilen, Karabinern und Eisschrauben würgten meinen Körper. Zum Jammern war hier weder Platz noch Zeit. Fluchen nützte nichts. Ich bemühte mich, so schnell wie möglich über die teilweise senkrechten Eisabbrüche zu klettern.

Wie eine gigantische Kaskade baute sich der Hängegletscher in Dutzenden von haushohen Stufen über uns auf. Unüberschaubar. An geschützten Stellen fotografierte und filmte ich Kletterszenen. Wenn ich dazu meine Last abwarf, hatte ich das Gefühl, vom Boden abzuheben, zu schweben.

Erste Schwierigkeiten

Ich war gerade dabei, Reinhold zu filmen, wie er sich ganz sachte an einer koreanischen Wäscheleine und dem Eispickel hochzog, als sich neben mir ein Eisbrocken, so groß wie eine Einkaufstasche, löste und hundert Meter tiefer zerbarst. Vor Schreck fuhr ich zusammen. Für Augenblicke war mein Genick starr, wie gelähmt. Dieses Spielchen wiederholte sich im Laufe der Zeit noch oft. So stumpfte ich dagegen ab, kümmerte mich kaum noch um solche Zwischenfälle. Am späten Nachmittag – wir hatten unser Tagesziel, das Plateau, nicht erreicht – kehrten wir mit dem Bewusstsein ins Lager zurück, anderntags dort oben Lager I zu errichten.

2. Dezember. Die Zeltwand knatterte. Hastiges Schlürfen am Kaffeenapf. Paul wartete draußen im Wind. Es sei wolkenlos, meinte er, und damit wollte er eigentlich sagen: »Wie soll

das nur mit euch weitergehen, ihr faulen Säcke!« Etwas später gingen wir los, gemeinsam, im Gänsemarsch. Eine Messner-Expedition im Gänsemarsch! Ich versuchte, das Komische an diesem Aufbruch zu filmen.

An der Moräne wirbelte Staub auf. Der Weg zum Einstieg war wieder ein höchst langweiliges Auf und Ab. Wie schwimmende rote Aale flatterten die Markierungsfähnchen im Wind. Sie täuschten Bewegung vor in dieser steinernen Einöde. Ein paar Schritte vor mir ging Ang Dorje. Den Kopf tief, die Last schwer, ein paar tastende Schritte. Von hinten sah das aus wie ein Rucksack auf Füßen. Für ihn war diese Expedition mehr als ein Knochenjob. Ang Dorje ist ehrgeizig, stolz und selbstbewusst. Er wollte auf den Gipfel – wie ich und die anderen.

》 Weil mir in den Alpen niemand so schnell etwas weismachen kann, ist dort mein Selbstbewusstsein intakt. Hier muss ich völlig neue Dimensionen des Bergsteigens entdecken. 《

Hanspeter Eisendle

Am Wandfuß murmelte er Gebete vor sich hin und warf Reis in die Luft. Mochten ihn die Götter, die für die weiter oben hängenden Séracs zuständig sind, erhören und ihm gnädig sein.

Ich liebe diese Einstiegsatmosphäre: das Gefühl, einen spannenden Tag vor sich zu haben, die innere Aufregung, das Rauschen und Knistern im Eis, das ferne Krachen und Pfeifen. Wind, Lawinen, unsere Gespräche, alles vermengte sich zu einem einzigen Tonbild. Als säßen die Lamas von Thengboche irgendwo am Berg und hielten in ihrem monotonen Gebetsgesang Zwiesprache mit den Göttern.

An den fixierten Seilen stiegen wir hinauf. Wir zogen uns über senkrechte Stufen, balancierten über schräge Rampen, zwängten uns durch blaugrüne Eiskamine, stapften über abgeblasene Firnflanken – immer höher hinauf. Vorbei am

Umkehrpunkt des Vortags, näherten wir uns dem riesigen Plateau, das sich wie eine Sprungschanze in 6200 Meter Höhe zur Gipfelwand hinzieht. Wie kleine, schleppende Ameisen an einer riesigen, weißen Marmortreppe muss unsere Kolonne von unten ausgesehen haben. Ich war voller Zuversicht.

Im Hochtal unter der Südostwand

Nur die gefährliche Rinne, die auf beiden Seiten von Séracs besetzt war, eine Lawinenbahn, die wir queren mussten, jagte mir einen Schauer über den Rücken. Es war, als ob man vor einem Kanonenrohr spazieren ginge, an dem die Lunte schon brannte. Friedl und ich versuchten, eine Umgehung zu finden.

Wir seilten uns eine Unendlichkeit weit in ein Spaltenlabyrinth ab, suchten nach Brücken, fixierten Seile. Der Wind pfiff so stark um Ecken und Kanten, dass ich das Gefühl hatte, im Inneren einer Orgel zu stecken. Die Brücken wurden spärlich, die Rampen abschüssig, die Spalten schwarz und tief. Wir gaben auf und fanden uns mit der »Kanonenrohrvariante« ab. Jedes Mal, wenn ich später an diese Querung kam, schloss ich kindlich eine Wette mit mir ab – oder mit dem Gott der Séracs: Du hast eine Minute Zeit bis zur anderen Seite, sonst knallt's ... Und es funktionierte.

Kurz unterhalb des großen Plateaus fanden Reinhold und Hans eine schützende Spalte für das erste Hochlager. Sie blieben gleich dort. Am Tag darauf erkundeten sie das Plateau.

>> Das zweite Hochlager stellen wir unter eine überhängende Eismauer. So sind wir geschützt vor Eisschlag und Sturm. <<

Reinhold Messner

Halb wach genoss ich am nächsten Morgen in der weichen Schlafsackwelt des Basislagers das langsame Hellwerden. In der Kälte der Nacht war unser Atem zu wunderbaren Bildern an den Zeltwänden erstarrt. Träume aus Eiskristallen. Schon rüttelte sie der Wind, der verriet, dass die Sonne draußen die Luft aufwirbelte.

Heute war Ruhetag. Wohin mit meiner Kraft, mit meiner Lust zu klettern? Das kannte ich noch nicht, bei schönem Wetter am Fuß eines Berges zu sitzen und die weißen Wolken zu zählen. Es war nicht leicht, sich an das Planmäßige einer solchen Expedition zu gewöhnen, an dieses Schichtarbeiterdasein.

» Montag, etwas Anständiges werden. Lehrer zum Beispiel, es bleibt beim Versuch. Auf den weißen Wolken sitzen und sich treiben lassen. Cho-Oyu-Südwand im Winter. Ich habe es gewagt, die Sicherheit aufgegeben und den Gehorsam verweigert. Jetzt bin ich dem Leben ausgesetzt. «

Hanspeter Eisendle

Mit Anna spazierte ich auf den Berg über unserem Zeltdorf. Durchs Fernglas beobachtete ich drei winzige dunkle Punkte, die sich schneckengleich über das drei Kilometer lange Plateau bewegten. Am Nachmittag waren sie am anderen Ende der weißen Ebene, dort, wo sich die Wand wieder steil aufbäumt. Darüber der Gipfelgrat des Cho Oyu, wo die Welt abbrach nach oben, wo nur noch weiße Schneefahnen aufstiegen.

Einen Tag später saßen Voytek und ich auf unseren Rucksäcken vor Lager I. Die Sonne stand noch hoch, und der Wind schüttelte heftig die schlaffen Zeltwände. Weit unten im Eisbruch sahen wir Dr. Oelz, den wir Bulle nannten, und drei Hochträger. »Freilich«, meinte Voy mit seinem sympathischen polnischen Akzent, »freilich sind wir heute viel zu früh da.« Reinhold und Hans waren über die Gletscherzungen ins Basislager abgestiegen.

Wir mussten Platz für ein weiteres Zelt schaffen und hackten eine Plattform aus dem Eis – ohne Höhen- und Gefahrenzulage –, ein Scheißjob. In den warmen Dolomitenwänden war es jetzt auch Winter, lag auch Schnee, versuchte ich mich zu trösten und hackte beharrlich große Schollen aus dem Eis.

Eng beieinander lagen wir im Zelt. Ich kochte Tee und Suppe. Die Wände tanzten im kobaltblauen Licht des Gaskochers. Bulle las, in seiner Linken eine Kerze, in der Rechten das aufgeschlagene Buch. Zum Spitzweg-Idyll fehlten nur noch die Zipfelmütze und der Regenschirm. Draußen war es Nacht. Dort bestand die Welt aus Sturm. Drinnen war es gemütlich. Das bisschen Licht, die beiden Freunde genügten im gemeinsamen Nest aus Schlafsäcken und Zeltplanen meinem Bedürfnis nach Geborgenheit.

Voytek Kurtyka

> » Für Peter ist die Eigenständigkeit überall und zu jeder Zeit wichtig. Sein Albtraum ist es, bei einem solchen Unternehmen nur Schachfigur zu sein. Seine ›Kindheitserfahrungen‹ haben ihm in dieser Hinsicht jede Gelassenheit genommen. «
> *Anna Hecher*

Gnadenlos riss mich am nächsten Morgen das heftige Knattern aus den Träumen. Das Wetter war gut, der Wind hatte zugenommen. Später am Plateau traf er uns voll. Dabei hatte ich das Gefühl, samt Rucksack davongetragen zu werden. Ganze Eisstücke wirbelten durch die Luft. Schmerzhaft trafen sie mich im Gesicht. Hatten wir uns etwas zu sagen, mussten wir schreien. Das war nun eine der tausend Himalaja-Szenen, die meine Phantasie sich immer wieder ausgemalt hatte. Oft kamen wir nur kriechend vorwärts. Das Plateau erschien endlos. Ließ der Orkan etwas nach, lief ich ein paar Schritte. Die erste Böe warf mich dann wieder auf den Boden. Oder ich stand breitbeinig, auf meine Skistöcke gestützt, vornübergebeugt und wartete. Voy und Bulle machten es genauso. Manchmal erschienen mir die beiden wie gespenstische, schwarze Schatten auf einem dahinrasenden weißen Boden.

» Die Männer haben ein großes, schönes Ziel. Alles, was sie tun, ist wichtig. Ich fühl mich zum Dabeisein für längere Zeit verurteilt. «

Anna Hecher

Am oberen Ende der Gletscherfläche herrschte endlich Windstille. Die Sonne brannte, und ich verfluchte die vorher lebenswichtigen Daunenklamotten. Über uns hingen, in der Sonne glänzend, bedrohliche Séracs. Voy und Bulle schienen sich nicht darum zu kümmern. Die sind abgebrüht, dachte ich, die haben sich schon tausendmal solchen Fallbeilen ausgesetzt. Das gehört eben zum »Holiday on Ice«. Also vergiss die Gefahr!

Plötzlich das verdrängte Krachen, ein Rauschen. Die Lawine war kein Albtraum mehr. Wie ein Atompilz schoss die Staubwolke auf einer 60 Grad geneigten Rutschbahn direkt auf uns zu. Ich lief noch ein paar Schritte, bis mir der Atem versagte. Schon erfassten mich Schatten. Zu spät, dachte ich, und warf mich hin. Ich zog noch den Rucksack über den Kopf, hielt mir die Hände vor Nase und Mund. Ich kam mir gänzlich verloren vor. Eiskalter Eisstaub bedeckte Stirn, Nacken, Rücken. Als das Krachen verebbte, hörte ich Schimpfen und Fluchen. Das waren Bulle und Voy, zwei Schneemänner, die sich wild schüttelten wie nass gewordene Pudel.

Das hätten wir also überstanden. Mit diesem Gefühl erlag ich der Illusion, dass uns nichts mehr passieren konnte. Als wären wir jetzt, ähnlich wie Siegfried nach dem Bad im Drachenblut, unverwundbar.

Eine halbe Stunde später waren wir 6600 Meter hoch. In einer großen Spalte, die mit ihrer riesigen Oberlippe Schutz versprach, stellten wir Lager II auf. Es gab weit und breit keinen besseren Platz. Beim Zeltaufbauen merkte ich, wie ausgelaugt ich war. Ich hatte Hunger und Durst. Während wir im Zelt Tee kochten, stopfte ich gierig Speckstücke in mich hinein. Das war ein Fehler. Wir hatten viel zu wenig getrunken; die Höhe, die Anstrengung war uns auf den Magen geschlagen. Bulle kotzte ins Zelt.

Lager II in Gletscherspalte

> » Ich hätte trotzdem weitersteigen sollen. Das bisschen Übelkeit hätte schon aufgehört, und wenn nicht, dann eben mit ihm. Jetzt, hier im Basislager, die Unzufriedenheit, der unbändige Druck, wieder hinaufzusteigen. «
>
> *Hanspeter Eisendle*

Am Morgen war ich wie gerädert. Und über uns eine steile und gefährliche Wand. Zum Weitersteigen fehlte mir nicht nur die Lust, jetzt hätte mich jemand treiben müssen. Aber auch die beiden anderen waren fürs Absteigen. Hin- und hergerissen zwischen Hinauf-Wollen und einem lähmenden Schwächegefühl im Magen stapfte ich zurück. War ich ein Schwächling?

Zu meinem inneren Krieg kamen die versteckten Vorwürfe im Basislager, die ich mir beim Abstieg ausmalte. Sie trafen mich tief in der Seele: Heute war doch ideales Wetter, um weiterzumachen. Eine Achttausender-Expedition ist kein Pfadfinderausflug, das wusstest du doch. Hier bist du nicht an der Marmolada-, sondern an der Cho-Oyu-Südwand. Entweder du quälst dich da hinauf, oder du fährst heim und steigst um auf Minigolf!

Diese Selbstzermürbung machte mich wütend. Mit einem Skistock schlug ich in den Boden und schaute mich dann verstohlen um, ob mich jemand gesehen hatte. Ich war allein mit meinem Elend.

Auf der Moräne vor dem Basislager wartete Anna. Ihr herzlicher Empfang löste vorerst den Krampf in mir. Anna, selbst eine erfahrene Kletterin, wusste um meine Nöte und mein Glück, sie kannte die Zwänge der Bergsteiger.

Anna studiert Psychologie und meint, man könne alles irgendwie erklären. Getarnter Masochismus, zwanghafte Selbstsuche, Minderwertigkeitskomplexe. Ja, solche Begriffe genügen dem normalen, gesunden Menschen, um die Frage nach dem Warum des Bergsteigens zu beantworten. Anna schmunzelte übers ganze Gesicht.

》 Als sie kamen, waren ihre Gesichter grau, Bulles schwarze Augen lagen tief in den Höhlen, über Voyteks Backenknochen spannte sich hart die Haut. Peter ist der Jüngste, aber auch er sah mitgenommen aus. 《

Ulrike Stecher

Ich steige doch nicht auf die Berge, um zu frieren, zu keuchen, zu erstarren vor Angst; zu hungern, zu kotzen vor Müdigkeit. Das nehme ich nur in Kauf, das sind die Steine auf dem Weg zum Glück: Nein, ich möchte nicht geheilt werden. Morgen steige ich wieder auf, und wenn ich auf allen vieren krieche. Ich will auf diesen Achttausender!!!

Hans und Reinhold hatten inzwischen ganze Arbeit geleistet. Sie waren die Erfolgsseilschaft dieser Expedition. Ich wusste, dass ich klettern konnte. Jetzt war es an der Zeit, dies unter Beweis zu stellen, höchste Zeit! Ich musste aufräumen mit dem Schwächling, mit dem Angsthasen. Jetzt kam Tarzan!

Voller Zuversicht stieg ich mit Voy hinauf zum Lager II. Der steile Eispfeiler über der Siebentausendergrenze war zur Hälfte gesichert. Voy und ich hätten zum Gipfel steigen können.

Wieder war der Morgen sonnig und warm. Wir stiegen über die steiler werdende Flanke aufwärts. Nach je 30 Schritten hielt ich an, um zu verschnaufen. Dann wieder eins, zwei, drei ... Diesen Rhythmus hatte ich mir von den erfahrenen Sherpas abgeschaut. Er erlaubte mir ein relativ rasches Weiterkommen.

Blick aus der Südostwand zum Mt. Everest

Das war wichtig in dieser objektiv gefährlichen Zone. Voy machte es genauso. In 7000 Meter Höhe erreichten wir ein erstes Materialdepot, behängten uns mit Eisschrauben und stopften Seile in die Rucksäcke.

Unheimlich steil war der Pfeiler! Das Klettern auf den Frontalzacken der Steigeisen war anstrengend. Zu Hause war ich eine Trainingsstrecke über 1000 Höhenmeter in 38 Minuten gelaufen, jetzt war ich nach jeweils 30 Schritten ausgepumpt. Aber noch ging es aufwärts, mit jedem Schritt aufwärts.

Ich konzentrierte mich derart auf meine Schritte, auf mein Vorwärtskommen, dass kein Platz mehr war für Angst vor Eislawinen, für später oder vorher, für oben oder unten.

Beim Umkehrpunkt von Hans und Reinhold ging Voy voraus. Ich stand und sicherte ihn über das Seil. Endlich klettern! Ich war ungeduldig vor Zuversicht. Das Eis war spröde. Wie Glas zersplitterte es unter Voys Pickelschlägen. Alles ging unheimlich langsam. Ununterbrochen kamen Eisstücke von oben.

Extreme Eiskletterei in 7000 Meter Höhe

Voy kam nicht weiter. »Mensch, setz doch eine Eisschraube«, dachte ich frierend, »und steig weiter, ruck, zuck. Wird schon halten, wenn du fliegst. Sonst kommen wir nie hinauf.« Dann war ich wieder froh, nicht in Voys Haut zu stecken, nicht an dem brüchigen Eisüberhang da oben zu hängen wie eine Fliege an der Wand. Die Sonne verschwand. Ich sah auf die Uhr. Erst eine halbe Seillänge hatte Voy geschafft. Ich zitterte vor Kälte. Wie ein gerupftes Huhn am Nordpol! Verärgert schimpfte ich halblaut vor mich hin. Diese verdammte Untätigkeit war nicht auszuhalten. Dieses erbärmliche Frieren! Hätte ich es anstelle von Voy versuchen sollen? Es hätte wahrscheinlich wenig geändert. Voy war der erfahrenere Bergsteiger.

Weit wären wir so oder so nicht mehr gekommen. So stiegen wir zum Zelt ab, in der Hoffnung, andertags weiterzumachen.

Es blieb bei der Hoffnung. Das Gas unseres Kochers war größtenteils ausgeflossen. Es reichte gerade noch für einen Liter lauwarmen Wassers. Lapka, unser Sirdar, wollte nicht allein ins nächstuntere Lager absteigen, um Gaskartuschen zu holen. Er hatte Angst, zu schwach zu sein, um allein gegen die bösen Geister und Götter der Nacht zu bestehen. Am frühen Morgen war es dann zu stürmisch. Wir mussten unbedingt trinken. Wir mussten hinab.

> » Am meisten tut mir leid, dass Peter nicht an die Grenze seiner Leistungsfähigkeit gehen konnte. Ich bin Bergsteigerin ... «
> *Anna Hecher*

Im Sturm hatte ich Mühe, mich auf den Beinen zu halten. Nicht nur einmal wurden wir umgeblasen. Trotz allem erreichten wir Lager I. Friedl war da. Er hielt heißen Tee und Suppe bereit. Etwas Warmes kratzte durch meine Kehle, warm und flüssig, mehr spürte ich nicht. Wir hätten jetzt wieder aufsteigen können, und ich war dazu bereit. Nicht aber Voy. Wir seien zu kaputt, um oben weiterzumachen, der Wind, die Höhe ... Wahrscheinlich hatte er recht.

Damit hatte ich meine letzte Chance verspielt. Mit dem Gipfel war es nun vorbei. Jetzt waren Reinhold und Hans wieder an der Reihe. Sie würden es schaffen. Vielleicht würde ich am Ende schön ausgeruht an ihren fixierten Seilen wie ein Tourist über einen Klettersteig hinaufsteigen. Ich kam mir vor wie ein unmündiger Flachländer, der gern einmal Höhenluft geschnuppert hätte. Der schwierigste und gefährlichste Klettersteig der Welt war meine letzte Hoffnung.

> » Oft bin ich sehr glücklich hier, auch ohne besonderen Anlass. Es genügt ein windgeschützter Platz, die Sonne, der weite Himmel, das schöne Land. Und diese Ruhe. Gehen und Schauen. Nichts denken, wissen, dass nette Menschen da sind. «
> *Anna Hecher*

Nein, so hatte ich mir meinen Cho Oyu nicht vorgestellt, ganz und gar nicht. Die letzte Seifenblase eines Traums war geplatzt.

Als Reinhold ein paar Tage später aus der sphärischen Höhe von 7500 Metern funkte, dass sie wegen der zu großen Lawinengefahr aufgaben, war ich überrascht. Trotzdem nahm ich die Nachricht ohne große Emotionen entgegen. Ich hatte meinen Berg schon vorher verspielt.

Luis Stefan Stecher vor großem Panorama

Eine knappe Woche später verließen wir das Basislager. Es war ein Stück Heimat für uns geworden. Ich war traurig. Jeder wanderte, so schnell er wollte, das Gokyo-Tal hinaus. Mit den ersten Nebelfetzen kam auch schon die Nacht. Mit Anna fand ich Quartier in einer verlassenen Hütte.

Jeder von uns war an seinem Achttausender, an seinem Cho Oyu gewesen. Ich war wohl zu viel mitgegangen und hatte so mich selbst verspielt. Jetzt hatte ich mich wieder. Es war auf dem Heimweg, tief unten im Tal, als ich mir sagte: »Du musst aufstehn, eine Kerze anzünden und alles aufschreiben.«

Gescheitert am Berg, nicht als Erzähler
von Reinhold Messner

> » Luis geht nervös um den Kosmogral und krault sich hektisch den Bart. Er sei zwar in den Bergen aufgewachsen, aber er sei kein Bergmaler, faucht er. Luis hat Geburtswehen. «
>
> *Jul Bruno Laner*

Hans Kammerlander und ich waren entschlossen, bis zum Gipfel zu klettern. Als ob dies unser Auftrag wäre. Wir verließen das Basislager also in selbst auferlegter Pflichterfüllung. Bei einem Versuch eine Woche zuvor hatten wir Fixseile bis in eine Höhe von 7300 Meter befestigt. Wir wussten, dass die Wand in 7500 Meter leichter werden würde, anstrengend zwar, aber – von einigen Steilaufschwüngen abgesehen – Gehgelände. Die letzten zweihundert schwierigen Klettermeter bereiteten uns zwar Kopfzerbrechen – Voytek Kurtyka und Hanspeter Eisendle waren an einem Klettertag keine 20 Meter über unseren Umkehrpunkt hinausgekommen –, aber von 7500 Meter war es nur noch ein Klettertag bis zum Gipfel.

Mein Plan war es, mit Hans in aller Frühe vom Lager II aufzusteigen, das obere Ende des schwierigen Pfeilers

Einstieg in die Steilwand

mit fixen Seilen zu sichern und bis in die Randspalte in 7100 Meter Höhe zurückzukehren. Dort sollten die drei Sherpas Ang Dorje, Phurba und Nawang ein Notlager für eine einzige Nacht einrichten. Am nächsten Tag, dem 19. Dezember, wollten wir dieses gemeinsam bis über den senkrechten Eispfeiler stellen. Von diesem dritten Lager aus, das war für mich sicher, würden wir den Gipfel an einem Tag erreichen und ohne Biwak zum Zelt zurückkommen können. Die richtige Taktik war bei einem so großen Berg der halbe Erfolg.

Eventuell sollte Ang Dorje mitsteigen bis zum höchsten Punkt. Nicht nur, weil der Cho Oyu ein »Joint Peak« war, die Besteigung offiziell nur galt, wenn wenigstens einer von den drei nepalesischen Teilnehmern den Gipfel erreichte, sondern vor allem, weil ich ihn gern mochte, weil er stark war, weil ich gern jemanden dabeihatte, der kochen konnte. Diesen Luxus leistete ich mir damals schon.

» Das zweite Hochlager steht geschützt in einer Gletscherspalte. Von hier aus queren wir eine riesige Schneefläche zur Gipfelwand – mit Blick auf das schwarze Dreieck der Mount-Everest-Nordwand. «

Reinhold Messner

Am Morgen des 18. Dezember, im Lager II, wirkte Ang Dorje verstört. Er war unwillig und missmutig. Hatte er Angst? Draußen vor dem Zelt begann die Luft zu leuchten. Eine Zeit lang sagte ich nichts. Ang Dorje hantierte mit Töpfen. Er atmete schwer. Immer wieder fiel Raureif, der einige Zentimeter dick an der Innenseite der Zeltplane klebte, auf mein Gesicht. Plötzlich begann Ang Dorje mit zurückhaltender Stimme zu erzählen. Er redete, unaufgefordert und ohne Unterbrechung, Schweiß trat ihm auf die Stirn. Ich erfasste die Geschichte erst, als er fertig war.

In der vorausgegangenen Nacht, Ang Dorje hatte tief geschlafen, standen plötzlich zwei kleine nackte Cho-Oyu-Götter am Zelteingang, von Kopf bis Fuß grün, so grün wie die Türkise, die alle Sherpas am Hals tragen. Türkisgrün und ganz und gar unbekleidet waren sie. »Komm heraus!«, hatten die Götter gerufen. Weil sie keine erwachsenen Götter waren, sondern kleine, ungezogene Buben, widersetzte sich Ang Dorje. Er wollte einen von ihnen am Arm packen. Als er ihn aber berührte, lösten sich die beiden Götterknaben in Luft auf, und Ang Dorjes Körper durchzuckte ein glühender Strahl. Als er wieder im Schlafsack lag, von einer riesengroßen Unruhe gequält, rann ihm noch stundenlang der Schweiß aus allen Poren.

Ang Dorje redete, wie unverstanden, weiter, wiederholte das Erlebte, fügte Einzelheiten an. Ja, dick und stark waren sie gewesen. Und lebendiger als du und ich.

Ich sah Hans an. Sollten wir aufgeben? Auch er war unsicher geworden. Ich bin nicht abergläubisch, aber diese Geschichte machte mir zu schaffen. Ich fragte Ang Dorje, ob er hinab wolle ins Basislager. Hans und ich mussten einfach aufsteigen! Oben wartete Paul Hanny, der in der Randspalte auf 7100 Meter Höhe an einer gefährlichen Stelle die Nacht verbracht hatte. Die Sherpas entschlossen sich, uns zu folgen. Auch Ang Dorje kam mit.

Im Osten stand wie ein schwarzes Dreieck der Mount Everest, an dem sich der Japaner Jasuo Kato in diesen Stunden für einen ersten Vorstoß zum Gipfel vorbereitete. Am Lhotse hing eine mächtige Wolkenfahne.

Bei uns lief vorerst alles nach Plan. Hans und ich kletterten voraus. Ang Dorje, der die

Paul Hanny

Türkisgötter anscheinend vergessen hatte, trieb seine Freunde an. Sie mussten zurück ins zweite Lager, ehe die Nacht kam. 150 Meter des Weges sicherten wir an diesem 18. Dezember an. Am nächsten Tag aber begann ich am Ende des Eispfeilers zu zögern. Je flacher das Gelände wurde, desto tiefer lag der Schnee: kristalliner Treibschnee, wie Zucker, metertief.

Als ich dort stand, wo das letzte Lager geplant war, wusste ich, dass wir ein tödliches Risiko eingehen oder scheitern mussten.

Wir hätten die lawinenschwangere Gipfelflanke diagonal queren müssen. Von rechts unten nach links oben. An exponierten Stellen sperrten Schneebretter den Weiterweg. In den Mulden lag grundloser Schnee.

Der Entschluss abzusteigen, aufzugeben, fiel uns nicht schwer. Lieber gescheitert als tot. Einer so massiven Gefahr gegenüber hätte wohl nur ein Fanatiker in den fast sicheren Tod laufen können.

Am gleichen Tag noch seilten wir uns ab bis ins Lager II. Am nächsten Tag stiegen wir ins Basislager ab. Die drei Sherpas vor mir gingen gebückt, einen körperlangen Sack hinter sich herschleifend, der schräg zur Spur lag. In ihm steckte der Rest der Ausrüstung. Ich blieb stehen und drehte mich verstohlen um. Da stand diese riesige Wand vor mir, eine Schneefahne jagte über die schräge Gipfelkante. Der Sturm tobte. Waren wir wirklich noch da, heil, am Leben?

Wir waren alle müde, vom Wind zermürbt, aber irgendwie noch auf den Beinen. Wie auf der Flucht gingen wir gegen den Sturm. Vorwärts, abwärts, weg aus den Lawinenstrichen. Während ich über die funkelnden Eisbrocken einer zerbors-

Extreme Kletterei in über 7000 Meter Höhe

tenen Séracmasse stolperte, fühlte ich die große Wand wie die Sturmflut im Nacken.

Wie es uns möglich gewesen war, so hoch hinaufzukommen, ohne erschlagen zu werden? Wie es möglich war, 600 Meter unterm Gipfel zu scheitern? Dass es uns nicht schon vorher zu viel geworden war, kam mir vor wie ein Wunder.

> » Der Wind fällt uns plötzlich an wie ein Raubtier, das unvermutet angreift. Wir haben Mühe, nicht umgeworfen zu werden. «
> *Oswald Oelz*

An den Graten röhrte der Orkan wie tausend fahrende Züge. Im Stolz auf seine geballte Kraft warf er den Schnee kilometerweit in die Luft, jagte ihn über diesen glasigen, steilen Winterhimmel.

Wie ich so hinter den anderen herging, das Inferno überstanden, das schützende Basislager im Visier, keimte die endgültige Erkenntnis des Gescheitert-Seins. Alles war umsonst gewesen. In den Stunden, da wir hätten zum Gipfel klettern wollen, spuckte uns diese Wand unten aus. Wie ein paar Sandkörner aus vielen Millionen Tonnen aus vertikalem Fels und Eis. Es war alles umsonst gewesen: die jahrelange Planung, die monatelangen Vorbereitungen, die vier Wochen Akklimatisation, die 19 Klettertage in der Wand. Nur ein Tag hatte uns vom Gipfel getrennt.

> » Ich fühle mich elend wie nie zuvor. Wenn ich nur unten wäre, wenn nur alles vorbei wäre. Ich sollte endlich dieses Spiel der Leiden an den Nagel hängen. «
> *Oswald Oelz*

Aber diese letzten 600 Höhenmeter, diesen einen Tag hatten wir nicht mehr gewagt. An diesem einen Tag stiegen wir ab bis zum Basislager. Der Traum vom Gipfel war aus, es war alles vorbei. In einer einzigen Minute hatten wir uns für das Aufgeben entschieden, drei Wochen Anstrengung in den Wind geschlagen und mit dem Abstieg begonnen.

Wie geistesabwesend kamen wir im Basislager an. Sicher, auch dieser Rückzug war kein Unglück. Trotzdem, er war ein Schlag für uns alle, die wir auf den Gipfel eingestellt gewesen waren. Als hätten wir auf Sieg gesetzt, für den wir als Ross und Reiter allein verantwortlich waren.

Nur die Sherpas schienen vollkommen glücklich zu sein. Mit lachenden Gesichtern erzählten sie den anderen von diesem letzten Versuch, von senkrechten Eisrippen und grundlosem Treibschnee. Ja, sie waren erleichtert, es war alles zu Ende, die Götter hatten sich nicht gerächt. Vielleicht waren sie jetzt schon besänftigt.

» Wie lange die Nacht heut' war, und wie selbstverständlich es am Tage ist, hier zu sein – fraglos. Die Sonne, der Schnee schmelzend wie bei uns im Vorfrühling, weicher Almboden unter den Füßen, rhododendronumstanden. «

Ulrike Stecher

Noch lange hörten wir am Abend einen choralartigen Singsang aus ihrer Küche.

Ohne die geringste Ahnung, ob ich je wiederkommen würde, verließen wir wenige Tage später das Basislager und ließen uns in kleinen Grüppchen talwärts treiben.

Heute, im Rückblick, staune ich, wie hintergründig und selbstkritisch unsere Erzählungen über das Winterabenteuer am Cho Oyu sind. Im Unterschied zum heutigen Zeitalter der Internet-Berichterstattung über die vielen Performances am Berg, die »live«, also fast zeitgleich mit dem Geschehen, weltweit verfolgt werden, hatten wir damals Zeit, unsere Gefühle und Erkenntnisse zu hinterfragen, ehe wir sie niederschrieben. Luis (Stefan Stecher) hat in Juval wenig später eine Fülle von Cho-Oyu-Bildern ausgestellt, Jul und Hanspeter haben ihre Berichte verfasst, Bulle hat später in seinen unverwechselbaren Bergbüchern darüber geschrieben.

Als hätten sich diese Erlebnisse vom Scheitern tiefer in unser Gedächtnis eingegraben als erfolgreiche Expeditionen. Heute, 30 Jahre später, weiß ich, es kommt weniger auf den »Gipfelerfolg« an als auf das Miteinander-unterwegs-Sein.

Oswald (Bulle) Oelz

Auf Tichys Spuren
von Reinhold Messner

>> Vier Monate später steige ich in einem neuen Anlauf von Süden her auf den Cho Oyu. Diesmal bis zum Gipfel. <<
Reinhold Messner

Der winterliche Heimweg vom Cho Oyu wurde ein Fest. Am ersten Tag führte ich die Expedition bis nach Gokyo. Eine der Almhütten war offen. Eine junge Sherpani verkaufte Tee. Auch bot sie uns Quartier an. Wir blieben über Nacht in der rauchigen Steinhütte.

Wie Urlaute hörten sich die Geräusche des zugefrorenen Sees an. Unheimlich! Er röhrte und brüllte wie ein gefangenes Tier. Zwischendurch fuhr der Wind mit Geheul durch die Dachluke, die als Rauchabzug offen gelassen worden war. Ob man nun an Berggeister glaubte oder nicht, sie waren da. Auch am nächsten Tag, als wir im tief verschneiten Gokyo aufbrachen, mischten sich Wind- und Wassergeräusche zu einer alles umspannenden Musik im weiten Kessel am Fuße des Cho Oyu. Das Dutzend Hütten mit ihren Schneehauben sah jetzt aus wie eine Gruppe von gigantischen Pilzen. Der darunterliegende See pulsierte unter einer graugrünen Eisschicht.

Es war noch früher Morgen, als ich an den Almböden von Machermo vorbeikam: Kalt und friedlich lag die windgekämmte Schneelandschaft vor mir. Hier soll vor knapp zehn Jahren ein Sherpa-Mädchen von einem Yeti überfallen worden sein. Man hatte tatsächlich Yaks gefunden, denen das Rückgrat gebrochen worden war. Andere lagen mit gespaltenem Schädel da. Als ob der wilde Yeti sie an den Hörnern gepackt, geknickt und so getötet hätte. Bis weithin waren schrille Pfiffe gehört worden, erzählte man mir.

Jetzt im Winter waren die meisten Hütten leer und verschlossen. Den Sommer über aber zogen die Sherpa mit ihren Familien auf diese hoch gelegenen Almböden. Vier Monate lang lebten sie in den kleinen Steinhäusern, die sie im Herbst wieder verließen. Der Tourismus aber hatte die eine oder andere Familie veranlasst, sich umzustellen. Da und dort, am Wegrand, stand jetzt ein Steinhaus offen, Rauch drang aus allen Ritzen.

Früher beruhte der relativ hohe Lebensstandard der Sherpa auf der Tatsache, dass sie den Handel zwischen Nepal und Tibet kontrollierten. Da es in Nepal kein Salz gab, war der Salzhandel mit Tibet ein gutes und sicheres Geschäft. 1950, nach dem ersten Aufstand der Tibeter gegen die Chinesen in Lhasa, und später, nach der Flucht des Dalai Lama, wurden die Grenzen geschlossen. Der Handel über den Nangpa La war nicht zu Ende, aber er stagnierte. Heute ist es der Tourismus – Bergsteiger und Trekker kommen zu Zigtausenden –, der Wohlstand bringt: Arbeitsmöglichkeiten für Tausende von Sherpa-Trägern; Führer werden gebraucht, Hotels sind entstanden, der Handel mit gebrauchten Ausrüstungsgegenständen blüht.

Trotzdem sind viele Sherpa in Solo Khumbu und im Rolwaling-Tal Halbnomaden geblieben: Bis auf eine Meereshöhe von 4200 Meter leben sie in festen Dörfern. Vorübergehend nur nutzen sie in den Sommermonaten Unterkünfte zwischen 4600 und 4900 Meter Höhe, um die Sommerweiden zu betreuen. Jetzt aber waren sie fast alle in ihre Winterhäuser zurückgekehrt. Am späten Abend erreichte ich Khumjung, die größte Sherpa-Siedlung im Khumbu-Gebiet. Reges Treiben herrschte in den Gassen, die Häuser schienen überzuquellen von Frauen und Kindern, die neugierig aus den Fenstern schauten.

Ich besuchte meinen langjährigen Freund Kapa Gyaltsen, einen berühmten Sherpa-Maler, der mich häufiger schon auf einer Expedition im Himalaja begleitet hatte. Der kleingewachsene, tiefgläubige Mann lebte mit seiner Familie in einem der schmalen, weißgekalkten Häuser am oberen, östlichen Rand des wohlgeordneten Dorfes. Eine mächtige, gut 20 Fuß hohe Gebetsfahne flatterte vor der Haustür. Seine beiden kleinen Mädchen, die mich von Weitem erkannt hatten, meldeten mein Kommen mit hellen Schreien, und nur so war es verständlich, dass Yangle, Gyaltsens schöne Frau, heißen Tee bereithielt, als ich eintrat.

Gyaltsen lud mich ein, über Nacht zu bleiben. Während Yangle Kartoffeln kochte, saßen wir Männer auf der Terrasse zwischen Speicher und Wohnküche und tranken Tschang, das lokale Reisbier.

In seiner unbeholfenen Art versuchte mir Gyaltsen zu erklären, dass diese Berge besondere Plätze seien, dass sie große Energien gespeichert hielten. Da oben bildeten sich die Gewitter mit Blitz und Donner, von da oben kamen die Stürme, da oben begruben die Lawinen alles, was sich ihnen in den Weg stellte. Kein Mensch sei diesen Bergen gewachsen. Es sollte ein Trost sein für mein Scheitern.

>> Die Gipfelwand ist nicht nur steil, 600 Meter unterm Ziel vereitelt metertiefer Treibschnee unser Weiterkommen. Wir geben auf. Lieber gescheitert als tot. <<

Reinhold Messner

Ich schaute in die dünnen Nebel, die jetzt die Dudh-Kosi-Schlucht heraufgekrochen kamen und sich in alle Mulden legten. Bis nur noch die Gipfel des Thamserku, des Koengde und des Khumbi La frei waren. Mit ihren filigranen Gipfelgraten ragten diese heiligen Berge in den hellen Abendhimmel.

Das Milchblau des Firmaments hob das Schneeblau der Bergspitzen ins schier Unbegreifliche.

Diese weithin sichtbaren Berge waren die eigentlichen Gottheiten der Sherpa. Orientierungspunkte in dieser unfassbar großen Hochgebirgsnatur, ein Maß für das Unendliche und das Jenseitige.

Gyaltsen war offensichtlich weniger beeindruckt von diesem Naturschauspiel als ich. Für ihn waren nicht nur diese Gipfel göttlich, alles um ihn herum war heilig: die Erde, der Wald, das Wasser.

Geschützt von den natürlichen Mauern der Himalaja-Berge war hier oben eine Lebenshaltung – eine Religion – lebendig geblieben, die älter war als die des reformierten lamaistischen Tibets, älter vielleicht als das Sherpa-Volk. So alt wie die Menschen im Schneeland: Reste der Bon-Religion mit ihren guten und bösen Geistern, den Naturgottheiten, Zauberern und Wunderheilern. Ähnlichkeiten mit dem intuitiven Wissen der Indianer drängen sich mir auf.

Kangtega-Gipfel über den Nebeln

Am anderen Morgen, nach viel Tschang und wenig Schlaf, legte mir Gyaltsen eine Gebetsschleife um den Hals und wünschte mir »Kalipé«, immer ruhigen Fußes. Wir verabschiedeten uns voneinander.

Die Morgennebel hingen schwer über Solo Khumbu. In Namche begann es zu schneien. Genau wie beim Aufstieg. Trotzdem kein Gefühl von Winter. Den ganzen Nachmittag saß ich in einem der Rasthäuser, las, trank Tee und Tschang. Eile gab es nicht mehr. Zum ersten Mal bei einer Achttausender-Expedition: Wir hatten nichts zu versäumen.

Am Abend erst machte ich mich auf nach Solo. Durch dichten Regenwald zuerst, dann über Terrassenkulturen. Ich ging nach Lukla, zum Flughafen in den Bergen.

Der Überlieferung der Sherpa nach war diese verborgene Gegend einst völlig mit dichtem Urwald bewachsen gewesen.

Tiger, Bären, Moschustiere, rote Affen und giftige Schlangen lebten hier. Nur Menschen gab es nicht, bevor die Sherpa kamen. Auch keine Steige, keine Brücken, kein Vieh.

Die Sherpa brachten Frauen, Kinder, Schafe und Yaks mit; sie rodeten die Wälder, bauten Häuser und trieben Handel zwischen Tibet und Indien.

Das letzte Stück des Weges boten mir junge Burschen ein Pferd an. Anderntags flogen wir von Lukla – vorbei am Doppelgipfel der Tseringma – nach Kathmandu, zurück in die rationale Welt.

Der Gaurishankar, auch Tseringma genannt, war für die Sherpa der heiligste aller Berge – »die gute Mutter des langen Lebens«. Dieser Gipfel soll es gewesen sein, der ihnen bei ihrer Völkerwanderung, auf dem langen Weg von Kham nach Solo Khumbu, als eine Art Orientierungshilfe, als Ziel vorgeschwebt sei. Welcher Berg aber hat ihnen den richtigen Weg gezeigt?, frage ich mich. Der Gaurishankar, so herausragend er von Süden erscheint, ist von Norden, vom tibetischen Hochland aus, nicht sichtbar. Von Tingri kommend, bleibt er versteckt hinter anderen Gipfeln.

Die Federwolken über Kathmandu, Nepals Hauptstadt, waren jetzt dichter als damals im November, als wir in die Berge aufgebrochen waren. Trotzdem waren wir alle froh, wieder hier zu sein: Es gab keine verdrossene Stimmung in der Expeditionsmannschaft.

Ein paar Tage später waren wir zurück in Europa. Ich verfiel keinem Heimkehrschock. Mit der gleichen Selbstverständlichkeit, mit der ich vorher das östliche Leben versucht hatte, warf ich mich daheim ins westliche.

Nach einiger Zeit aber drängten Erinnerungen in meine Träume: Der Cho Oyu erschien mir als Wegweiser, als wichtiger Altar auch in meinem Leben. Ich fand Literatur zum Langen Marsch der Sherpa, und meine Neugier wuchs. 1965 hatte Michael Oppitz, der damals im Rahmen der Thyssen-Stiftung gearbeitet hatte, in Solo alte Dokumente gefunden, die die

Wanderung der Sherpa beschreiben. Die wichtigste dieser Geschichten heißt »Ruyi«. Ru bedeutet Knochen oder Clan, Yi die Legende. Es war also der Bericht von den Knochen, die Stammesgeschichte der Sherpa. Sie dürfte zwischen 1500 und 1530 geschrieben worden sein.

Die vier Urclans der Sherpa – Minyagpa, Thimmi, Serwa und Chakpa – lebten ursprünglich im Westen von Sichuan, östlich des Yangtse, in einer gebirgigen Landschaft, die der von Solo Khumbu ähnlich ist. Dort kämpften nicht nur China und Tibet jahrhundertelang um die Vorherrschaft, auch die Mongolen stießen seit Dschingis Khan vom Kukunor-See aus nach Süden vor. Immer wieder. Auch die von Tsong-Kapa reformierten Gelbmützen übten einen starken Druck auf die Anhänger der alten Bon-Religion aus, zu denen die Sherpa zählten. Religiöse Gründe mögen also eine Rolle gespielt haben, als die vier großen Clans unter der Führung des Thakpa Tho, der über allen stand, ihre Völkerwanderung antraten. In Tingkye, südöstlich von Shigatse, glaubten sie, eine neue Heimat gefunden zu haben, aber der Friede war nur von kurzer Dauer. Hatte religiöse und politische Freiheitsliebe die Wanderung der Sherpa veranlasst, trieb sie jetzt vermutlich Moslem-Furcht weiter. Sultan Said Khan führte von Kaschgar aus einen Feldzug gegen Kaschmir und Ladakh. Die Sherpa hielten es für vernünftig, sich weiter nach Süden abzusetzen. Dem »Ruyi« zufolge muss es etwa 1533 gewesen sein, als eine erste Gruppe von vielleicht 20 oder 50 Sherpa den Nangpa La überschritt. Die anderen folgten. Sherpa bedeutet ja Ostmensch, weil die Stämme aus dem östlichen Tibet eingewandert waren. Wie fand dieser Ostmensch den versteckten Pass, wie überquerte er ihn?, fragte ich mich.

Ich ahnte, dass der Cho Oyu die Antwort bereithielt. Deshalb musste ich also noch einmal hin.

Es gab keinen vernünftigen Grund, auf diesen hohen Berg zu steigen. Neugierde und der Zwang, meinen Träumen nachzujagen, waren mir Motivation genug.

Ich war damals schon wohlhabend genug, um den größten Teil meiner Zeit für Nutzloses zu verschwenden. Ich konnte mich treiben lassen von meinen ureigensten Zwängen. Aus heiterem Himmel erreichte mich im April 1983 die Nachricht, alle Expeditionen am Cho Oyu seien abgesagt worden. Es war wie eine Aufforderung einzuspringen. Ich zögerte keinen Augenblick lang, stellte allerdings eine Bedingung: Ich wollte eine Genehmigung für die Südwestflanke des Berges, vom Nangpa La aus, wo die Sherpa vor einem halben Jahrtausend von Tibet nach Ostnepal eingewandert waren. Ich musste diesen Übergang selbst sehen, die Gletscherspalten dort, die Hochfläche Tibets, das Rätselhafte. Nur mit Studien war die Sherpa-Legende nicht fassbar.

Als ich das Expeditionspermit in Händen hatte, stürzte ich mich in die Vorbereitungen. Die Vorbehalte meiner Mitbürger bei so viel Hartnäckigkeit interessierten mich weniger als die Geschichte der Sherpa.

Ich ging also wieder zum Cho Oyu. Obwohl ich wenige Monate vorher an ihm gescheitert war. Ich ging dorthin zurück, wo die Wasserstellen heilig, die Wälder geheimnisvoll und die Berge so hoch sind, dass sich die Menschen vor ihnen fürchten.

In seinem Nützlichkeitswahn hat der westliche Mensch die Natur geplündert, die Götter vertrieben, die Welt aufgeschlüsselt. Mir erschien nichts wichtiger, als das zu erforschen, was geheimnisvoll und letztendlich unerforschbar war.

Auch wenn ich ein zweites Mal am Cho Oyu scheitern sollte, war ich entschlossen aufzubrechen.

Von heute auf morgen stellte ich eine Expedition auf die Beine. Ich lud Hans Kammerlander ein, den jungen Extrembergsteiger aus dem Tauferer Ahrntal in Südtirol, der im Winter schon bis auf einen Klettertag an den Gipfel des Cho Oyu herangekommen war. Ohne einen Augenblick lang zu zögern, sagte er Ja zu meiner verrückten Idee: eine Woche später zu fliegen und Mitte Mai am Gipfel zu sein.

> » Reinhold hat sich Hans genommen. Sie klettern voraus. Hans hat die Eiger-Nordwand gemacht, er hat den besseren Ruf, das bessere Image. Es hat mich nicht überrascht. «
>
> *Hanspeter Eisendle*

Bei der Himalaja-Konferenz, die der Deutsche Alpenverein in München organisiert hatte, sprach ich Michl Dacher an. 1979 hatten wir zusammen den zweithöchsten Berg der Erde, den K2 im Karakorum, bestiegen. Dacher gehörte zu den leistungsstärksten Bergsteigern in der Bundesrepublik, wenige Monate später sollte er 50 Jahre alt werden. »Ich mache mit«, sagte Michl in einem Ton, der keine Zweifel aufkommen ließ.

Damit stand die Mannschaft fest. Der Cho Oyu war damals ein »Joint Peak«, das heißt, er durfte nur von einer gemischten Gruppe aus Nepali und Ausländern bestiegen werden. Die drei Nepali-Teilnehmer, die ich nach den lokalen Vorschriften mitnehmen musste, würden dieselben Bergsteiger aus dem Stamm der Sherpa sein, die bereits bei der Winterexpedition mit dabei gewesen waren, faxte ich nach Nepal.

Elizabeth Hawley, die in Kathmandu meine Interessen vertrat, hatte versprochen, alle diesbezüglichen Formalitäten zu erledigen.

Wir drei, Michl, Hans und ich, waren nicht nur grundverschieden im Charakter, wir symbolisierten auch drei Bergsteigergenerationen: 49, 38 und 26 Jahre jung.

Am 7. April trafen wir uns um 16 Uhr am Flughafen in Frankfurt. Am nächsten Vormittag schlenderten wir durch

Mit Dacher und Kammerlander am Flughafen in Frankfurt

Kathmandu. Kathmandu ist eine Stadt, wo Chaos und Leben identisch sind, wo Ordnung den Tod bedeuten würde. Bei jedem Schritt durch die Altstadt sah ich, dass dieser Ort jahrtausendealt war, dass der Tourismus die Menschen hier nur oberflächlich verändert hatte. Die niedrigen Häuser, die halb nackten Kinder, die bis zur Scheußlichkeit verkrüppelten Hunde in den schlammigen Straßengräben gaben vielen Vierteln etwas Trostloses. Trotzdem liebte ich dieses Kathmandu. Die Stadt bedeutete für mich zweierlei: Bürokratie und östlichen Lebensrhythmus.

Mit meinem Begleitoffizier, einem zaundürren Büromenschen, wurde ich für den 13. April um 15 Uhr zum »Debriefing« vorgeladen. Sailindra Sharma, der für das Expeditionswesen zuständige Sekretär im Ministerium für Tourismus, ein immer freundlicher, untersetzter junger Mann, hatte Wunder gewirkt. Innerhalb von nur zwei Wochen war es ihm gelungen, uns ein einmaliges Permit zuzuspielen, nämlich den Cho Oyu von Südwesten, Aufstieg vom Nangpa La aus, dem berühmten Pass zwischen Nepal und Tibet. Und dies beim alles erstickenden Bürokratismus, der im damaligen Himalaja-Königreich nicht nur die Aktivitäten vieler Ausländer abzuwürgen drohte.

Am nächsten Vormittag schon sprach ich beim Bergsteigerverband Nepals (NMA) vor, um die letzten Formalitäten meiner Cho-Oyu-Expedition zu erledigen. Im Office des NMA aber schickte man mich von einer Amtsstube zur nächsten. Nirgends konnte gefunden werden, was ich suchte. Die ungezählten Aktenordner in den Regalen sollten Eindruck machen, aber sie wirkten staubig, unaufgeräumt. Die Schreiber erschienen mir inkompetent. Ich ver-

Permit für die Cho-Oyu-Besteigung

wünschte wieder einmal alle Joint Expeditions. Wie kann man nur Verordnungen erlassen, wenn man nicht fähig ist, sie zu handhaben?

Aber ohne einen Wust von vollgeschriebenem Papier, ohne Bestätigung und Gegenbestätigung, ohne die Versicherung der Einheimischen und die Einkleidung des unvermeidlichen Begleitoffiziers gab es kein Permit, keine Expeditionserlaubnis. Zum Teufel mit all diesem Bürokratismus. Haben die Engländer in Asien wirklich nur diesen Amtsschimmel hinterlassen?

Zuletzt saß ich bei Mister Sharma im Ministerium für Tourismus. Zur letzten Besprechung. Sein Büro war winzig und fast leer. Keine Regale mit Akten, nur ein aufgeräumter Schreibtisch, einige Sessel, an den Wänden ein paar Expeditionsposter und ein hässliches Farbfoto von Seiner Majestät, dem König von Nepal. Ein formeller Akt, ich wusste, wie ich mich als Expeditionsleiter zu verhalten hatte. Mit einem »best luck« entließ mich Mister Sharma in die Berge.

Dieser niedrige Himmel über Kathmandu! Für diese Jahreszeit ungewöhnlich, ja bedrückend. Im Frühling pflegte es sonst heiß zu sein. Die Leute in der Hauptstadt schimpften über das kühle, trübe Frühlingswetter, das die spärlich eintröpfelnden Touristen wieder vertrieb. Es kamen ohnehin weniger als in den Jahren zuvor, und jetzt noch dieser Nieselregen, diese alles erdrückende Wolkenmasse. Richtiges Aprilwetter, würden wir bei uns in Mitteleuropa sagen.

Es war Mitte April. Die Trekker, die von den Bergen zurück waren, strahlten trotzdem. Die einen erzählten, sie seien von unüberwindlichen Schneemassen aufgehalten worden, die anderen schilderten die kalten Nächte oben in den Bergen. Alle beklagten sich über das winterliche Wetter. Ihre Gesichter waren braun gebrannt, ihre Blicke voller Himalaja-Verzückung.

Ich hatte große Lust, dem stürmischen Nachmittagshimmel entgegenzugehen, der die Luft zusehends verfinsterte. Gewaltig türmten sich ferne Gewitterwolken im Westen der

Stadt. Die dunklen Waldhügel darunter waren fast schwarz. Blitze züngelten dazwischen. Kaum Donner. In Streifen huschten Regenschauer übers Land.

Ich war froh, alles im Griff zu haben, unterwegs zu sein. In dieser Stimmung schlenderte ich zurück ins Hotel – für eine letzte Nacht im Bett.

Auch wenn es nicht sicher war, bestand Hoffnung, dass wir den Cho Oyu besteigen könnten. Diesmal vom Nangpa-Gletscher aus. Seit 19 Jahren hatte keine Gruppe mehr die Erlaubnis erhalten, von Thame aus in Richtung Nangpa La aufzusteigen. Neue Bilder, Unterlagen sowie Aufstiegsskizzen über die Südwestseite »unseres« Berges waren also kaum zu haben. Ein paar Luftbilder hatte ich studiert und die einschlägigen Karten natürlich. Die Realität aber konnte ganz anders aussehen. Nicht den Ratschlägen anderer folgen – das musst du sehen, dort musst du hin –, sondern dorthin zu gehen, wo sonst niemand war, machte ja den Reiz unserer Reise aus. Das Eintauchen ins Unbekannte gehörte dazu. Wohin ich gehe, möchte ich immer noch selbst auswählen. So fieberte ich dem Flug von Kathmandu in die Berge entgegen. Am anderen Morgen sollte es losgehen.

Eine gute Flugstunde von der Hauptstadt entfernt begannen die wirklichen Himalaja-Berge. Tief unten in einer Schlucht, zwischen schwarze Berge und den Dudh-Kosi-Fluss geklemmt, lag das Sherpa-Dorf Lukla. Emil Wick drehte mit seiner Pilatus Porter zwei Runden über der Schlucht. Da war das Flugfeld, steinig, mit zwei Zäunen eingefasst und einer Menschentraube an seinem oberen Rand. Daneben standen windschiefe Bretterbuden, die meisten mit Wellblech gedeckt, in denen Tee und Reisbier ausgeschenkt wurde. Erst als die Twin Otter, die – unsere Ausrüstung und Sherpas an Bord – zehn Minuten vorher dort gelandet war, wieder abgehoben hatte, setzte Emil zur Landung an.

Es war jedes Mal ein Kunststück, die Maschine heil auf diese steile Landepiste zu setzen. Noch schwieriger war der

Start. Doch gab es in Nepal keinen besseren Piloten als Emil Wick, sodass wir ganz beruhigt sein konnten.

An den Berghängen, bis weit hinunter in die bewaldeten Weideflächen, lag noch Schnee. Eine geschlossene Wolkendecke versprach einen kühlen Tag, und Wick wollte sofort weg.

In Lukla hielten auch wir uns nicht lange auf. Ich überließ es dem Sirdar Ang Dorje, die besten Träger auszuwählen und die Lasten zu verteilen. Er kannte die Leute, und so bestand die Gewähr, dass keiner unserer 27 Container verschwinden würde.

Als die Sherpas die Traglasten ausgaben, drängten sich Männer, Frauen und Kinder vor zwei lang gestreckten Steinhütten. Fast alle waren barfuß, in schmutzigen, zerschlissenen Kleidern. Es gab ein Schieben und Schimpfen, weil alle eine Last erhaschen wollten. Träger wurden immer noch besser entlohnt als Feldarbeiter, und Tragen war hier keine minderwertige Kuli-Arbeit. Tragen hatte im Himalaja eine jahrhundertealte Tradition.

Vielleicht waren es auch die ungewöhnlich kühlen Tage, die so viele Träger angelockt hatten.

Auch wenn die Schäden im Sherpa-Land, verursacht durch den Tourismus, der seit 30 Jahren einen gewissen Wohlstand ins Solo-Khumbu-Gebiet am Fuße des Mount Everest gebracht hatte, bei Weitem nicht so groß sind, wie es Naturschützer glauben machen wollten, ist eines sicher: Gestohlen wurde dort, dass es auf keine Yak-Haut passte. Seit der britische Bergsteiger Dr. Alexander Kellas 1907 zum ersten Mal Sherpas als Begleiter und Träger für Reisen in große Höhen ausgewählt hatte, wurden diese Männer jedoch verherrlicht. In ungezählten beschönigenden Berichten haben wir alle dazu beigetragen, diesen Volksstamm im Bewusstsein der Städter zu einer Schar von Helden werden zu lassen. Sicher, die meisten von ihnen waren ausgezeichnete Hochträger, treue Gehilfen, gute Köche, die Sirdars, Chefs einer Sherpa-Truppe, sind heute exzellente Bergführer. Einige wenige aber nutzten jede Gelegenheit, ihre Expedition zu bestehlen oder zu betrügen.

Bei einem alten Japaner, der bei Jorsale einen exotischen Gemüsegarten betrieb, verbrachten wir die Nacht. Die Lasten waren vollzählig eingetroffen und lagerten in einem überdachten Holzschuppen.

Der neue Tag kündigte sich mit einem monotonen Geräusch an. Er hatte Regen gebracht, es war nicht zu überhören. Gleichmäßig strömte das Wasser, ein stilles friedliches Rauschen. Die Träger rumorten schon früh im Schlafraum neben dem unseren, die Ersten hatten ihre Lasten gefunden und verließen die Hütte: Es war die Aufforderung, jetzt aufzustehen.

Weiter oben im Tal sah ich durch wolkenverhangene Baumgruppen hindurch Reste von Neuschnee. Es hatte bis unter die Dreitausendmetergrenze geschneit. Die Leute, die in Gruppen zum Samstagsmarkt nach Namche eilten, waren durchnässt bis auf die Haut. Viele dieser Träger waren sicher schon seit dem Morgengrauen auf den Beinen. Das Stück Plane oder das tischtuchgroße Bambusgeflecht, das jeder bei sich trug, reichte gerade zum Abdecken des mit Gemüse, Fleisch, Obst oder Eiern gefüllten Korbs, den sie mit einem Stirnriemen trugen.

Wenig unterhalb von Namche Bazar begann es zu schneien. Dicke, schwere Flocken trieben vor meinem aufgespannten Regenschirm. Dann schloss ich den Regenschirm und schob mich zwischen die Menschen auf dem Markt. Unter Plastikplanen sitzend oder eine Bambusmatte über den Kopf haltend, boten die Händler aus dem Solo-Tal hier ihre Waren an. Am Boden war es so schlammig, dass der Morast bei jedem Schritt spritzte. Alle, Händler wie Käufer, waren nass. Ihre Jacken tropften, und die Kinder, die mit verschränkten Armen dazwischen standen, zitterten am ganzen Leib. Auch hundert oder mehr Sherpa-Frauen drängten sich auf dem Samstagsmarkt. Einige waren von weither gekommen, um Vorräte einzukaufen: Reis, Gemüse, Fleisch.

Ich ging die paar Schritte weiter ins erste Sherpa-Hotel. Namche Bazar war inzwischen ein einziger Touristen-Umschlagplatz. Jeder und alles im Dorf war auf Trekker und Bergsteiger eingestellt. Wir also waren es, die hier alles möglich gemacht haben: die Hotels, so nennt sich hier die windigste Wellblechbude, die breiten Wege, den Basar.

Für uns ergab sich ein Problem: Unser Begleitoffizier brauchte Quartier. Er wollte oder konnte nicht weiter und versprach, während der Dauer der Expedition in Namche Bazar zu bleiben. Ich sollte für seine Unterkunft aufkommen. Als es zu schneien aufgehört hatte, gingen wir alle vier auf Zimmersuche. Die meisten Häuser waren überfüllt.

Am Wegrand wurde allerlei angeboten: Tee, Souvenirs, Obst, Fleisch und Kuli-Dienste. Sherpa-Frauen stillten Kinder, Träger schliefen auf dem Boden vor den Hütten. Eine Gruppe von jungen Sherpas, die schon am Morgen betrunken waren, verstellte uns den Weg. Ob sie einen Schlafplatz für uns wüssten? Einer wies mit herausgestreckter Zunge auf ein mittelgroßes Haus am Wegrand.

Es gab Platz für uns alle. Also blieben wir. Für ein paar Rupien pro Nacht. Später speisten wir im »vornehmsten« Hotel von Namche zu Abend. Wir hatten Bratkartoffeln und Yak-Steak bestellt, genossen ein letztes Bier und unterhielten uns bis in die Nacht hinein mit drei jungen deutschen Trekkern, die zum ersten Mal im Gebirge waren.

Als alles schlafen ging, suchten wir nach einem anderen Lokal. Als ob das Nachtleben in Namche so aufregend wäre wie das in Paris. Alle drei tasteten wir uns an den Hausmauern entlang, vorsichtig in den Dreck auf den Wegen tretend. Eine der Tschang-Buden, eine der elendsten ihrer Art, war noch offen. Saila, unser Koch vom Winter, war da und erzählte von einer Expedition zum Cholatse, die ihn als »Mann für alles« eingestellt hatte. Jetzt, bei dem scheußlichen Wetter, war er unterwegs nach Lukla, um Post und Nachschub zu holen.

Im Hinterraum spielten sinnlos betrunkene Sherpas Karten. Sie tranken Rakshi, einen Kartoffelschnaps der übelsten

Sorte, schrien und grölten. Daneben, auf einer aus rohen Brettern zusammengezimmerten Pritsche, lagen zwei Trekker.

Der Heimweg wurde abenteuerlich. Als wir unsere Herberge endlich gefunden hatten, war sie von innen verriegelt, alles stockdunkel. Im Schein der Taschenlampe stand das traurige Gebäude vor uns, das wir vor vier Stunden ohne Schlüssel verlassen hatten. Hans ging nochmals zur Tür. Abgeschlossen! »Khumbu-Hotel« las ich in großen Lettern über der Eingangstür. Im Grunde genommen nicht mehr als vier Steinmauern, zwei Fenster und ein Blechdach. Das war unsere Behausung. Zum Glück nur für eine Nacht. Nach langem Klopfen öffnete ein Kind die Tür.

Wir schliefen tief, obwohl wir das harte Lager und den engen Schlafsack noch nicht gewöhnt waren.
Der Himmel hing anderntags immer noch grau über mir. Er schien höher zu sein als am Tag zuvor. Wenigstens schneite es nicht. Wenn ich, im Schlafsack liegend, durch das Fenster an der Dachtraufe vorbei ins Nichts blickte, konnte ich den Weg der Wolken verfolgen. Eindeutig, der Wind kam von Nordwesten! Der Winter war also immer noch nicht vorbei. Also konnten wir abwarten, ausschlafen.
Michl aber war schimpfend aufgestanden, hatte, ohne auf das Frühstück zu warten, den Rucksack gepackt und war ohne Gruß verschwunden. Seit Stunden schon lärmte die Sherpa-Familie über uns, und draußen hörte ich das Pfeifen der Yak-Treiber. Nicht nur das trostlose Wetter, auch eine Art Anfangsträgheit und die feuchtkalte dünnere Luft ließen uns länger als üblich im Schlafsack ausharren. Eine Stunde lang, in der ich zwar die fremden Geräusche wahrnahm, sie aber nicht als solche in meine Traumwelt einzuordnen vermochte, lag ich nur da, genoss die wohlige Wärme im Schlafsack und schaute zwischendurch, ohne die Augen richtig aufzuschlagen, dem Himmel zu, der in düstern Sturmwogen vorbeizog wie ein endlos breiter Strom.

Aus dem schweren Atem von Hans folgerte ich, dass auch er sich erkältet hatte. Gemeinsam standen wir auf, packten die Rucksäcke und gingen die 30 Meter bis zur Quelle an der niedrigsten Stelle des Dorfes, um uns zu waschen.

Auf den Feldern, überall auf den Steinen und Dächern lag Schnee. Nur durch die Hohlwege zwischen den Häusern rann zähflüssiger, brauner Morast. Wir wuschen uns Hände und Gesicht.

Diese ersten Tage einer Achttausender-Expedition sind ebenso wichtig wie die letzten. Eine stetige Anpassung an die dünne Luft ist die Voraussetzung für den späteren Erfolg. Wir wollten deshalb einen Rasttag einschieben und diesen wiederum nützen, um Kapa Gyaltsen in Khumjung zu besuchen, jenen Sherpa-Maler, der mich 1978 am Mount Everest begleitet hatte, um die Expedition aus seiner Sicht und mit seinen Mitteln festzuhalten. Es waren viele naive Bilder entstanden.

Langsam stapften wir den steilen Pfad oberhalb von Namche Bazar aufwärts. Wie ein verzerrtes Schachbrett lag das verschneite Dorf im Halbrund unter uns. Wenn die Sonne für einen Augenblick durchkam, schimmerte alles so hell, dass die Augen schmerzten. Auf den Wegen zwischen den einstöckigen Steinhäusern liefen Kinder hin und her. Das Zelt eines Trekkers leuchtete im Weiß des tauenden Schnees. Nur die mehrstöckigen Hotels im Ort störten die Harmonie dieser Sherpa-Siedlung noch mehr als unsere europäischen Chemiefarben.

Jetzt rann Wasser über alle Steige. Besonders dort, wo der Boden tief ausgetreten war. Im April und Mai genügen hier sonst einige wolkenlose Tage, und die Sonne hat allen Schnee von den Hängen und aus den Tälern geleckt.

Dieses Wissen und das Bewusstsein, dass ein langsames Akklimatisieren besser ist als ein fanatisches Himmelsstürmen, ließen uns den Tag genießen. Die Himalaja-Landschaft breitete sich beruhigend in uns aus. Die Menschen hier oben bauten ihre Häuser mit ihren eigenen Händen; sie versorgten sich und die Ihren auf einfache Weise als Selbstversorger mit Nahrungsmitteln. Vielleicht war ihr Wesen deshalb so heiter und poetisch: anspruchslos und ungezwungen. Weil sie unabhängig waren. Sie handelten mit dem Notwendigen, aber sonst weder mit Industriegütern noch mit Botschaften des Himmels. »Gutes tun« war hier ebenfalls kein Beruf. Auch wir hatten keine Eile mehr, wir hatten Zeit.

Gyaltsen saß im Fensterstock und malte. In seinem winzigen Zimmerchen hinter dem Wohnraum hatte er sich schon vor Jahren eine Art Atelier eingerichtet. Mit einem Schrank für die fertigen Bilder, einem Hausaltar und einer Sitzbank, auf der ein Teppich aus Tibet lag.

Maler Kapa Gyaltsen

Gyaltsen lebte in der Tradition der Sherpa und konnte mir vieles von ihren Sitten und Gebräuchen erzählen. Im Nordosten Nepals gab es 18 verschiedene Sherpa-Clans: Nicht nur im Südwesten des Mount Everest, auch im Kulung-Gebiet am Fuße des Makalu und im Langtang-Helambu-Gebiet nördlich von Kathmandu lebten Sherpa. Diese verschiedenen Sherpa-Gruppen sprachen unterschiedliche tibetische Dialekte. Auch verwendeten sie die tibetische Schrift, sodass es kaum Verständigungsschwierigkeiten zwischen Sherpa und Tibetern gab.

Das Wissen um das lange Umherwandern seiner Vorfahren war auch im Bewusstsein seiner Familie lebendig geblieben. Zwei Generationen lang waren die Sherpa einst durch Tibet gezogen, ehe sie im Süden des Himalaja eine neue Heimat gefunden haben. Die Väter waren in Salmo in Kham aufgebrochen, die Enkel erst sollten in Solo Khumbu in Nepal ankommen.

Warum aber waren die Sherpa-Clans ausgerechnet hierher gekommen? Wie konnten sie in Kham – mehr als 1000 Kilometer entfernt – von diesen Tälern, von diesen Bergen wissen? Gyaltsens Antwort: Für die Sherpa, vielleicht für die meisten Tibeter, war dieses Gebiet seit jeher legendär, von mystischer Bedeutung. Hatten nicht die buddhistischen Mystiker Milarepa und Padmasambhava in der Nähe meditiert? Von hier jedenfalls gingen magische Kräfte aus.

Es gab keinen Zweifel: Solo Khumbu gehörte zu den schönsten Landschaften der Erde. Solange hier keine Straßen gebaut wurden, solange es weder Bergbau noch Stauseen gab, blieb die Natur im Gleichgewicht. Dieses intuitive Streben nach Harmonie in allem durchdrang das Leben dieser Menschen. Es wurde in der Arbeit deutlich, drückte sich in den Gebeten aus, verschaffte sich in all ihren Bräuchen Ausdruck.

Am frühen Morgen schon herrschte in Gyaltsens Haus Geschäftigkeit. Die Gebetsfahnen vor dem Haus mussten erneuert werden. Das Zeremoniell dauerte einige Stunden. Zuerst wurde eine etwa sechs Meter lange und 40 Zentimeter breite Fahne aus einer Art grobem Mull bedruckt. Der Druckstock dazu, mit Schriftzeichen und Figuren, kam aus dem Kloster Khumjung, jenem heiligen Ort, von dem aus der Mount Everest, der Lhotse und auch die Ama Dablam zu sehen sind.

Festtagsstimmung in Khumjung

Während Gyaltsen die neue Gebetsfahne an den acht Meter hohen Mast vor dem Haus nagelte, entzündete Yangle ein Opferfeuer auf der Terrasse an der Ostfront des Hauses.

Wir halfen Gyaltsen, den Stamm aufzurichten, keilten ihn mit Steinen ein und verließen – nicht ohne zuvor noch ein Glas Tschang geleert zu haben – das Haus. Gyaltsen würde uns am Abend nach Tesho folgen, wo am nächsten Tag die Expedition fortgesetzt werden sollte.

Vorsichtig balancierten wir über schmale Wege durchs Dorf. Überall rann Schmelzwasser. Kinder standen in den niedrigen Hauseingängen oder schauten aus den Fenstern.

Die Sonne strahlte hell, schwarz standen Everest und Lhotse im Talhintergrund. Der Wintersturm hatte die Südhänge bis auf die Felsen blankgefegt.

Gleich hinter Syangpoche tauchten wir in den dichten Wald ein. In ihrer Heimat Kham kannten die Sherpa diese feuchten Bergwälder nicht. Diese Art Bergdschungel fürchten sie, sie durchqueren das »Reich der Geister und Dämonen« daher in religiöser Inbrunst. So wie die Weite des tibetischen Hochlandes mit Schnee und Sandstürmen eine unheimliche Kraft darstellt, sind auch diese steilen, dämmrigen Tropenwälder voll von Naturmächten, voll von unbenennbaren Kräften für sie.

Mit zügigem Schritt strebten wir Tesho zu, einem kleinen Weiler auf halbem Weg zwischen Namche Bazar und Thame. Da und dort blühten einzelne Rhododendronbüsche. Blutrot die üppigen Blüten. Bis zu 20 Meter hoch ragten die großblättrigen Bäume in das Blaugrau der Morgennebel. Auf einem breiten Fußweg, links und rechts duftende Kiefern, gingen wir – eine weitere Stunde lang – bis zu Ang Dorjes Haus. Hier irgendwo hatte dieser vor Jahren einen Yeti gesehen, einen der furchterregenden Schneemenschen. Der Schrecken stand ihm noch im Gesicht, wenn er davon erzählte. Das Ungeheuer, kein wilder Mann, kam aus den Felsen und sprang vor ihm über den Weg. Es war schwärzer als die Nacht, etwa eineinhalb Meter groß, wenn es auf den Hinterbeinen stand. Meist lief es aber auf allen vieren. So überquerte das Urvieh den Bach, ohne Brücke. Das hatte Ang Dorje am meisten beeindruckt. Es ging geradewegs durch das reißende Wasser, an einer Stelle, wo kein Sherpa es gewagt hätte.

Unser Sirdar erwartete uns im Hauseingang. Laute Begrüßung, obwohl wir uns erst zwei Tage vorher getrennt hatten.

»Wir haben keinen Yeti gesehen«, lachte ich, zu Ang Dorje gewandt. »Der Yeti lebt«, antwortete er, »aber du wirst ihn nie sehen. Du kannst ihn nur spüren.«

Ang Dorje hatte alles vorbereitet, die Yaks waren bestellt. Anderntags konnte es weitergehen, hinauf nach Marulung, wo Dorje eine Hochalm besaß, die er uns für einige Nächte zur Verfügung stellen wollte.

Yak, schwer bepackt

Trotz eines Hagelschauers, der sich am Nachmittag mit düsteren Wolken über den Kongde-Bergen angekündigt hatte und gegen fünf Uhr das ganze Tal füllte, verlebten wir einen frohen Nachmittag. Wir wuschen uns am nahen Bach, schrieben Briefe, die wir am selben Tag nach Lukla schickten. In zwei Tagen versprach unser Postläufer zurück zu sein.

Nichts haben solche Tage von der Schinderei, von der Gefährlichkeit des großen Bergsteigens. Wenn nicht die Ahnung vom Ernst unseres Unternehmens ein bisschen Sehnsucht nach mehr Vertrautheit geweckt hätte, ich hätte vergessen, wohin wir unterwegs waren.

Dorjes Hof, ein kleines Anwesen zwischen hausgroßen Steinklötzen am Wegrand gelegen, sah aus, als sei der Boden erst vor ein paar Jahren dem Urwald abgerungen worden. Die Kartoffeläcker voller Steine, überall Strünke von Bäumen, der Bach daneben unreguliert. Als ich Ang Dorje fragte, warum er sein Land nicht stärker kultiviere, schüttelte er nur den Kopf. So war es, und so musste es sein. Die Götter wollten es so.

Das Gleichgewicht der Naturkräfte musste erhalten bleiben. Jeder Eingriff in die harmonische Ordnung könnte die lebensspendenden Kräfte gefährden. So wurden Quellplätze unberührt gelassen, Müll wurde nicht ins Feuer geworfen, Steine wurden nicht gesprengt.

Am späten Abend kamen die ersten Träger. Sie sollten zwar unter einem überhängenden Felsen vor dem Haus schlafen, saßen aber noch stundenlang am Feuer in Ang Dorjes einzigem Raum, wo wir unser Nachtlager vorbereiteten. Aus den breit auseinandergefächerten Zehen der Trägerfüße erkannte ich, dass sie jahrelang keine Schuhe getragen hatten.

So lange wir am Abend wegen des beißenden Rauchs nicht hatten einschlafen können, so verfrüht wurden wir am Morgen vom Rauch geweckt.

Auch wenn der Himmel klar leuchtete, lag überall, so weit wir sehen konnten, Schnee. Das stimmte uns unsicher. Vor dem Haus und auf den Wegen waren Wasser und Schnee zu einer harten Kruste zusammengefroren, und sogar die Yaks traten vorsichtiger auf als sonst. Sie kamen aus allen Himmelsrichtungen, ein Dutzend etwa, und die Sherpas begannen sie zu beladen, als wir uns auf den Weg machten. Es war jetzt warm, der Boden taute, und überall rannen kleine Bächlein über den Weg.

In Thame nützten Hans und ich unseren Vorsprung, um das Kloster zu besuchen. Dieses Lama-Kloster, obwohl erst vor gut 60 Jahren von Tibetern gegründet, ist eines der religiösen Zentren der Sherpa. Der Rimpoche von Thame empfing uns höchstpersönlich. Eigenhändig bereitete er Tee für uns. Ich hatte ihn schon 1975 kennengelernt. Damals war er fast noch ein Kind gewesen, er schien nichts von seinem spitzbubenhaften Charme, von seinem Interesse für Technik und Maschinen eingebüßt zu haben. 1975, nach einer gescheiterten Lhotse-Expedition, hatte er uns gebeten, seine Uhr zu reparieren. Jetzt wollte er meine Uhr untersuchen; überall lagen Trümmer von Radios, von Motoren herum.

Die Sherpa sind Buddhisten, sie gehören der Kagyupa-(Karma Kagü-)Richtung an. Das ist die älteste Sekte des Lamaismus. Ihre Riten und die Religionsausübung sind für sie so selbstverständlich wie die Kartoffelernte und das Teetrinken. So wie die Natur und Gott eins sind, sind Gebet und Arbeit eins. Der Lebensrhythmus aber hat seine tiefen Wurzeln in der Bon-Religion und im lokalen Animismus. Zauberei und Kultopfer sind für Bauern und Lamas Bestandteile ihrer religiösen Riten. Götter und Dämonen leben in Höhlen, Wäldern, Bächen, ja auf den höchsten Berggipfeln. So wie Lamaismus und Bon-Religion ineinander verfließen, sind Begriffe wie Natur und Gott hier eins.

Inzwischen war Dorje mit dem Tross voraus. Im oberen Thame-Dorf rief er uns aus einem Fenster etwas zu. Wir suchten den kürzesten Weg zwischen den Häusern zu ihm, fotografierten hier ein Kind, dort einen Tschorten. Mitten im Dorf auf dem Weg schnitt eine junge Sherpa-Frau einem Greis mit einer Schafschere die Haare.

Dorje war bei Verwandten eingekehrt. Es war Mittagszeit, und sie luden auch uns zu Kartoffeln und Tschang. Etwas anderes gab es hier nicht.

Das Hauptnahrungsmittel der Hochgebirgs-Sherpa ist die Kartoffel, »alu« genannt. Mit Gerste und Gemüse ist sie in diesen entlegenen Dörfern das Grundnahrungsmittel der Sherpa-Familien.

Nach zwei Stunden drängte ich zum Aufbruch. Ang Dorje, in der Vorahnung, dass er wochenlang keinen Tschang mehr bekäme, wäre lieber bis zum Abend geblieben. Wir rissen uns los. Zwischen brusthohen Steinmauern, die zimmergroße Ackerflächen umzäunten, gingen wir bergwärts.

Hier in der nächsten Umgebung von Thame, der höchstgelegenen Dauersiedlung unter dem Nangpa La, lagen die höchsten Anbaufelder für Gerste und Kartoffeln.

Die Träger- und Yak-Karawane war wieder etwas voraus, auch Michl und Hans waren bei ihnen. Wenn uns einheimische Bauern oder Tibeter entgegenkamen, sahen sie uns ungläubig an. Die Gesichter waren heiter, der Rücken gebückt vom jahrelangen Tragen. Nur an den lehmig verspritzten Schuhen erkannte ich, dass sie von weither kamen.

Kamen sie vom Nangpa La? Auf meine neugierigen Fragen bekam ich keine Antwort. Nur ein unverständliches Kopfschütteln. Als ich zur Kolonne aufschloss, betrachtete ich sie eine Zeit lang von hinten. Das war also meine Cho-Oyu-Expedition: nicht gerade beeindruckend.

Vorweg spazierte die Mannschaft, nur scheinbar in Reih und Glied. Der Weg war sehr schmal, sodass jedes Ausscheren zu anstrengend gewesen wäre.

Unter den Yak-Treibern waren verwegen aussehende Gestalten. Die ganze Expedition aber war weit entfernt davon, aufregend zu erscheinen. Durchaus nicht das Verwegenste, was man in Solo Khumbu je gesehen hatte.

Ich überholte die Karawane. Das Leit-Yak machte ein undurchdringliches Gesicht. Drei Stunden später, es war schon Abend und eisig kalt, kamen wir in Marulung an.

Zwei volle Tage blieben wir dort, am oberen Rand einer Sommersiedlung, wo Ang Dorje einige Kartoffeläcker, Wiesen, Weiderechte und ein einfaches Sommerhaus besaß. Ich wusste: Während des Monsuns zogen viele Sherpa-Familien hier herauf und bezogen in den kleinen, festen Almhütten Quartier. Die Kinder hüteten die Sommermonate über auf den Hochweiden Yaks und Schafe.

Wir hatten zwei Zelte aufgebaut und genossen die Rast, sahen zu, wie der Schnee verschwand, und machten Pläne. Am zweiten Rasttag wurden wir Zeugen einer nicht enden wollenden religiösen Zeremonie. Sie musste sein! Als ob Ang Dorje sie unbedingt vor dem weiteren Aufstieg zu vollziehen hatte.

Am frühen Morgen schon hörten wir den Singsang unserer Sherpas in ihrer Hütte, der mit dem blauen Rauch aus allen Fugen drang. Später kam eine Art Zauberer dazu, ein Lama aus Thame. Ang Dorje erklärte uns: Nur Priester, die bei den Naturgöttern in die Lehre gegangen waren, sollten die Menschen den Umgang mit den Geistern der Natur lehren.

Am späten Vormittag wurden wir in die Hütte gebeten, um Tschang zu trinken. Dort war ein Altar errichtet worden, ein Berg aus Reis und Keksen mit kleinen Butterlampen, Khatas – weißen Glücksschleifen –, einer Thangka – einem buddhistischen Rollbild – und verschiedenen Opfergaben wie Schokolade sowie einer Holzflasche mit Tschang und Reisig. Stundenlang saßen der Lama und Ang Dorje vor dem Altar und rezitierten Gebete. Beißender Rauch stieg auf, und immer wieder brachte Ang Dorje eine Schüssel mit wohlriechenden Kräutern ins Freie, wo er ein zweites Feuer damit nährte.

Dreimal im Jahr, sagte Dorje, weiht er sein Haus, seine Güter, seine Familie den Göttern. Heute war ein guter Tag für ihn. Wir könnten nicht weiterziehen ohne dieses Opfer.

Ich wusste, dass die Sherpa von Khumjung und Thame ihre Gebetsfahnen auch dreimal im Jahr wechselten, aber sie beteten zu verschiedenen Göttern. In Khumjung verehrte man Khumbila, so hieß auch der dunkle, steile Berg, der sich über dem Dorf aufbaut. Man betete auch dort zum Cho Oyu, ohne den Berg zu sehen, schließlich waren Götter und Berge eins.

Ganz unten aus dem Tal stiegen jetzt Nebel auf. Die Gipfel der umliegenden Berge entrückten damit in mystische Entfernung und Höhe! Unerreichbar, unbegreiflich hoch umrahmten sie die Hütte, auf der Ang Dorje die Gebetsfähnchen wechselte, kleine Wimpel in Weiß sowie in blauer, roter, grüner und gelber Farbe, die er an Bambusrohre knüpfte. Das Blau ganz oben symbolisierte den Himmel, das Firmament; das Weiß die Wolken; das Rot das Feuer; das Grün Wasser und Leben; das Gelb die Erde, den Boden. Drei Namen waren es, die in der endlosen Litanei immer wieder vorkamen:

Khumbila, Cho Oyu, Nangpa Gotai, die Namen von Göttern und gleichzeitig von Bergen. Als ich Ang Dorje fragte, ob diese Götter mit den Bergen identisch seien, langte er sich an die Stirn, lachte und schüttelte den Kopf. Ich wusste: In der Einsamkeit des Himalaja, im Jahrtausende währenden Überleben mit den Naturgewalten nur konnte sich eine solche Allegorie bis in unsere Zeit retten. Diese ungeheuerlichen Berge haben Götter geboren, die »Göttin des Türkis« gab es wirklich.

Ich fragte nicht weiter, beobachtete, wie Ang Dorje einer Ziege winzige Löcher durch die Ohren stach und daran weitere Gebetsfahnen befestigte. In den Farben Weiß und Rot. Auch diese Ziege war ein Gott – seit die Welt existierte, ein Gott. In vielen Wiedergeburten von Tibet ins Sherpa-Land gekommen, war sie auch eine Erinnerungsbrücke nach Tibet. Und wenn sie starb, suchte und fand Ang Dorje ihre Wiedergeburt. So wie auch der Dalai Lama gefunden wurde. Er kaufte dann diese Ziege und hielt sie als Heiligtum. »Goat« – englisch für Ziege – und »God« – englisch für Gott – sprach Ang Dorje gleich aus, es war für ihn auch dasselbe.

Wie unverkrampft diese Menschen waren! Sie zerbrachen sich nicht den Kopf über das, was sie taten. Ihr Leben mit der Natur ließ sie so harmonisch, selbstverständlich handeln, wie Tiere und Pflanzen sind.

Den ganzen Tag über brannte das Rauchfeuer am Altar vor der Hütte. Dorje kam, warf Reis in die Luft, verschwand wieder, immerzu Gebete murmelnd.

Der Expeditionsalltag ging ungestört weiter. Wir wurden wie bisher zu den Mahlzeiten gerufen, der Koch, Joganath, brachte Waschwasser, Phurba war ins Tal gegangen, um Gemüse zu besorgen.

Am Nachmittag packten wir unsere Lasten um. Wir wollten nur das Allernotwendigste mitnehmen. Im Notfall hätten die Sherpas aus den zurückgelassenen Vorräten – Seile, Proviant, Gas – schnell etwas holen können.

Für Dorje ging ein anstrengender Tag zu Ende, trotzdem war er fröhlich. Jetzt konnte ihm nichts mehr widerfahren, er war gegen alle Unbill gewappnet. Erst am Abend verstummte das Gemisch von festlichem Murmeln und dem Gespräch zwischen Betrunkenen.

Als wir im Mondlicht von der Almhütte zu unseren Zelten gingen, schien das Tal viel weiter zu sein als tagsüber. Als ob die Berge zurückgewichen wären. Unter uns lag ein gutes Dutzend kleinerer und größerer Steinhütten, dazwischen Mäuerchen und Reste von Schnee, auf denen das Mondlicht lag, die letzte größere Siedlung. Morgen würden wir in vollkommen verlassene Gegenden vorstoßen, den Weg gehen, der den Sherpa 500 Jahre zuvor die Tür zur neuen Heimat geworden war.

Um acht Uhr wollten wir aufbrechen. Es war schon zehn, als alle Yaks beladen waren. Mit einer Schale voll Tschang wurden wir verabschiedet. Langsam stiegen wir hinter den Tragtieren her über die weißbraun gefleckte Landschaft. Wir blieben immer an der orografisch linken Talseite, kamen an den beiden letzten Sommersiedlungen vorbei – Lungare und Arye – und stapften gemächlich durch den sulzigen Schnee.

Aufstieg zum Nangpa La

Wieder und früher als in den letzten Tagen drängten dunkle, schwere Wolken aus dem Tal. Aus Sorge, es könnte schneien, drängten die Yak-Treiber schon am frühen Nachmittag zum Halt.

Ich stimmte zu, obwohl wir nur 4700 Meter hoch gekommen waren.

Auf einer großen Schneefläche, eingerahmt von einer Trockenmauer, schlugen wir unser Lager auf. Mir schien, als wären wir auf einer der aufgelassenen Almen am Rande des Nangpa-Gletschers. Die eine Steinhütte lag verlassen da, dahinter, einen Steinwurf weit entfernt, begann der holprige Gletscher. Eine ideale Lagerstelle, trotz all der Traurigkeit, die solchen Plätzen eigen ist. Als die Zelte standen, alle Träger untergebracht waren und die Yaks ihr Heu bekommen hatten, legten wir drei uns ins Zelt. Zur Beratung. Der erste Blick auf die Südseite des Cho Oyu hatte uns ermuntert. Sollten wir den Aufstieg direkt aus dem Sumna-Gletscher wagen?

Wir beschlossen, andertags am Morgen vorauszueilen und die Steilwand, die zum Südwestkamm führt, mit dem Fernglas zu studieren. Sollten keine lebensbedrohenden Séracs, kalbende Eisabbrüche, dort den Weg versperren, würden wir es auf der direktesten Linie zum Ziel versuchen. Auch wenn niemand auf der Welt wusste, ob der Gipfelgrat dahinter kletterbar war.

Als wir am Morgen aus dem Zelt krochen, um nach dem Wetter zu sehen, zogen dichte Nebel über uns dahin. Die Aussicht war miserabel. Weit im Hintergrund ragten weiße Bergfetzen aus dem wolkenverhangenen Tal, die sich so hoch türmten, dass mir schwindelte. Wie eine Ahnung des Cho Oyu. Mit den weißlichen Wolken vermischt, schien der Berg ins Jenseits hineinzuragen.

Bei der schlechten Sicht hätten wir weder den Cho Oyu noch den Nangpa La gefunden. Es blieb uns nichts anderes übrig als abzuwarten, bis das Wetter besser wurde. So verging der Tag. In unserer Phantasie malten wir uns den Weiterweg aus; wie eine Vision baute sich der Cho Oyu vor uns auf.

Erst am Abend lichtete sich das undurchdringliche Grau der Nebel. Im Süden, talauswärts, lag das Tal noch voller Wolken, im Norden, dort, wo wir hinwollten, war der Himmel klar und hoch. Eine gute Stunde später aber zogen sich erneut düstere Wolkenbänke über uns zusammen. Taleinwärts lagen die

Bergspitzen jetzt im leuchtenden Rot der untergehenden Sonne. Für eine kurze Weile verwandelte der aufflammende Abend die strenge Bergwelt in eine Theaterkulisse. Mit einem kleinen Hoffnungsschimmer auf Wetterbesserung legten wir uns schlafen. Waren diese Stunden der Ungewissheit doch wie eine Art religiöser Vorbereitung für uns gewesen.

Noch ehe der Morgen graute, hörte ich das gleichmäßige Rieseln von Schnee auf der Zeltplane. Ich lag schon viele Stunden lang wach und wusste alles, als Joganath um sieben Uhr den Tee brachte. Das war ein Morgen!

Weiter konnten wir so nicht. Während Hans, Michl und ich ein Stück taleinwärts stapften, in der Hoffnung, wenigstens einen Fetzen von der Südflanke des Cho Oyu zu erhaschen, gingen die Yak-Treiber talauswärts, um Heu zu holen. Es gab wegen des vielen Winterschnees keine Weide, und die Tiere mussten fressen.

Einen ganzen Tag lang starrten wir in graue Nebel. Am Nachmittag erinnerte ich mich, dass anderntags der Postläufer weg musste, und wir schrieben, im Zelt hockend, ein paar Briefe. Einige Stunden lang vergaß jeder den anderen. Wir vertauschten die Welt um uns mit der Vorstellung von zu Hause.

Trotzdem kein Gefühl der Einsamkeit. Das schlechte Wetter hatte so viele Geheimnisse vor uns aufgetan, dass unsere Neugierde die Angst, von der gewohnten Umwelt getrennt zu sein, überbrückte. In dieser wilden, fast traurigen Szenerie erfuhr ich etwas mir Verwandtes, Nahes: Mitfühlen mit diesem Land und den Leuten. Es war kein anderer Mensch dafür notwendig, es musste nur Platz und Zeit sein, auf dass diese Erfahrung Wurzeln schlug, auf dass sich dieses Gefühl festigte. So wenig sich zwei Menschen lediglich durch die Anstrengung der Füße wirklich näherkommen, so sehr wurde mir doch dieses Land mit jedem Schritt vertrauter.

Es war ein seltsamer Hunger in mir entbrannt, weiter zu gehen, mehr zu erfahren, alles zu sehen. Hoffentlich war anderntags das Wetter gut.

Nach einer kalten Nacht brachte Joganath mit einem »Good weather, Saab« den Morgentee. Ja, der Himmel war blau, wir konnten weiter.

Der Weg nach Lumag wurde lang. Teilweise lag der Schnee metertief. Treibschnee von den Wintermonaten. Die Yak-Karawane setzte sich so langsam in Bewegung, dass es schier zum Verzweifeln war. Erst gegen Mittag – wir hatten drei Stunden gewartet und den Südgrat des Cho Oyu studiert – wurde der Tross schneller. Wir drei gingen jetzt voraus, traten einen Graben in den Schnee, die Yaks folgten, ohne zu zögern. Wären wir mehrere gewesen und hätte weniger Schnee gelegen, wir hätten den Südgrat versucht: eine phantastische Route. Wenn wir nur nicht so spät dran wären, sagte ich mir. Nur der Anfang und das Ende, jeweils 500 Höhenmeter, schienen extrem schwierig zu sein. Dabei dachte ich im Moment gar nicht explizit an den Gipfel oder die Route, die wir finden mussten. Nach den grauen Nebeltagen lag wieder Hoffnung in der Luft.

Einen ganzen Tag lang in der Sonne zu marschieren, den Wind im Gesicht, wirkte beruhigend auf mich. Obwohl wir nicht allzu weit gekommen waren, es ging doch voran.

Wenn ich stehen blieb und mich umsah, standen lauter Fels- und Eisgipfel da, deren Namen wir nicht kannten: bizarre Berggestalten! Sie verschlossen den Talhintergrund. Die Sonne versank, als wir in Lumag, einem Rastplatz mit einem halben Dutzend Steinunterkünften, haltmachten. Abendschatten übergossen die Täler. Ein plötzlicher Windstoß riss die Schlafsäcke, die wir auf den Zeltgiebeln zum Trocknen aufgehängt hatten, mit sich. Schreiend rannten die Sherpas hinterher. Noch waren sie voller Energie, auch wenn sie daran zweifelten, ob wir je ein Basislager erreichen würden. Geschweige denn den Nangpa La.

Dorje beteuerte immer noch, dass die Yaks bis Kangchung kommen würden. Andertags glaubte keiner von uns dreien noch daran. In den Mulden lag der Schnee mehrere Meter tief, und die Tiere kamen nicht vom Fleck. Für nur 100 Meter des Weges brauchten wir mehr als eine Stunde. Wir blieben bei den Trägern, auch weil am Nachmittag erneut dichtes Schneetreiben einsetzte. Es war richtig und wichtig gewesen, stellte sich bald heraus. Als die Sherpas mit ihren Yaks nicht mehr weiter wollten, konnten wir sie von der Flucht abhalten. Keine Hoffnung mehr, dass wir Kangchung mit den Yaks je erreichen würden.

Wir waren seit Wochen unterwegs, 10 000 Kilometer geflogen, weit mehr als 100 Kilometer gelaufen, wir hatten unser Erspartes zusammengelegt, nur um den Cho Oyu zu sehen, seinen Gipfel vielleicht zu besteigen. Und jetzt, wenige Stunden vor dem Basislager, wollten die Träger nicht mehr. Noch einmal gaben wir uns einen Ruck, als ginge es um alles.

Wir mussten weiter. Schließlich gelang es uns, Träger und Yaks bis nach Kangchung zu treiben. Im Grau zwischen Schneetreiben und Nacht kamen wir an. Es war nicht der geplante Basislagerplatz – viel zu tief und viel zu weit weg vom Nangpa La –, aber immerhin war es ein denkbarer Ausgangspunkt für eine Besteigung. Das Scheitern war vorerst aufgeschoben. Träger und Yaks blieben über Nacht in einem notdürftigen Lager. Anderntags stiegen sie ab.

Nun war die Expedition ausgesetzt, auf sich allein gestellt. Keiner von uns dreien hätte sagen können, warum wir so viel darangesetzt hatten, bis hierher zu kommen. Um alles in der Welt. Ich wollte nicht darüber nachdenken, Hans ging solchen Fragen aus dem Weg, und Michl war viel zu alt, um noch erklären zu müssen, warum er es tat. Worum es ihm ging. Er dachte nicht mehr darüber nach, und wenn junge Kletterer

Hans Kammerlander

neue Heldentaten ankündigten, sagte er immer dasselbe: »Die müssen erst noch was bringen!« Die Tat allein war es, was er suchte; mit Taten ließ er sich beeindrucken. Nicht aber mit Gedanken und Worten allein.

Drei Tage lang ließen wir uns Zeit, um das Basislager gemütlich einzurichten. Ang Dorje achtete peinlichst genau darauf, dass im Camp kein Müll verbrannt wurde, dass niemand ins Feuer spuckte. Wir lagerten unter dem Nangpa Gotai, dem pferdeköpfigen Hayagriva, einem heiligen Berg, dessen Spitze die Gestalt eines Pferdekopfes hatte. Dieses unscheinbare Felsenriff war keine 6000 Meter hoch. Und doch gehörte er zu den heiligsten Bergen der Sherpa. Neben dem Khumbu Yul Lha und dem Cho Oyu kam er immer wieder in den Gesprächen und Gebeten unserer Begleiter vor. Ohne Zweifel, hier war eine Art Naturgötterkult lebendig, den wir zwar nicht verstehen, aber ahnen konnten.

Von unserem Basislager aufwärts konnten nur Menschen und Yaks weitersteigen, Pferde, mit denen man versucht hatte, den Nangpa La zu überschreiten, waren in Kangchung gestorben. So erzählte es uns Ang Dorje. Das Yak als das intelligentere Tier könnte höher hinauf.

Als wir an einer trostlosen Moräne das Basislager aufschlugen, schien mir dieses verbissene Expeditionsbergsteigen einen Moment lang läppisch zu sein. Als ich dann aber – ein paar Stunden später – durch die leichten, zerschlissenen Nebel den Nangpa La erahnte, glaubte ich in diesem Herumziehen wieder meine Bestimmung zu sehen. Es gab keine wildere Welt als diese Höhen, keine schönere Unterhaltung als den Wind oder die Stille in der Natur. In den Wochen im Basislager, am Fuß dieses Berges mit dem Pferdegesicht. Ich konnte es aus allen Gebärden der Sherpas erkennen, ja, ich sah es. Nangpa Gotai war Gott in diesem regionalen Raum. Alle Götter waren ihrem Wesen nach lokal, sie gehören in einen geografisch bestimmten Raum zu einer ganz bestimmten Kultur. Es ist nicht nur falsch, es wäre Größenwahn, sie universell zu predigen oder zu verkaufen.

Jeder universelle Gott erschien mir hier also als Erfindung, eine Konstruktion des menschlichen Geistes. Gott als das »Göttliche« aber fand sich hier in jedem Winkel und bedeutete doch für jeden von uns etwas anderes.

Der Hagelschauer hörte fast schlagartig auf. Eine dunkle, zerschlissene Wolkenwand zog weiter nach Osten. Die Sonne brach durch und gab unserem farbigen Haufen eine festliche Stimmung.

»Und wenn wir einen Monat lang brauchen und alles umsonst gewesen sein sollte, wir versuchen es doch.« Die Expedition ging weiter, um ihrer selbst willen.

Am anderen Morgen schon sollten die drei Sherpas zum Nangpa La, um dort ein Depot anzulegen. Hans und ich waren der Überzeugung, mit einem vorgeschobenen Basislager dort oben den Berg im Alpinstil zu schaffen. Nur Michl befand sich in einem Zustand der Verzweiflung. Seine Augen blickten leer. Er eilte von Zelt zu Zelt, von der Küche zu mir, von mir zu Hans, als könnte allein er das Scheitern der Expedition aufhalten. Vielleicht war es die Tatsache, dass er allein im Zelt war, vielleicht der Abend, der alles düster erscheinen ließ, was ihn am Erfolg zweifeln ließ.

Ich lag noch im Halbschlaf, als Joganath am Morgen in der Küche zu hantieren begann. Es mochte etwa fünf Uhr früh sein. Das bekannte Geräusch von Blech und sein trockenes Hüsteln drangen bis zu mir. Dazwischen Schritte im hart gefrorenen Schnee. Zur gleichen Zeit begann im Sherpa-Zelt ein Gemurmel, das sich nach oftmaligem Räuspern zu einem Singsang steigerte. Ang Dorje betete vor, Phurba und Ang Khami begleiteten seine Mantras. Um sechs Uhr verließen sie das Basislager.

Der Himmel war noch mit Schleiern überzogen, der anbrechende Tag erschien unheimlich. Im Zwielicht – der Mond war gerade untergegangen, die Sonne erhellte die östliche Silhouette – trat ich vors Zelt.

Zwei Stunden später frühstückten wir in der Sonne. Das letzte weiße Wölkchen hatte sich verflüchtigt. Joganath ser-

Im Eisbruch

vierte Tee, Tschapatti und Spiegeleier.

Weit oben, am Beginn des Eisbruchs, der sich wie der Schuppenpanzer eines Riesensauriers in den mit Geröll bedeckten Gletscherstrom schob, waren als drei winzige Punkte die Sherpas zu sehen, die aufstiegen, um in der Nähe vom Nangpa La unser Depot anzulegen.

Um die Mittagszeit schon waren Ang Dorje, Phurba und Ang Khami zurück. Müde, aber zufrieden. Sie hatten oben am Pass Spuren gesehen, keine Menschen aber weit und breit. Das Depot war unter dem Nangpa La, auf der nepalesischen Südseite des Himalaja, ob dort Chinesen patrouillierten?

Wider Erwarten war auch der Morgen des 28. April wolkenlos. Einige Stunden lang hatte ein wilder Nordwestwind aus Tibet den Himmel blankgefegt. Noch vor Morgengrauen. Die steilen Zähne der uns umstehenden Sechs- und Siebentausender ragten wie spiegelnd im warmen Sonnenglanz. Alles erschien uns näher als in den Tagen zuvor. Ein böses Wetterzeichen?

In der Tat. Am Vormittag noch drehte der Wind. Er kam jetzt aus dem Tal und drängte Nebel vor sich her, die bald alle Winkel, Scharten und Täler zwischen den Bergen ausfüllten. Nur der Himmel zwischen den Nebeln blieb blau und so tief, dass er etwas Stoffliches annahm.

Um die Mittagszeit dann tauchten unter dem Eisbruch des Nangpa-Gletschers zwei Gestalten auf. Sie gingen abwärts. Mit dem Fernglas konnten wir erkennen, dass sie große Rucksäcke schleppten. Ihre Kleidung war dunkel, der Gang schleppend. Sie legten weit häufiger Rastpausen ein, als dies bei Sherpa oder Tibetern üblich ist. Wer waren diese Männer? Was hatten sie vor? Hatten sie vielleicht unser Depot am Nangpa La geplündert? Was ging da oben vor sich?

Beim Aufstieg von Marulung bis hierher waren uns da und dort verwehte Fußspuren aufgefallen. Hatten am Tag, als wir das Basislager einrichteten, Menschen den Nangpa La von Nepal nach Tibet überschritten? Weder die Yak-Treiber noch die Sherpas hätten uns sagen können, wer sie waren. Erst als unsere drei Sherpas vom Nangpa La zurück waren, erzählten sie von drei toten Yaks in einer Spalte, von Grenzgängern aber nichts. Keinerlei Spur.

Einige Stunden lang fieberten wir im Basislager den beiden dunklen Gestalten entgegen. Wie auch dem Postläufer.

Den ganzen Tag im Schlafsack zu liegen ließ Gedanken an den Tod aufkommen. Also wartete ich lieber vor dem Zelt auf die geheimnisvollen Gestalten. Kaum aufgetaucht, waren sie auch schon wieder weiter. Es gelang mir nicht, sie aufzuhalten. Ich bot ihnen Tee an, lud sie ein, bei uns zu nächtigen. Sie blieben nicht stehen. Die beiden Burschen schlichen am Lager vorbei, als ob sie lauter Diebesgut auf dem Rücken hätten: offensichtlich Schmuggler, die aus Sorge, von unserem Begleitoffizier durchsucht zu werden, lieber flohen. Sie konnten ja nicht wissen, dass der es vorgezogen hatte, unten in Namche Bazar zu bleiben. Im Weitergehen blieb der zweite der beiden für ein paar Atemzüge stehen, und es gelang Ang Dorje herauszubekommen, dass es sich um zwei Sherpas aus Thame handelte, die angeblich zwei Tibeter auf die andere Seite des Nangpa La begleitet hatten.

Nach dem Mittagessen saß Michl mit uns im großen Zelt und schwelgte in Erinnerungen an seine Frau und seinen Sohn. Jetzt, da es galt, die Rucksäcke für einen ersten Versuch zu packen, wurde er nachdenklich. Er hatte seit Wochen keine Post bekommen. Ein Brief von daheim wäre jetzt, unmittelbar vor dem Aufbruch, ein Trost für ihn gewesen.

Wir ließen uns Zeit. Nichts ist in der Höhe gefährlicher und dümmer, als sich zu verausgaben. Über den aufgewühlten

Basislager

Nangpa-Gletscher gingen wir bis unter den Eispanzer und rechts über einige Stufen auf den zahmen Gletscherstrom, der sich in einem weit gezogenen S bis zur Wasserscheide hinzog.

Yak-Kadaver lagen in engen Gletscherspalten. Von rechts drohten Lawinen. Gespenstisch hing der ausgetrocknete Körper eines toten Yaks auf einem Eisturm. Es war schon vor Jahren abgestürzt.

Unser Lager, knapp unterm Nangpa La, gefiel mir. Da standen – in der weiten, leicht nach Nepal hingeneigten Schneefläche – ein gelbes und ein blaues Zelt. Vereinzelt zogen Wolken über den tiefblauen Himmel. Wie kleine Schiffe. Die uns umgebenden Sechstausender wirkten bescheiden, und nach Norden, nach Tibet hin, schien es heller zu sein. Als ob die Welt dort weiter würde.

Gute vier Stunden waren wir vom Basislager bis in dieses vorgeschobene Camp gestiegen, von wo aus ein Aufstieg im Alpinstil denkbar war. Die Zelte hatten wir etwa 50 Zentimeter tief in den Schnee gegraben, sodass der gefürchtete Nordwestwind sie nicht ohne Weiteres mitreißen konnte.

Über den Pass zwischen Cho Oyu und Tseringma sind die Sherpa seinerzeit nach Süden gekommen. Hier überschritten sie die Wasserscheide des Himalaja, hier verließen sie Tibet und gelangten nach Khumbu und in die darunterliegenden Täler. Es ist unglaublich: Vor 500 Jahren sind hier ganze Clans von Sherpa mit Kindern und Yak-Karawanen über den Himalaja gegangen. Der Sturm, die Gletscherspalten, die dünne Luft hätten sie umgebracht, wenn die Götter nicht mit ihnen gewesen wären. Die Menschen, so muss es sein, passen sich auch der wilden Natur an. Sogar der Schwächste. Bietet sie doch dem, der sich ihr anvertraut, Schutz.

Von unserem Lager aus konnten wir den Gipfel des Cho Oyu nicht sehen. Über uns war nur ein Stück heller Himmel, darunter die mit dunklem Fels gesprenkelte, senkrechte Fläche Berg. Wir lagerten mehr als 5000 Meter hoch. Wussten aber noch nicht, wo und wie wir den Berg besteigen könnten. Der Übergang über den Nangpa La war uns verboten. Die Chinesen, die Tibet kontrollierten, beobachteten die Grenze angeblich genau.

Im Abendlicht leuchtete dieser Ausschnitt fern und unbegreiflich hoch. Es war ein Stück Südwestwand des Cho Oyu. War sie kletterbar? Für uns drei möglich?

Der Entschluss reifte schnell. Wir mussten auf die schmale Scharte klettern, die wie ein Fenster den Blick auf diese unbegangene Flanke des Cho Oyu freigab, um zu sehen, ob es drüben einen Weiterweg gab. Der Weg dorthin war nicht schwierig: Ein Gletscherbruch musste links umgangen werden, und vielleicht gab es oben Steinschlag. Noch waren wir notdürftig akklimatisiert, zudem drängte die Zeit. Es blieb uns also keine andere Wahl, als einfach loszugehen.

Dieser Erkundungsgang hatte etwas Zwingendes an sich. Er sollte die Entscheidung bringen, wo wir den endgültigen Aufstieg wagen würden.

Die Hälfte des Weges gingen wir hintereinander her. Ohne Seil. Erst auf dem flachen Gletscherboden, wo ich viele versteckte Spalten ahnte, seilten wir uns an. Und um 11 Uhr war es dann klar: Die Scharte hinauf auf den Nangpai Gosum war problemlos. Jetzt in der prallen Vormittags-

Erkundung eines Zustiegs zur Südwestflanke

sonne sprangen zwar immer wieder kopfgroße Steine über den Schneehang, in der Früh aber würden wir dort problemlos und schnell vorankommen.

Nach dieser Erkundung wurde das Wetter schlecht. Die spärlichen fünf Gebetsfähnchen, die Ang Dorje an einer Schnur zwischen den beiden Zelten befestigt hatte, schlugen unruhig im Wind. Sonst hörten wir tagelang nichts als den Sturm an der Zeltplane und ab und zu irgendwo das Donnern einer Lawine. Wie wird es gewesen sein, als damals die Sherpa diesen Übergang fanden? Vielleicht sind ganze Familien wochenlang hier festgehalten worden? Vom Sturm oder metertiefem Neuschnee. In ihren dunklen Yak-Haar-Zelten mit trockenem Mist als Brennstoff und Schlafsäcken aus Schaffellen haben sie viele Stürme überlebt. Wie lebensunfähig kam ich mir vor, der ich mit moderner Ausrüstung wie Gaskocher, Goretex-Zelt und Daunenschlafsack Sorgen litt, im Unwetter vielleicht umzukommen. Trotzdem der Wunsch, ihren langen Marsch nachzuerleben (1986 wagte ich dann den Weg der Sherpa von Kham nach Tingri).

Eine ganze Nacht und einen ganzen Tag zerrte der Sturm an den Zeltplanen. Es war schon der dritte Tag auf knapp 6000 Meter Meereshöhe. Wie schnell man sich trotz alledem an das Zelt innen und das schlechte Wetter draußen gewöhnte. Wurden wir doch von Ang Khami bekocht.

Am Vormittag kamen endlich Phurba und der Postläufer. Sie brachten aber keine Post. In Lukla war tagelang keine Maschine gelandet. Wir mussten uns damit abfinden.

Nicht abfinden konnte sich Hans mit dem schlechten Wetter und den Gedanken ans Scheitern. »Nein, noch nicht«, schrie er, »machen wir weiter!« Es war ein verzweifelter Widerstand. Untätigkeit war eine Qual für ihn, ein körperlicher Schmerz. Lange Zeit saß er tatenlos da. Als am Nachmittag die Wolkendecke aufriss, kam Leben in ihn, ließ ihn etwas hochfahren. Wie ein einziger Willensausbruch! Hans ging hinaus und kam erst am Abend wieder zurück, schneeverkrustet und mit dem Entschluss, am anderen Morgen mit dem Aufstieg zu beginnen.

Es war schon seit Stunden dunkel, als ich aufwachte. Angestrengt lauschte ich in die Nacht. Schwärze umgab das Lager. Die Landschaft war erfüllt von Stille, und doch gab es Geräusche in diesem Schneeland, Töne, die vom Wind oder vom lebendigen Gletscher herrührten. Oft waren es ganz feine Laute, dazwischen ein Krachen, wenn ein Stein in eine Gletscherspalte rutschte oder der Wind sich pfeifend im Giebel der Zelte fing.

Das Wetter schien wirklich besser zu werden. Die Rucksäcke lagen gepackt bereit. Ich schlief unruhig, weil wir nicht verschlafen durften.

Um drei Uhr früh weckte ich Ang Khami im anderen Zelt. Er sollte Tee kochen. Knapp nach vier Uhr waren wir startbereit. Sternenklarer Himmel über uns und nur eine Handtief Schnee auf harter Firnunterlage: gute Voraussetzungen für ein zügiges Vorankommen. Wir waren in Hochstimmung.

Im Schein der Stirnlampen gingen wir eine gute Stunde lang. Dann reichte der Schein der Sterne zur Orientierung. Als es richtig Tag wurde, waren wir schon hoch oben an der Südwestflanke des Cho Oyu. Jetzt sahen wir erstmals hinaus über die Vorberge und hinein ins weite tibetische Hochland. Gewaltig, wie ein riesiger Strom, ruhte tief unter uns der Gletscher, der Richtung Tingri floss. Wir waren so hoch gestiegen, dass wir selbst eine Yak-Karawane dort nicht mehr hätten ausmachen können. In meiner Vorstellung aber malte ich mir aus, wie Sherpa und Tibeter seit Jahrhunderten den Nangpa La überschritten.

Da wir unsere Route nicht kannten, war unser Vorankommen wie die Auflösung einer Serie von Geheimnissen. Hinter jedem Schneerücken, über jeden Felsturm trieb uns Neugierde weiter. Trotz der Müdigkeit. Gab es noch unüberwindliche Hindernisse? Wie weit war es bis zum Gipfel? Kamen wir heute noch bis zu jenem ersten Biwakplatz unter einem

Aufstieg am Südwestgrat

Eisvorsprung in der Mitte der konkaven Südwestwand, der die Mitte des Aufstiegs markiert?

Es war ein gutes Gefühl, Pionier zu sein, Routen zu finden, die noch kein anderer begangen hatte. Auch wenn es nur unbedeutende Varianten waren. Es reichte uns schon, für kurze Zeit an einem Ort zu sein, wo sonst noch niemand gewesen war.

Mit zunehmender Höhe nahm auch das Ausgesetztsein zu. Dort oben hätte uns niemand mehr retten können. Wir hatten alle Brücken hinter uns abgebrochen. Wir führten keine Funkgeräte mit. Um die Größe dieser Berge wirklich zu begreifen, galt es, sich ihnen mit wachen Sinnen, Vorsicht und möglichst ohne viele Hilfen zu nähern.

Wenn ich ein Stück zurückschaute, die Strecke abschätzte, die ich in der letzten Stunde geklettert hatte, konnte ich die nächste Wegstrecke in Länge und Schwierigkeit beurteilen. Der Weg bis zum Gipfel aber war noch offen, nicht greifbar.

Für die Unendlichkeit hat noch keiner ein Maß gefunden.

Um die Mittagszeit des zweiten Klettertages rasteten wir auf einem flachen Gratrücken. Michl war der Erste, der wieder aufstand. Mit dem unberechenbaren Mut, der Wahnsinnigen eigen ist, ging er jetzt voran. Er kletterte sicher, umging einen Felsturm rechts und stand dann triumphierend auf einer Anhöhe. Wie ein Visionär. Es ging weiter.

Wieder galt es, nach rechts in die brüchige Felsflanke zu queren. Plötzlich ein Krachen! Hoch oben über dem vorauskletternden Michl hatten sich Felsen gelöst. In sich zusammengekauert, wach und unerschrocken wartete Michl die Steinlawine ab. Er kam mir vor wie ein Tier in der Nacht, das plötzlich im Lichtkegel einer Taschenlampe steht.

Alle hatten wir die Gefahr rechtzeitig erkannt und waren ihr ausgewichen. Was uns jetzt Sorgen machte, war das Wetter. Von Westen näherten sich hohe,

Hans Kammerlander im Aufstieg

helle Wolkenstreifen. Fast wurde mir schwer ums Herz. »Hoffentlich schlägt das Wetter nicht um, ehe wir oben sind«, sorgte sich Michl. »Es gibt keinerlei Anzeichen dafür«, meinte Hans aufmunternd. »Wovor hast du Angst?« »Die Luft riecht heute anders als gestern«, erwiderte Michl.

Zurück hätten wir am gleichen Tag so oder so nicht mehr gekonnt. Also biwakierten wir in einem Zelt auf einer schmalen Eisleiste, die wir in den Hang gepickelt hatten. Im engen Kuppelzelt sitzend, war gerade Platz für uns drei. Auch um zu kochen. Dabei mussten wir die Beine anziehen. Wir stellten dann den Gaskocher in die Mitte, Michl fischte ein paar Eisbrocken aus dem Plastiksack, der gefüllt am Zelteingang stand.

> >> Wie Packpapier raschelt unser Zelt, wenn der Wind durchfährt. Die ganze Nacht Sturm. Wie schrecklich muss es erst da oben wehen, wo Reinhold und Hans sind. <<
>
> *Ulrike Stecher*

Wir schmolzen stundenlang Eis, tranken Tee, aßen. Später streckten wir uns in den Daunensäcken aus und versuchten zu schlafen. Draußen Windböen. Wenn ich für Augenblicke die Position unseres Zeltes vergessen konnte, fühlte ich sogar Geborgenheit. Manchmal aber, vom Wind aus dem Einschlafen gerissen, beschlich mich das Gefühl, die Existenz könnte mir abhandenkommen.

Diese Nacht verging langsam. Das Anziehen und Losgehen am Morgen war eine einzige Selbstüberwindung. Wir packten alles in unsere Rucksäcke, banden das nachtfeuchte Zelt darauf und seilten uns an. Hans war der Erste, der wieder Selbstvertrauen ausstrahlte.

Er kletterte die schwierige Eiswand hinauf, die jetzt den Blick zum Gipfel verstellte. Während ich sicherte, sah ich immer wieder hinab auf die graugrünen Gletscherböden. Wie mögen wohl die Sherpa, damals bei ihrer Völkerwanderung, diesen Berg gesehen haben? Als Bedrohung, als Schutz, als etwas Unbegreifliches? Die Anstrengung wuchs. Jeder Tag, den wir in Höhen über 6000 Meter Meereshöhe verbracht hatten, machte sich jetzt bemerkbar. In

Hans Kammerlander am Eisaufschwung

den vergangenen Nächten hatten wir uns nicht mehr erholt. Über dem Steilaufschwung aber wurde das Gelände wieder leichter und der Horizont weiter. Es war unendlich viel mehr Himmel als Schnee zu sehen. Wie weit war es noch, bis dieser Berg aufhörte? Wir seilten uns aus. Ich sah auf den Höhenmesser. 7020 Meter. »Wir sind spät dran«, sagte ich. »Es hält schon noch einen Tag«, meinte Michl.

»Laut Höhenmesser brauchen wir noch zwei Stunden«, warf ich ein. »Dann«, erwiderte Michl, »ist der Höhenmesser ungenau.« »Warum?« Michl schnupperte Luft, tat einen

Schritt vorwärts. »Ganz sicher«, sagte er. »Wir müssen gleich da sein. Ich rieche es.«

Auf 7100 Meter biwakierten wir zum letzten Mal. Keiner von uns dreien konnte seine Ungeduld verbergen. Am liebsten wären wir trotz der Müdigkeit in der gleichen Nacht noch weiter gestiegen. Nur um wieder zurückgehen zu können. Die wachsende Ungewissheit war es, die so schwer zu ertragen war.

> » In Mulden und unter senkrechten Eisabbrüchen liegt der Treibschnee oft metertief: Er ist körnig, wie Zucker; in der Spur vom Vortag können wir Gräser und Blumen finden. Diese sind vom tibetischen Hochland zu uns herübergetragen worden. «
> *Reinhold Messner*

Es ging nicht darum, wirklich oben zu sein, wirklich anzukommen – unterwegs sein zu können ohne ein Gestern und ohne ein Morgen war die Kunst. Diese Kunst aber ist im Ausgesetztsein so schwer zu beherrschen wie kaum sonst etwas. Wenn das Morgen infrage gestellt ist, wenn man nicht weiß, wohin das Weitersteigen führt, ob der Tod nicht unmittelbar folgt, können nur die Allerwenigsten ruhig bleiben.

Die letzte Nacht verging langsam. Ausgedörrt wehrte sich der Körper mit Schmerzen in Kehle, Kopf und Gelenken. Wir wälzten uns hin und her. Als wir am Morgen das kleine Zelt verließen, erholten sich unsere Glieder und Lungen. Im Bewusstsein, dass es zum Gipfel ging, zum Punkt der Umkehr, floss uns unerwartet Kraft zu. Wir gingen stundenlang hintereinander her. Stur. Aufwärts.

> » Dieses Wegstück ist flach, klettertechnisch leicht, aber gefährlich. Lawinenbahnen und versteckte Gletscherspalten erfordern unsere ganze Aufmerksamkeit. Der Ausblick nach Süden ist großartig, hundert Himalaja-Gipfel auf einen Blick. «
> *Reinhold Messner*

Als wir auf dem großen Schneeplateau waren, glaubten wir über lange Zeit, ganz oben zu sein, aber es ging immer noch weiter aufwärts. Endlich ein letztes Sastrugi, ein vom Wind ausgefressener Schneebuckel.

Michl streckte stolz seine Arme von sich, schwang den Eispickel. So hatte ihn noch niemand erlebt, so übermütig, so froh in seiner Müdigkeit. Er war außer sich, ganz hingegeben an den Augenblick des Oben-Seins. Wie sich dieser 50-Jährige freuen konnte; es war eine Lust, ihm zuzusehen, ihn bei sich zu haben.

Wer hat noch nie ein Gipfelgesicht gesehen? Von Begeisterung stolz, von der Anstrengung gezeichnet: ein Mensch, von Glück getragen. Er wäre sonst wohl zusammengebrochen.

Mit flackernden Blicken aus tief liegenden Augen schauten wir uns alle drei an. Wir waren oben! Jetzt dachte keiner mehr ans Absteigen. Die Hoffnung, die uns bis hierher getragen hatte, und die Angst, es nicht zurück zu schaffen, waren verflogen.

Nebel umgaben uns. Nur im Norden konnte ich Flecken des tibetischen Hochlands sehen. Die Tiefe, die Entfernung von uns bis ins pastellfarbene Hochland waren nicht abschätzbar, dieses Land, das alle gewohnten Horizontlinien sprengte, erschien im Dunst des späten Nachmittags weiter als der Rest der Welt. Im Süden fiel der Blick über Bergketten steil hinab. Bis in die Schluchten, wo der Urwald dampfte.

Die Sherpa und die Tibeter nennen den Himalaja das »Schneeland«. Vermutlich weil sie ihn immer nur von unten gesehen haben.

Ich möchte den Himalaja das Land der Visionen nennen: Himmel, Wolken, Feuer, Wasser und Erde stehen hier in einem anderen Verhältnis zueinander, in einem ungewohnten Verhältnis.

Die Nachkommen der Auswanderer aus Kham näherten sich in der ersten Hälfte des 16. Jahrhunderts dem Cho Oyu, dem Berg, auf dem wir standen.

Von unserer Höhe aus kräuselten sich die Wolken wie winzige Wellen in einem Meer. Weit unten, an einen braunen Bergrücken gedrängt, lag Tingri, ein schmutziges tibetisches Dorf. Dort war die Wanderung der Sherpa unterbrochen worden. Bevor sie den Übergang am Nangpa La in den Süden des Himalaja wagten, hatten sie lange gezögert. Wegen Besitzstreitigkeiten – die Weideflächen dort sind karg – zogen sie kampflos weiter und ließen sich erst in Nepal endgültig nieder. Die Tatsachen reichten über unsere Vorstellungen hinaus.

Immer wieder haben sich die Landsuchenden am Cho Oyu orientiert. Über Hunderte von Kilometern sind sie der weißen, leuchtenden Firnfläche, der Gipfelkalotte des Cho Oyu, gefolgt, die wir kurz betreten hatten. Sie hat ihnen den Weg gewiesen. An ihr haben sie Maß genommen.

Blick über das Gipfelplateau nach Norden

Jetzt konnte ich auch nach Süden sehen. Durch ein Wolkenloch sah ich eine Ecke des Gokyo-Sees. Das Wasser so grün wie erstes Gras. Nicht Blau war die Farbe dieses Bergsees, sondern Erdgrün, als mischten sich in ihm, zwischen Himmel und Erde gelegen, die Farben der beiden Elemente. Das Graugrün am Seerand ging gegen die Mitte hin in ein klares Türkisgrün über, die Farbe einer Iris, die Augenfarbe der Göttin des Türkis? Auf der langen Wanderung der Sherpa stand unser Gipfel nicht nur als greifbarer Gott vor ihnen, es entstand auch eine sachliche Beziehung zu ihm.

Wir stiegen vom Gipfel ab bis ins letzte Biwak, am nächsten Tag bis ins vorgeschobene Basislager am Nangpa La. Es war Nacht, als wir dort ankamen. Wir legten uns schlafen, ohne

Am Gipfel des Cho Oyu

uns über das Erlebte weiter zu unterhalten.

Wir mussten ja nicht darüber reden. Diese Tage hatte es nicht für jeden Einzelnen gegeben, nicht für einen losgetrennt vom anderen. Wie es das Gleichnis »Zusammen« gab, so war auch die Allegorie Berg/Gott zu ahnen.

Anderntags begannen wir den Rückmarsch ins Tal. Am 8. Mai schon kamen wir über tote Gletschergegend zurück ins lebendige Tal.

Allein saß ich an diesem stillen Maiabend am Rand eines kleinen Sees. Nach acht Stunden Fußmarsch. Ich saß auf einem Stein, eine Jacke untergeschoben, und sah den Yak-Treibern nach, die gerade vorbeikamen. Ihr Pfeifen und das rhythmische Gebimmel der Yak-Glocken harmonierten so sehr mit meiner Stimmung, dass ich den Gipfelerfolg vergaß und weitere Pläne sich auflösten. Als verschwände ich aus der Welt, aus der ich kam und in die ich gehen sollte. Es war ziemlich kühl, ein eisiger Wind kräuselte die Wasseroberfläche.

Am nächsten Tag gingen wir von Thame nach Namche Bazar. Weit draußen im Tal standen weiße, mehrgipflige Höhenzüge, die göttlichen Berge der Sherpa. Gespenstisch ragten die Spitzen aus dem Nebel. Als sollten sie uns den Weg nach Hause zeigen.

In Namche übernachteten wir im selben »Hotel« wie beim Aufstieg. Jetzt empfand ich die Schäbigkeit dieser Bude als Charme. Als am anderen Morgen ein paar Einheimische zum Erfolg am Cho Oyu gratulierten, schauten sie dabei immer wieder in jene Richtung, wo der Berg steht, ohne dass sie ihn sehen konnten. Und es war mir, als wollten sie mit dieser

Geste auch die Richtung angeben, aus der sie gekommen waren.

Der Cho Oyu war für die Sherpa der Wegweiser ins legendäre Gebiet der drei Schwestern gewesen – Ama Dablam, Chomolungma und Tseringma, der heute noch als heiligster Berg aller zentralasiatischen Völker verehrt wird. Jetzt war der Cho Oyu auch Wegweiser zurück in die Vergangenheit.

Während wir von Namche Bazar nach Lukla in Solo gingen, dachte ich darüber nach, wie sich das Volk der Sherpa so viele Freiheiten hatte bewahren können.

So wenig sich die Sherpa einst in ihrer Urheimat Kham der Macht des Dalai Lama unterworfen hatten, so wenig kümmerten sie sich in Solo Khumbu um den König von Nepal. Als dieser einst von der Zerstörung der Wälder durch die Sherpa erfuhr, schickte er seine Abgesandten, Landvermesser und Soldaten dorthin. Die Sherpa verjagten diese und versteckten sich eine Zeit lang. Sie handelten aber weiter nach eigenem Gutdünken. So kam es nach und nach zu einer Art stillschweigender Übereinkunft zwischen Sherpa und Gurkha-Regierung von Nepal über eine Art Autonomie.

Als wir am 15. Mai mit einer Twin Otter nach Kathmandu zurückflogen, sah ich den Cho Oyu ein letztes Mal. Die »Göttin des Türkis« war weit entfernt. Ihr Gesicht verlor sich in der Himalaja-Kette. Die Wirkung dieser Berggottheit aber reichte weiter, als der Gipfel vom menschlichen Auge wahrgenommen werden kann.

> » Reinhold kannte meinen heimlichen Wunsch. So bekam ich von ihm das größte Geschenk meines Lebens: einen Achttausender zum 50. Geburtstag. «
> *Michl Dacher*

Michl sagte nichts dazu, strahlte aber übers ganze Gesicht. In diesen Minuten – in der Schwebe zwischen der einen und der anderen Welt – wusste ich, dass diese Erde nur zu retten ist, wenn der Mensch sein Maß an der göttlichen Natur nimmt, wenn er sich an Kräften orientiert, an denen sich die Sherpa seit Jahrhunderten ausrichteten. Sie handelten mit dem Notwendigsten, und jeder ging seinen eigenen Weg. Die Bäume, die Erde, die Berge waren ihr Maß. In unserem westlichen Nützlichkeitswahn aber haben wir die Natur geplündert, die Götter vertrieben, die Welt aufgeschlüsselt. Dabei wäre nichts nützlicher gewesen, als zu wissen, wohin wir sollen.

>> Ich hoffe, ich werde euch in Morgenländern wiedersehen. <<

Voytek Kurtyka

Der Cho Oyu von Nordwesten mit Normalweg (Route Tichy-Jöchler-Pasang)

>> Mir waren damals einige große Wände in den Alpen geglückt, und ich glaubte, die Qualifikation für den Himalaja zu haben. Heute bin ich der Meinung, dass nicht nur bergsteigerisches Können das Ausschlaggebende bei einer Besteigung der ›Götterthrone‹ ist. <<

Sepp Jöchler

CHRONIK

>> Am Flughafen in Lukla steht ein Trekker in Bundhosen, roten Strümpfen und rot-weiß kariertem Hemd; auf den Rucksack genäht seine Fahne – wie eine Art Zugehörigkeitserklärung: Schwarz, Rot, Gold. Woher weiß ich, dass dies die Farben der Bundesrepublik Deutschland sind? Stille Freude, dass ein so Beflaggter nicht in Scharen auftritt. <<

Reinhold Messner

Cho Oyu – Kurzchronik

>> Es ist aber gerade diese Zusammenarbeit, die wir auf keinen Fall wollen. Es ist ja das Besondere unserer Expedition, dass wir mit kleinstem Aufwand – sicher wurde niemals ein Achttausender von einer Drei-Mann-Expedition angegriffen – unser Ziel verfolgt haben und weiterhin an seine Erreichbarkeit glauben. So wollen wir nicht im letzten Augenblick diese Eigenart verwässern. <<

Herbert Tichy

Lage: (Nepal, Himalaja) Mahalangur Himal an der Grenze zwischen Nepal und China (Tibet). Nach Norden ist der Berg weithin sichtbar, gegen Nepal ist er durch die Vorberge verdeckt.
Höhe: Nach neuesten Vermessungen 8202 m (alte Messung 8153 m), der sechsthöchste Berg der Welt.
Name: Der Name Cho Oyu kommt aus dem Tibetischen, ist aber nicht eindeutig übersetzt.

>> So habe ich versucht, redlich zu registrieren, was sich meinen Sinnen als Erlebnis geboten hat. <<

Luis Stefan Stecher

1921 Erste Erkundung (im Rahmen der Everest-Expedition unter der Leitung von Col. Charles Howard-Bury) von Kyetrak aus. Die Nordwestseite erscheint als nicht allzu schwierig.
1951 Erkundung (im Rahmen der britischen Everest-Expe-

	dition unter Eric Shipton) der Süd- und Südwestseite (Aufstieg bis zum Nangpa La).
1952	Trainings- und Testexpedition am Cho Oyu. Hillary und Lowe erreichen an der Nordwestflanke eine Höhe von 6850 m.
1954	Der von Herbert Tichy geleiteten Kleinexpedition (drei Mitglieder, sieben Sherpas) gelingt die erste Besteigung. Beim zweiten Versuch erreichen Tichy, Jöchler und Pasang Dawa Lama am 19. Oktober den Gipfel über die Nordwestflanke.
1954	Zur gleichen Zeit wie Tichy versucht eine Schweizer Expedition den Gipfelaufstieg. Leiter ist Raymond Lambert, der zusammen mit Claude Kogan am 28. Oktober wegen Sturm und Kälte scheitert.
1958	Zwei Sherpas, S. Gyaltsen und Pasang Dawa Lama, erreichen am 15. Mai über die Tichy-Route den Gipfel im Rahmen einer indischen Expedition unter der Leitung von Keki F. Bunshah, der beim Aufstieg ins erste Lager stirbt.
1959	Die internationale Frauen-Expedition (Leiterin ist die Französin C. Kogan) endet mit einer Tragödie. Ein Sherpa kommt in einer Lawine um, ein anderer sowie C. Kogan und Claudine van der Stratten im vierten Lager an der Nordwestflanke (vermutlich Lawine).
1964	Die Besteigung durch Fritz Stammberger am 25. April im Rahmen der deutschen Ski-Expedition unter der Leitung von Rudi Rott ist umstritten, der Tod von Georg Huber und Adi Thurmayr mit der Erschöpfung und dem zu langen Aufenthalt in der Höhe (Lager IV, ca. 7200 m) zu erklären.
1965	Chinesen unternehmen eine Erkundungsexpedition von Tingri aus und erreichen eine Höhe von etwa 6000 m.
1978	Eine österreichisch-deutsche Gruppe unternimmt einen Besteigungsversuch über die äußerst gefähr-

Südwand, Südpfeiler und Südostwand des Cho Oyu

	liche Südostwand. Ohne Permit gelingt Edi Koblmüller und Alois Furtner im Alpinstil die Gipfelbesteigung.
1979– 1982	Mehrere Teams bzw. Alleingänger geben vor, den Berg über den »Normalweg« vom Nangpa La aus bestiegen zu haben. Wenige stichhaltige Unterlagen darüber wurden bisher veröffentlicht. Es gab wohl keine Besteigung.
1980	Eine japanische Expedition scheitert im großen Eisbruch am Fuß der Südwand.
1982	Beim Versuch, die Südostwand (teilweise neue Route) zu durchsteigen, wird Reinhard Karl im Lager II von einer Eislawine erschlagen. Wolfgang Nairz (Leiter) erleidet dabei einen Beinbruch und kann sich retten.
1982/ 83	Eine von Reinhold Messner geleitete Winterexpedition in der Südostwand gibt den Besteigungsversuch wegen zu hoher Lawinengefahr in 7600 m auf.

>> Alles gafft zum Berg, mit Ferngläsern und Stielaugen. Die mögliche, die beste Route, wo ist sie? Wie Chirurgen bei der Operation beobachten wir die Eingeweide der Wand. <<

Hanspeter Eisendle

1983 Am 5. Mai erreichen Michl Dacher, Hans Kammerlander und Reinhold Messner den Gipfel nach vier Aufstiegstagen von Südwesten im reinen Alpinstil.
1984 Von einer tschechoslowakisch-amerikanisch-nepalesischen Expedition unter Vera Komarkova gelangen im Frühjahr zwei Frauen und zwei Sherpas auf den Gipfel. – Im Herbst kommen Bergsteiger aus Jugoslawien am Südpfeiler bis auf etwa 7600 m. Eine ideale Linie.
1985 Auf diesem unfertigen Weg der Jugoslawen von 1984 erkämpfen sich Polen, unter ihnen Jerzy Kukuczka, im Winter (12. und 15. Februar) den Aufstieg zum Gipfel. – Im Frühjahr klettern Chinesen auf dem Normalweg zum höchsten Punkt. – Ebenso Spanier. – Eine polnisch-amerikanische Expedition ist am Ostgrat erfolglos, schafft jedoch den Aufstieg am Normalweg. – Desgleichen eine kanadisch-amerikanisch-tschechoslowakische Mannschaft im Winter.
1986 Polen erreichen den Gipfel im Frühjahr über den Südwestgrat. – Desgleichen eine internationale Expedition, der drei Gipfelbesteigungen zufallen. – Eine an der Südwestwand gescheiterte Schweizer Expedition unter Erhard Loretan hat im Herbst einen Toten zu beklagen (Pierre Alain Steiner).
1990 Wojciech »Voytek« Kurtyka, E. Loretan und Jean Troillet durchsteigen am 20. September erstmals die Südwestwand.

>> Der Abbruch dieser Expedition 1982 (mit Reinhold Messner) deprimierte mich. Es war, als würden wir nicht wiedergeliebt. <<
Voytek Kurtyka

1991 wird der Ostgrat bezwungen. Einer russischen Expedition gelingt es, den langen Grat, der schon häufiger versucht worden war, bis zum Gipfel des Cho Oyu zu überklettern.

1993 Marco Bianchi und Krysztof Wielicki schaffen die komplette Begehung des Westnordwestgrates.

1994 Eine Gruppe japanischer Bergsteiger steigt erstmals über die Südwestwand zum Gipfel. Am Normalweg werden es immer mehr Gruppen oder Seilschaften, die zum Gipfelerfolg kommen. Der Cho Oyu ist jetzt der am häufigsten bestiegene Achttausender. Trotzdem wagen Teams aus aller Welt immer wieder Erstbegehungen.

Cho Oyu von Norden mit der Route »Free Tibet«

Urubko-Dedeshko-Route am Cho Oyu

1996 Erstbegehung des Nordgrates durch ein spanisch-österreichisches Team.

2006 In der Südwestwand gelingt einer Expedition aus Slowenien eine weitere Route.

2009 Denis Urubko aus Kasachstan, heute einer der besten Höhenbergsteiger weltweit, und Boris Dedeshko meistern die Südwand in einer vorbildlichen Alpinstil-Manier: Diese Wand ist sehr steil und extrem gefährlich. Urubko hat damit alle 14 Achttausender bestiegen.

Liste aller Gipfelbesteiger
von Elizabeth Hawley

(* = ohne Permit)

Herbert Tichy	Austria	Oct 19, 1954	W Ridge-W Face from S (Tichy Rte)
Josef (Sepp) Joechler	Austria	Oct 19, 1954	W Ridge-W Face from S (Tichy Rte)
Pasang Dawa Lama (1/2)	Nepal	Oct 19, 1954	W Ridge-W Face from S (Tichy Rte)
Sonam Gyatso	India	May 15, 1958	W Ridge-W Face
Pasang Dawa Lama (2/2)	Nepal	May 15, 1958	W Ridge-W Face
Eduard (Edi) Koblmueller * (d)	Austria	Oct 27, 1978	SE Face
Alois Furtner * (d)	Austria	Oct 27, 1978	SE Face
Reinhold Messner	Italy	May 5, 1983	W Ridge-W Face (Messner 1983 rte)
Michl Dacher	W Germany	May 5, 1983	W Ridge-W Face (Messner 1983 rte)
Johann (Hans) Kammerlander	Italy	May 5, 1983	W Ridge-W Face (Messner 1983 rte)
Norbert Hertkorn	W Germany	Nov 15, 1983	NW Ridge
Rudi Klingl (1/2)	W Germany	Nov 15, 1983	NW Ridge
Rudi Klingl (2/2)	W Germany	Nov 17, 1983	NW Ridge
Ms. Vera Komarkova	Czechosl.	May 13, 1984	W Ridge-W Face (Messner 1983 rte)
Ms. Margita Dina Sterbova	Czechosl.	May 13, 1984	W Ridge-W Face (Messner 1983 rte)
Ang Rita Sherpa (Yilajung) (1/4)	Nepal	May 13, 1984	W Ridge-W Face (Messner 1983 rte)
Nuru Sherpa (Yarsa)	Nepal	May 13, 1984	W Ridge-W Face (Messner 1983 rte)
Antoni Llasera Parera	Spain	Sep 20, 1984	W Ridge-W Face (Messner 1983 rte)
Carles Valles Ocana	Spain	Sep 20, 1984	W Ridge-W Face (Messner 1983 rte)
Ang Karma Sherpa (Dhorphu)	Nepal	Sep 20, 1984	W Ridge-W Face (Messner 1983 rte)
Shambu Tamang (Lisankhu)	Nepal	Sep 20, 1984	W Ridge-W Face (Messner 1983 rte)
Jean Robert Clemenson	France	Sep 21, 1984	W Ridge-W Face (Messner 1983 rte)
Jordi Pons Sangines	Spain	Sep 21, 1984	W Ridge-W Face (Messner 1983 rte)
Maciej Berbeka	Poland	Feb 12, 1985	SE Pillar
Maciej Pawlikowski (1/2)	Poland	Feb 12, 1985	SE Pillar
Zygmunt Andrzej (Zyga) Heinrich	Poland	Feb 15, 1985	SE Pillar
Jerzy Kukuczka	Poland	Feb 15, 1985	SE Pillar
Rinchen Phuntsok (Rinchen Phinzo)	China	May 1, 1985	W Ridge-W Face from N
Da Ciren (Da Cering)	China	May 1, 1985	W Ridge-W Face from N
Dorje (Da Duobujie)	China	May 1, 1985	W Ridge-W Face from N
Dorje (Xiao Duobujie)	China	May 1, 1985	W Ridge-W Face from N
Karsang (Gesang)	China	May 1, 1985	W Ridge-W Face from N
Lhawang	China	May 1, 1985	W Ridge-W Face from N
Pemba (Bianba)	China	May 1, 1985	W Ridge-W Face from N
Tenzing Dorje (Danzhen Duoji) (1/3)	China	May 1, 1985	W Ridge-W Face from N
Wangyal (Wangjia) (1/2)	China	May 1, 1985	W Ridge-W Face from N
Juan Jose Amezgarai Legarrea	Spain	May 15, 1985	W Ridge-W Face from S

Name	Country	Date	Route
Juan Eusebio (Juanito) Oiarzabal Urteaga (1/4)	Spain	May 15, 1985	W Ridge-W Face from S
Inaki Querejeta Koskorrotz	Spain	May 15, 1985	W Ridge-W Face from S
Miguel Ruiz de Apodaca	Spain	May 15, 1985	W Ridge-W Face from S
Francisco Javier Garayoa Aizcorbe	Spain	May 17, 1985	W Ridge-W Face from S
Juan Ignacio (Axto) Apellaniz Aguiriano (1/2)	Spain	May 17, 1985	W Ridge-W Face from S
Felipe Uriarte Camara	Spain	May 17, 1985	W Ridge-W Face from S
Jacek Pavel Jezierski	Poland	May 28, 1985	W Ridge-W Face from S
Miroslaw Gardzielewski	Poland	May 28, 1985	W Ridge-W Face from S
Toichiro Mitani	Japan	Oct 3, 1985	W Ridge-W Face
Mitsugu Kitamura	Japan	Oct 3, 1985	W Ridge-W Face
Norio Nakanishi	Japan	Oct 3, 1985	W Ridge-W Face
Dusan Becik	Czechosl.	Dec 5, 1985	W Ridge-W Face
Jaromir (Jaryk) Stejskal	Czechosl.	Dec 5, 1985	W Ridge-W Face
Ryszard Gajewski	Poland	Apr 29, 1986	SW Pillar-W Face (Polish 1986)
Maciej Pawlikowski (2/2)	Poland	Apr 29, 1986	SW Pillar-W Face (Polish 1986)
Piotr Konopka	Poland	May 1, 1986	SW Pillar-W Face (Polish 1986)
Marek Danielak	Poland	May 3, 1986	SW Pillar-W Face (Polish 1986)
Andrzej Osika	Poland	May 3, 1986	SW Pillar-W Face (Polish 1986)
Peter Habeler	Austria	May 5, 1986	SW Pillar-W Face (Polish 1986)
Marcel Ruedi	Switzerland	May 5, 1986	SW Pillar-W Face (Polish 1986)
Ruediger Schleypen (d)	W Germany	May 9, 1986	SW Pillar-W Face (Polish 1986)
Jan Smith (d)	USA	May 9, 1986	SW Pillar-W Face (Polish 1986)
Joerg Daum	W Germany	May 10, 1986	SW Pillar-W Face (Polish 1986)
Bogdan Brakus	Yugoslavia	May 11, 1986	SW Pillar-W Face (Polish 1986)
C. James (Jim) Frush	USA	May 11, 1986	W Ridge-W Face (Tichy)
David (Dave) Hambly	UK	May 11, 1986	W Ridge-W Face (Tichy)
Manfred Lorenz	Austria	May 16, 1986	SW Pillar-W Face (Polish 1986)
Etsuro Hino	Japan	Oct 16, 1986	W Ridge-W Face (Tichy)
Mauricio Ramon Purto Arab	Chile	Apr 29, 1987	W Ridge-W Face (Tichy) from S
Italo Carlo Valle Bottari	Chile	Apr 29, 1987	W Ridge-W Face (Tichy) from S
Ang Phuri Sherpa (Sallung) (1/2)	Nepal	Apr 29, 1987	W Ridge-W Face (Tichy) from S
Ang Rita Sherpa (Yilajung) (2/4)	Nepal	Apr 29, 1987	W Ridge-W Face (Tichy) from S
Fredy Graf	Switzerland	Apr 29, 1987	W Ridge-W Face (Tichy) from N
Josef (Sepp) Wangeler	Switzerland	Apr 29, 1987	W Ridge-W Face (Tichy) from N
Oswald Gassler	Austria	May 5, 1987	W Ridge-W Face (Tichy) from N
Helmut Wagner	Austria	May 5, 1987	W Ridge-W Face (Tichy) from N
Peter Woergoetter	Austria	May 5, 1987	W Ridge-W Face (Tichy) from N
Karl Wimmer	W Germany	May 6, 1987	W Ridge-W Face (Tichy) from N
Robert Hofer	Switzerland	May 7, 1987	W Ridge-W Face (Tichy) from N
Robert Strouhal	Austria	May 8, 1987	W Ridge-W Face (Tichy) from N
Peter Gerfried Ganner	Austria	May 9, 1987	W Ridge-W Face (Tichy) from N
Kurt Hecher	Austria	May 9, 1987	W Ridge-W Face (Tichy) from N
Sebastian (Wastl) Woergoetter	Austria	May 9, 1987	W Ridge-W Face (Tichy) from N
Bart Vos	Netherlands	May 12, 1987	W Ridge-W Face (Tichy route) from N
Akio Hayakawa	Japan	Sep 20, 1987	W Ridge-W Face from N
Kenji Kondo (1/4)	Japan	Sep 20, 1987	W Ridge-W Face from N

Tomoji Kato	Japan	Sep 21, 1987	W Ridge-W Face from N
Yoshitomi Okura (1/4)	Japan	Sep 21, 1987	W Ridge-W Face from N
Eiho Otani	Japan	Sep 21, 1987	W Ridge-W Face from N
Kazuyuki Takahashi	Japan	Sep 21, 1987	W Ridge-W Face from N
Nima Dorje (Dorje) Sherpa (Beding) (1/5)	Nepal	Sep 21, 1987	W Ridge-W Face from N
Ang Dawa Tamang (Solukhumbu)	Nepal	Sep 21, 1987	W Ridge-W Face from N
Ms. Michiko Takahashi	Japan	Sep 22, 1987	W Ridge-W Face from N
Shinji Kobayashi	Japan	Sep 22, 1987	W Ridge-W Face from N
Ang Phurba Sherpa (Beding) (1/3)	Nepal	Sep 22, 1987	W Ridge-W Face from N
Lhakpa Tenzing Sherpa (Namche Bazar) (1/2)	Nepal	Sep 22, 1987	W Ridge-W Face from N
Mingma Tenzing Sherpa (Thami) (1/3)	Nepal	Sep 22, 1987	W Ridge-W Face from N
Thierry Raoul Renard * (d)	France	Sep 23, 1987	W Ridge-W Face from N
Ang Rinji Sherpa * (d) (Lukla)	Nepal	Sep 23, 1987	W Ridge-W Face from N
Tadeusz Karolczak *	Poland	Sep 30, 1987	W Ridge-W Face from S
Aleksander Lwow *	Poland	Sep 30, 1987	W Ridge-W Face from S
Wallace Wayne (Wally) Berg *	USA	Nov 2, 1987	W Ridge-W Face from S
Fernando Garrido Velasco (1/2)	Spain	Feb 6, 1988	W Ridge-W Face
David (Dave) Walsh	UK	Apr 30, 1988	W Ridge-W Face
Giuliano De Marchi	Italy	May 1, 1988	W Ridge-W Face from N
Flavio Spazzadeschi	Italy	May 1, 1988	W Ridge-W Face from N
Lino Zani	Italy	May 1, 1988	W Ridge-W Face from N
Oreste Forno	Italy	May 2, 1988	W Ridge-W Face from N
Gerhard Schmatz	W Germany	May 10, 1988	W Ridge-W Face from N
Hans Engl	W Germany	May 10, 1988	W Ridge-W Face from N
Stefan Woerner	Switzerland	May 11, 1988	W Ridge-W Face from N
Tilman Fischbach	W Germany	May 30, 1988	W Ridge-W Face from N
Klaus Guertler	Austria	May 30, 1988	W Ridge-W Face from N
Peter Konzert	Austria	May 30, 1988	W Ridge-W Face from N
Hans Baernthaler	Austria	Jun 3, 1988	W Ridge-W Face from N
Wolfgang Kunzendorf	W Germany	Jun 3, 1988	W Ridge-W Face from N
Dieter Thomann	W Germany	Jun 3, 1988	W Ridge-W Face from N
Marc Batard	France	Sep 1, 1988	W Ridge-W Face from N
Sungdare Sherpa (Pangboche)	Nepal	Sep 1, 1988	W Ridge-W Face from N
Michel Vincent	France	Sep 12, 1988	W Ridge-W Face from N (Tichy)
Erik Decamp	France	Sep 12, 1988	W Ridge-W Face from N (Tichy)
Bruno Cormier	France	Sep 12, 1988	W Ridge-W Face from N (Tichy)
Raymond Eynard-Machet	France	Sep 12, 1988	W Ridge-W Face from N (Tichy)
Bruno Gouvy	France	Sep 12, 1988	W Ridge-W Face from N (Tichy)
Ms. Veronique Perillat	France	Sep 12, 1988	W Ridge-W Face from N (Tichy)
Ang Dorje Sherpa (Chaplung)	Nepal	Sep 12, 1988	W Ridge-W Face from N (Tichy)
Da Gombu Sherpa (Cheremy)	Nepal	Sep 12, 1988	W Ridge-W Face from N (Tichy)
Alberto Busettini	Italy	Sep 13, 1988	W Ridge-W Face from N (Tichy)
Elvio Ferigo	Italy	Sep 13, 1988	W Ridge-W Face from N (Tichy)
Jean-Michel Hoeffelman	Netherlands	Sep 14, 1988	W Ridge-W Face from N (Tichy)
Jose Luis Sesma	Spain	Sep 14, 1988	W Ridge-W Face from N (Tichy)

Lhakpa Gyalu Sherpa (Chaunrikharka) (1/2)	Nepal	Sep 14, 1988	W Ridge-W Face from N (Tichy)
Fausto De Stefani	Italy	Sep 17, 1988	W Ridge-W Face from N (Tichy)
Sergio Martini (1/3)	Italy	Sep 17, 1988	W Ridge-W Face from N (Tichy)
Mario Conti	Italy	Sep 27, 1988	W Ridge-W Face from N
Floriano Castelnuovo	Italy	Sep 27, 1988	W Ridge-W Face from N
Lorenzo Mazzoleni	Italy	Sep 27, 1988	W Ridge-W Face from N
Mario Luciano Panzeri	Italy	Sep 27, 1988	W Ridge-W Face from N
Piotr Henschke *	Poland	Oct 16, 1988	W Ridge-W Face-Tichy route
Iztok Tomazin	Yugoslavia	Nov 2, 1988	N Face up; W Ridge-W Face down
Viktor (Viki) Groselj (1/2)	Yugoslavia	Nov 5, 1988	N Face-W side
Joze Rozman	Yugoslavia	Nov 5, 1988	N Face-W side
Noboru Yamada	Japan	Nov 6, 1988	W Ridge-W Face from N
Teruo Saegusa	Japan	Nov 6, 1988	W Ridge-W Face from N
Osamu Shimizu	Japan	Nov 6, 1988	W Ridge-W Face from N
Atsushi Yamamoto	Japan	Nov 6, 1988	W Ridge-W Face from N
Radivoj Nadvesnik	Yugoslavia	Nov 8, 1988	N Face
Marko Prezelj	Yugoslavia	Nov 8, 1988	N Face
Roman Robas	Yugoslavia	Nov 9, 1988	N Face-W side
Blaz Jereb	Yugoslavia	Nov 9, 1988	N Face-W side
Carlos Paltenghe Rockhold Buhler	USA	Apr 8, 1989	SW Pillar-W Face up; W Ridge-W Face down
Martin Zabaleta Larburu	Spain	Apr 8, 1989	SW Pillar-W Face up; W Ridge-W Face down
Kyung-Pyo Hong (d)	S Korea	Sep 2, 1989	W Face-W Ridge from S
Dong-Yeon Lee (d)	S Korea	Sep 2, 1989	W Face-W Ridge from S
Wangel (Ongel) Sherpa (d) (Solukhumbu)	Nepal	Sep 2, 1989	W Face-W Ridge from S
Albert Brugger	Italy	Sep 17, 1989	W Ridge-W Face from N
Roland Zeyen	Luxembourg	Sep 17, 1989	W Ridge-W Face from N
Enrico Rosso	Italy	Sep 18, 1989	W Ridge-W Face from N
Mario Casella	Switzerland	Sep 18, 1989	W Ridge-W Face from N
Pierino Giuliani	Switzerland	Sep 18, 1989	W Ridge-W Face from N
Michelle Capelli	Switzerland	Sep 19, 1989	W Ridge-W Face from N
Corrado Margna	Switzerland	Sep 19, 1989	W Ridge-W Face from N
Ms. Magda King Nos Loppe	Spain	Sep 19, 1989	W Ridge-W Face from N
Ms. Monica Verge Folia	Spain	Sep 19, 1989	W Ridge-W Face from N
Ang Phuri Sherpa (Sallung) (2/2)	Nepal	Sep 19, 1989	W Ridge-W Face from N
Hiroshi Kato	Japan	Apr 27, 1990	W Ridge-W Face from N
Yasushi Tanahashi	Japan	Apr 27, 1990	W Ridge-W Face from N
Mingma Tenzing Sherpa (Thami) (2/3)	Nepal	Apr 27, 1990	W Ridge-W Face from N
Pemba Tenji (Pekka Tenja) Sherpa (Chattu)	Nepal	Apr 27, 1990	W Ridge-W Face from N
Michael Graeme Groom	Australia	May 11, 1990	W Ridge-W Face
Gerhard Binder	W Germany	May 26, 1990	W Ridge-W Face from N
Peter Blank	W Germany	May 26, 1990	W Ridge-W Face from N
Werner Funkler	W Germany	May 26, 1990	W Ridge-W Face from N

Bertold Hochstuhl	W Germany	May 26, 1990	W Ridge-W Face from N
Ms. Gabriele (Gaby) Hupfauer	W Germany	May 26, 1990	W Ridge-W Face from N
Siegfried (Sigi) Hupfauer	W Germany	May 26, 1990	W Ridge-W Face from N
Ms. Gerhild Kurze	W Germany	May 26, 1990	W Ridge-W Face from N
Harald Roessner	W Germany	May 26, 1990	W Ridge-W Face from N
Uwe Schmitz	W Germany	May 26, 1990	W Ridge-W Face from N
Franz Stark	W Germany	May 26, 1990	W Ridge-W Face from N
Josef Tschofen	Austria	May 26, 1990	W Ridge-W Face from N
Klaus Westphal	W Germany	May 26, 1990	W Ridge-W Face from N
Udo Zehetleitner	W Germany	May 26, 1990	W Ridge-W Face from N
Karl Zoell	W Germany	May 26, 1990	W Ridge-W Face from N
Nawang Thile (Pemba Dorje) Sherpa (Beding) (1/8)	Nepal	May 26, 1990	W Ridge-W Face from N
Harold Christopher (Harry) Taylor	UK	Jun 21, 1990	W Ridge-W Face from N
Russell Reginald Brice (1/8)	New Zealand	Jun 21, 1990	W Ridge-W Face from N
Da Nuru (Dawa Nuru/Norbu) Sherpa (Phortse) (1/5)	Nepal	Jun 21, 1990	W Ridge-W Face from N
Lhakpa Gyalu Sherpa (Phortse)	Nepal	Jun 21, 1990	W Ridge-W Face from N
Alain Hubert	Belgium	Aug 23, 1990	W Ridge-W Face from N
Louis Lange	Belgium	Aug 23, 1990	W Ridge-W Face from N
Wojciech (Voytek) Kurtyka	Poland	Sep 21, 1990	SW Face up; W Face-W Ridge down
Erhard Loretan	Switzerland	Sep 21, 1990	SW Face up; W Face-W Ridge down
Jean Troillet	Switzerland	Sep 21, 1990	SW Face up; W Face-W Ridge down
Akos Koncz	Hungary	Oct 4, 1990	W Ridge-W Face from N
Jozsef Straub	Hungary	Oct 4, 1990	W Ridge-W Face from N
Reinhard Wlasich	Austria	Oct 4, 1990	W Ridge-W Face from N
Luis (Koldo) Aranguren Arrieta	Spain	Oct 6, 1990	W Ridge-W Face from S
Juan Maria (Pitxi) Eguillor Ulzurrun	Spain	Oct 6, 1990	W Ridge-W Face from S
Francisco Jose (Patxi) Fernandez Elizalde	Spain	Oct 6, 1990	W Ridge-W Face from S
Josep Antoni Pujante Conesa	Spain	Oct 6, 1990	W Ridge-W Face from S
Miquel-Angel Martinez	Spain	Oct 6, 1990	W Ridge-W Face from S
Josep (Jep) Tapias Sallan	Spain	Oct 6, 1990	W Ridge-W Face from S
Ang Phurba Sherpa (Thami) (1/2)	Nepal	Oct 6, 1990	W Ridge-W Face from S
Jozsef Csikos	Hungary	Oct 7, 1990	W Ridge-W Face from N
Istvan Pajor	Hungary	Oct 7, 1990	W Ridge-W Face from N
Csaba Toth	Hungary	Oct 7, 1990	W Ridge-W Face from N
Laszlo Alfred (Konyi) Varkonyi	Hungary	Oct 7, 1990	W Ridge-W Face from N
Laszlo Voros	Hungary	Oct 7, 1990	W Ridge-W Face from N
Pedro Jose Tous Roldan	Spain	Oct 8, 1990	W Ridge-W Face from S
Mikel Reparaz Chacon	Spain	Oct 8, 1990	W Ridge-W Face from S
Sandor Nagy	Hungary	Oct 8, 1990	W Ridge-W Face from N
Istvan Decsi	Hungary	Oct 8, 1990	W Ridge-W Face from N
Szabolcs Szendro	Hungary	Oct 8, 1990	W Ridge-W Face from N
Juan Ignacio (Axto) Apellaniz Aguiriano (2/2)	Spain	Oct 19, 1990	W Ridge-W Face from N
Ramon Portilla Blanco	Spain	Oct 19, 1990	W Ridge-W Face from N

Juan Jose (Juanjo) San Sebastian	Spain	Oct 19, 1990	W Ridge-W Face from N
Antonio Trabado de la Fuente	Spain	Oct 19, 1990	W Ridge-W Face from N
Alain Hantz	France	Apr 22, 1991	W Ridge-W Face from S
Iman Gurung (Laprak) (1/2)	Nepal	Apr 22, 1991	W Ridge-W Face from S
Man Bahadur Gurung (Laprak)	Nepal	Apr 22, 1991	W Ridge-W Face from S
Sergio Beck *	Brazil	Apr 22, 1991	W Ridge-W Face from S
Andres Ruiz Gutierrez	Spain	May 8, 1991	W Ridge-W Face from N
Ioannis Konstantinou	Greece	May 8, 1991	W Ridge-W Face from N
Petros Kapsomenakis	Greece	May 8, 1991	W Ridge-W Face from N
Konstantinos (Kostas) Tsivelekas	Greece	May 8, 1991	W Ridge-W Face from N
Tirtha Tamang (Gorakhani) (1/3)	Nepal	May 8, 1991	W Ridge-W Face from N
Fredl (Alfred) Beetschen	Switzerland	May 8, 1991	W Ridge-W Face from N
Mario Rizzi	Switzerland	May 8, 1991	W Ridge-W Face from N
Ewald Eder	Austria	May 9, 1991	W Ridge-W Face from N
Wolfgang Maier	Germany	May 9, 1991	W Ridge-W Face from N
Frederic Pantillon	Switzerland	May 9, 1991	W Ridge-W Face from N
Theo Pichler	Austria	May 9, 1991	W Ridge-W Face from N
Matthias Respondek	Germany	May 9, 1991	W Ridge-W Face from N
Nikolaus Von Schumacher	Switzerland	May 9, 1991	W Ridge-W Face from N
Ms. Elisabeth Wullschleger	Switzerland	May 9, 1991	W Ridge-W Face from N
Peter Wullschleger	Switzerland	May 9, 1991	W Ridge-W Face from N
Hermann Tauber	Italy	May 27, 1991	W Ridge-W Face from N
Adalbert Albrecht	Germany	May 27, 1991	W Ridge-W Face from N
Helmuth Bauer	Germany	May 27, 1991	W Ridge-W Face from N
Horst Conrad	Germany	May 27, 1991	W Ridge-W Face from N
Roland Erardi	Italy	May 27, 1991	W Ridge-W Face from N
Ottmar Fangauer	Germany	May 27, 1991	W Ridge-W Face from N
Robert Gasser	Italy	May 27, 1991	W Ridge-W Face from N
Ms. Gabriella (Gabi) Hofer	Italy	May 27, 1991	W Ridge-W Face from N
Ms. Monika Kumpf	Germany	May 27, 1991	W Ridge-W Face from N
Josef Pallhuber	Italy	May 27, 1991	W Ridge-W Face from N
Konrad Renzler	Italy	May 27, 1991	W Ridge-W Face from N
Josef Weissenberger	Germany	May 27, 1991	W Ridge-W Face from N
Andreas (Andi) Wiedemann	Germany	May 27, 1991	W Ridge-W Face from N
Ms. Karoline Wolfsgruber	Italy	May 27, 1991	W Ridge-W Face from N
Jakob (Kobi) Reichen *	Switzerland	Sep 25, 1991	W Ridge-W Face from S
Sergio De Leo	Italy	Sep 25, 1991	W Ridge-W Face from N (direct)
Christian Kuntner	Italy	Sep 25, 1991	W Ridge-W Face from N (direct)
Ms. Wanda Rutkiewicz	Poland	Sep 26, 1991	W Ridge-W Face from N (direct)
Chuldin Temba (Chuldim) Sherpa (Zarok) (1/3)	Nepal	Sep 28, 1991	W side from N
Tomiyasu Ishikawa	Japan	Sep 28, 1991	W Ridge-W Face from N
Yoshikazu Nezu	Japan	Sep 28, 1991	W Ridge-W Face from N
Ms. Tamae Watanabe	Japan	Sep 28, 1991	W Ridge-W Face from N
Mingma Norbu/Nuru Sherpa (Beding) (1/3)	Nepal	Sep 28, 1991	W Ridge-W Face from N
Nima Temba Sherpa (Lukla)	Nepal	Sep 28, 1991	W Ridge-W Face from N
Bartolome (Tolo) Quetglas Riera	Spain	Sep 28, 1991	W Ridge-W Face from N (direct)

Kent Leland Groninger	USA	Sep 29, 1991	W Ridge-W Face from N
Cleve Erling Armstrong	USA	Sep 29, 1991	W Ridge-W Face from N
Ms. Cathleen Richards	USA	Sep 29, 1991	W Ridge-W Face from N
Ms. Karon (Ann) Young	USA	Sep 29, 1991	W Ridge-W Face from N
Kaneshige Ikeda	Japan	Sep 29, 1991	W Ridge-W Face from N
Pemba Nurbu/Norbu Sherpa (Namche Bazar)	Nepal	Sep 29, 1991	W Ridge-W Face from N
Viatcheslav (Slava) Skripko	USSR	Sep 29, 1991	W Ridge-W Face from S
Mikhail Mojaev	USSR	Sep 29, 1991	W Ridge-W Face from S
Evgeni Prilepa	USSR	Sep 29, 1991	W Ridge-W Face from S
Borislav Mihaylov Dimitrov	Bulgaria	Oct 1, 1991	W Ridge-W Face from S
Ms. Iordanka Ivanova Dimitrova	Bulgaria	Oct 1, 1991	W Ridge-W Face from S
Max Imbert	France	Oct 4, 1991	W Ridge-W Face from S
Dawa (Ang Dawa) Sherpa (Walung) (1/4)	Nepal	Oct 4, 1991	W Ridge-W Face from S
Michel Zalio	France	Oct 5, 1991	W Ridge-W Face from S
Kilu Temba Sherpa (Thami)	Nepal	Oct 5, 1991	W Ridge-W Face from S
Ivan Plotnikov	USSR	Oct 20, 1991	SE Ridge-E Ridge
Evgeni Vinogradski (1/3)	USSR	Oct 20, 1991	SE Ridge-E Ridge
Aleksander N. (Al) Yakovenko	USSR	Oct 20, 1991	SE Ridge-E Ridge
Sergei Bogomolov	USSR	Oct 20, 1991	SE Ridge-E Ridge
Valeri Pershin (1/2)	USSR	Oct 20, 1991	SE Ridge-E Ridge
Göran Kropp	Sweden	May 7, 1992	W Ridge-W Face from N
Pascal Debrouwer	Belgium	May 7, 1992	W Ridge-W Face from S
Ms. Linda Le Bon	Belgium	May 8, 1992	W Ridge-W Face from S
Danu Sherpa (Taksindu)	Nepal	May 8, 1992	W Ridge-W Face from S
Martin Lutterjohann	Germany	May 8, 1992	W Ridge-W Face from N
Giuseppe Vigani	Italy	May 8, 1992	W Ridge-W Face from N
Bruno Ongis	Italy	May 8, 1992	W Ridge-W Face from N
Piermauro Soregaroli	Italy	May 8, 1992	W Ridge-W Face from N
Peter Andreas Kowalzik	Germany	May 14, 1992	W Ridge-W Face from N
Musal Kaji Tamang (Lapcha)	Nepal	May 14, 1992	W Ridge-W Face from N
Teja Finkbeiner	Germany	May 17, 1992	W Ridge-W Face from N
Manuel Schneider	Germany	May 27, 1992	W Ridge-W Face from N
Peter Guggemos	Germany	Jun 4, 1992	W Ridge-W Face from N
Martin Schumacher	Germany	Jun 4, 1992	W Ridge-W Face from N
Ms. Sumiyo Tsuzuki (1/2)	Japan	Aug 15, 1992	W Ridge/Face from N
Ms. Amaia Aranzabal Ezpeleta	Spain	Sep 17, 1992	W Ridge-W Face from S
Jesus Maria (Josu) Bereziartua Etxaniz	Spain	Sep 17, 1992	W Ridge-W Face from S
Joan Colet Vila	Spain	Sep 17, 1992	W Ridge-W Face from S
Jose Artetxe Ocasar	Spain	Sep 20, 1992	W Ridge-W Face from S
Ms. Maria Pilar Ganuza Goni	Spain	Sep 20, 1992	W Ridge-W Face from S
Fausto Airoldi	Italy	Sep 20, 1992	W Ridge-W Face from N
Paolo Gugliermina	Italy	Sep 20, 1992	W Ridge-W Face from N
Young-Tae Kim	S Korea	Sep 20, 1992	W Ridge-W Face from N
Sun-Woo Nam	S Korea	Sep 20, 1992	W Ridge-W Face from N

Name	Country	Date	Route
Mingma Norbu/Nuru Sherpa (Beding) (2/3)	Nepal	Sep 20, 1992	W Ridge-W Face from N
Nima Dorje (Dorje) Sherpa (Beding) (2/5)	Nepal	Sep 20, 1992	W Ridge-W Face from N
Akira Hayashimoto	Japan	Sep 20, 1992	W Ridge-W Face from N
Mamoru Taniguchi	Japan	Sep 20, 1992	W Ridge-W Face from N
Shigeto Tsukamoto	Japan	Sep 20, 1992	W Ridge-W Face from N
Hiroyuki Baba	Japan	Sep 20, 1992	W Ridge-W Face from N
Satoshi Kimoto	Japan	Sep 20, 1992	W Ridge-W Face from N
Kazuyoshi Kondo	Japan	Sep 20, 1992	W Ridge-W Face from N
Mingma Tenzing Sherpa (Thami) (3/3)	Nepal	Sep 20, 1992	W Ridge-W Face from N
Nima (Ang Nima) Sherpa (Chulemo) (1/3)	Nepal	Sep 20, 1992	W Ridge-W Face from N
Takao Suzuki	Japan	Sep 20, 1992	W Ridge-W Face from N
Yong-Jong An	N Korea	Sep 20, 1992	W Ridge-W Face from N
Franc Urh	Slovenia	Sep 21, 1992	W Ridge-W Face from N
Ales Cvahte	Slovenia	Sep 21, 1992	W Ridge-W Face from N
Marjan Gregorcic	Slovenia	Sep 21, 1992	W Ridge-W Face from N
Stefan Lagoja	Slovenia	Sep 21, 1992	W Ridge-W Face from N
Matija Urh	Slovenia	Sep 21, 1992	W Ridge-W Face from N
Hideki Yatsuhashi	Japan	Sep 21, 1992	W Ridge-W Face from N
Ken Kanazawa	Japan	Sep 21, 1992	W Ridge-W Face from N
Ms. Yuki Sato	Japan	Sep 21, 1992	W Ridge-W Face from N
Ang Phurba Sherpa (Thami) (2/2)	Nepal	Sep 21, 1992	W Ridge-W Face from N
Dawa Nuru/Norbu Sherpa (Thami)	Nepal	Sep 21, 1992	W Ridge-W Face from N
Takehiko Yanagihara	Japan	Sep 21, 1992	W Ridge-W Face from N
Alfonso Ballano Lopez	Spain	Sep 29, 1992	W Ridge-W Face from S
Juan Bautista Jimeno	Spain	Sep 29, 1992	W Ridge-W Face from S
Manuel (Lolo) Gonzalez Diaz	Spain	Feb 8, 1993	W Ridge-W Face from S
Fernando Guerra Sanchez	Spain	Feb 8, 1993	W Ridge-W Face from S
Jose Manuel Morales Rodriguez	Spain	Feb 8, 1993	W Ridge-W Face from S
Manuel (Manolo) Salazar Rincon	Spain	Feb 8, 1993	W Ridge-W Face from S
Luis Arbues	Spain	Feb 10, 1993	W Ridge-W Face from S
Ms. Marianne Daniele Chapuisat	Switzerland	Feb 10, 1993	W Ridge-W Face from S
Miguel Angel Sanchez Toledo	Argentina	Feb 10, 1993	W Ridge-W Face from S
Georg Seifried	Germany	Apr 29, 1993	W Ridge-W Face from S
Yung-Ta Chiang	Taiwan	May 2, 1993	W Ridge-N Face direct
Shang-Chin Tsai	Taiwan	May 2, 1993	W Ridge-N Face direct
Kami Chhiri (Ang Kami) Lama	Nepal	May 2, 1993	W Ridge-N Face direct
Tenzing Sherpa (Tatopani)	Nepal	May 2, 1993	W Ridge-N Face direct
Ms. Chin-Mei Liang	Taiwan	May 4, 1993	W Ridge-N Face direct
Chi-Man Liu	Taiwan	May 4, 1993	W Ridge-N Face direct
Pasang Lama	Nepal	May 4, 1993	W Ridge-N Face direct
Daniel Alessio	Argentina	May 4, 1993	W Ridge-N Face direct
Mauricio Fernandez	Argentina	May 4, 1993	W Ridge-N Face direct
Eirik Tryti	Norway	May 4, 1993	W Ridge-N Face direct
Claudio Giorgis	Italy	May 4, 1993	W Ridge-N Face direct

Ms. Valentina Lauthier	Italy	May 4, 1993	W Ridge-N Face direct
Giorgio Sacco	Italy	May 4, 1993	W Ridge-N Face direct
Roger P. Mear	UK	May 4, 1993	W Ridge-N Face direct
Peter Stadler	Switzerland	May 5, 1993	W Ridge-W Face from N
Arnold Wuersch	Switzerland	May 5, 1993	W Ridge-W Face from N
Andre Georges	Switzerland	May 7, 1993	W Ridge-W Face from N
Alois Neuhuber	Austria	May 15, 1993	W Ridge-W Face from N
Michael Breuer	Germany	May 16, 1993	W Ridge-W Face from N
Christian Gabl	Austria	May 16, 1993	W Ridge-W Face from N
Franz Kuehnhauser	Germany	May 16, 1993	W Ridge-W Face from N
Rodja Lars Ratteit	Germany	May 16, 1993	W Ridge-W Face from N
Pierre-Yvan Guichard	Switzerland	May 16, 1993	W Ridge-W Face from N
Moreno Moreni	Switzerland	May 16, 1993	W Ridge-W Face from N
Aldo Verzaroli	Switzerland	May 16, 1993	W Ridge-W Face from N
Juan Antonio Serrano Oastuno	Spain	Sep 10, 1993	W Ridge-W Face from S (Tichy)
Hong-Gil Um	S Korea	Sep 10, 1993	W Ridge-W Face from N
Byung-Soo Choi	S Korea	Sep 10, 1993	W Ridge-W Face from N
Kyoung-Tae Min	S Korea	Sep 10, 1993	W Ridge-W Face from N
Krzysztof Wielicki	Poland	Sep 18, 1993	W Ridge-W Face from N (new line)
Marco Bianchi	Italy	Sep 18, 1993	W Ridge-W Face from N (new line)
Jae-Soo Kim *	S Korea	Sep 20, 1993	W Ridge-W Face from N
Francesc Campos Barnes	Spain	Sep 21, 1993	W Ridge-W Face from S
Berenguer Sabadell	Spain	Sep 21, 1993	W Ridge-W Face from S
Joao Jose Silva Abranches Garcia	Portugal	Sep 24, 1993	W Ridge-W Face from N (new line)
Piotr Czeslaw Pustelnik	Poland	Sep 24, 1993	W Ridge-W Face from N (new line)
Dominique Caillat	France	Sep 30, 1993	W Ridge-SW Pillar-W Face from N
Frederic Faure	France	Sep 30, 1993	W Ridge-SW Pillar-W Face from N
Jean-Christophe Lafaille	France	Sep 30, 1993	W Ridge-SW Pillar-W Face from N
Joan Cardona Tarres	Spain	Sep 30, 1993	W Ridge-W Face from S
Jose Ramon (Koke) Lasa Berasategui	Spain	Sep 30, 1993	W Ridge-W Face from S
Yoshio Ogata	Japan	Oct 8, 1993	W Ridge-W Face from N
Tsuyoshi Akiyama	Japan	Oct 8, 1993	W Ridge-W Face from N
Fumiaki Goto	Japan	Oct 8, 1993	W Ridge-W Face from N
Ryushi Hoshino	Japan	Oct 8, 1993	W Ridge-W Face from N
Hideji Nazuka	Japan	Oct 8, 1993	W Ridge-W Face from N
Mitsuyoshi Sato	Japan	Oct 8, 1993	W Ridge-W Face from N
Jesus Garcia Elorriaga	Spain	Oct 8, 1993	W Ridge-W Face from S (variation to W Ridge)
Carlos Pitarch Francisco	Spain	Oct 8, 1993	W Ridge-W Face from S
Jesus Gomez Gonzalez	Spain	Oct 10, 1993	W Ridge-W Face from S (variation to W Ridge)
Joseba Mirene Elorrieta Mendiola	Spain	Oct 10, 1993	W Ridge-W Face from S (variation to W Ridge)
Ms. Yolanda Martin Sondesa	Spain	Oct 10, 1993	W Ridge-W Face from S (variation to W Ridge)
Shinsuki Ezuka	Japan	Oct 11, 1993	W Ridge-W Face from N
Osamu Tanabe (1/2)	Japan	Oct 11, 1993	W Ridge-W Face from N

Name	Country	Date	Route
Lobsang Jangbu Sherpa (Beding)	Nepal	Oct 11, 1993	W Ridge-W Face from N
Pasang Tshering/Tshiring Sherpa (Beding) (1/5)	Nepal	Oct 11, 1993	W Ridge-W Face from N
Kuniaki Yagihara	Japan	Oct 12, 1993	W Ridge-W Face from N
Tsutomu Miyazaki	Japan	Oct 12, 1993	W Ridge-W Face from N
Tsutomu Terada	Japan	Oct 12, 1993	W Ridge-W Face from N
Ms. Fumie Yoshida	Japan	Oct 12, 1993	W Ridge-W Face from N
Dawa Tshering (Dawa Chhiri) Sherpa (Beding) (1/6)	Nepal	Oct 12, 1993	W Ridge-W Face from N
Mingma Norbu/Nuru Sherpa (Beding) (3/3)	Nepal	Oct 12, 1993	W Ridge-W Face from N
Nawang Syakaya/Syatty Sherpa (Beding) (1/2)	Nepal	Oct 12, 1993	W Ridge-W Face from N
Nima Dorje (Dorje) Sherpa (Beding) (3/5)	Nepal	Oct 12, 1993	W Ridge-W Face from N
Manuel De La Matta Sastre *	Spain	Oct 31, 1993	W Ridge-W Face from S (variation to W Ridge)
Ms. Chantal Mauduit *	France	Oct 31, 1993	W Ridge-W Face from S (variation to W Ridge)
Juan Jose (Juanjo) Garra Lorenzo	Spain	Jan 26, 1994	W Ridge-W Face from S
Jordi Magrina Guell	Spain	Jan 26, 1994	W Ridge-W Face from S
Carlos Miguel Carsolio Larrea	Mexico	Apr 26, 1994	W Ridge-W Face from N
Fabio Pedrina	Switzerland	Apr 29, 1994	W Ridge-W Face from N (direct)
Ernst Schwarzenlander	Austria	May 3, 1994	W Ridge-W Face from N
Lutz Protze	Germany	May 4, 1994	W Ridge-W Face from N
Andreas Ratka	Germany	May 4, 1994	W Ridge-W Face from N
Thomas Tuerpe (1/3)	Germany	May 4, 1994	W Ridge-W Face from N
Helmut Katzenmaier	Germany	May 4, 1994	W Ridge-W Face from N
Walter Korber	Germany	May 4, 1994	W Ridge-W Face from N
Helge Spindler	Germany	May 4, 1994	W Ridge-W Face from N
Malcolm (Mal) Duff	UK	May 8, 1994	W side "W Corner"
Jose Delgado	Venezuela	May 8, 1994	W side "W Corner"
David Alexander Horrex *	UK	May 8, 1994	W side "W Corner"
Clive Bruce Jones	New Zealand	May 8, 1994	W side "W Corner"
Pasang Gombu Sherpa (Saframa) (1/4)	Nepal	May 8, 1994	W side "W Corner"
Stanislav Silhan	Czechosl.	May 12, 1994	W Ridge-W Face from N
Zdenek Hruby	Czechosl.	May 12, 1994	W Ridge-W Face from N
Oscar Piazza	Italy	May 12, 1994	W Ridge-W Face from N
Angelo Giovanetti	Italy	May 12, 1994	W Ridge-W Face from N
Ladislav Kamarad	Czechosl.	May 14, 1994	W Ridge-W Face from N
Benito Lodi	Italy	May 14, 1994	W Ridge-W Face from N
Andrea Oberbacher	Italy	May 16, 1994	W Ridge-W Face from N
Norbert Joos	Switzerland	May 20, 1994	W Ridge-W Face from N
Heinz Blatter	Switzerland	May 20, 1994	W Ridge-W Face from N
Yasushi Yamanoi	Japan	Sep 23, 1994	Left of Loretan rte up; W side down
Ms. Taeko Nagao	Japan	Sep 25, 1994	SW Face-Loretan rte up; W side down
Ms. Yuka Endo	Japan	Sep 25, 1994	SW Face-Loretan rte up; W side down

Name	Country	Date	Route
Yves Salino	France	Sep 26, 1994	W side from N (Tichy rte)
Georges Frey	France	Sep 26, 1994	W side from N (Tichy rte)
Robert Geoffrey	France	Sep 26, 1994	W side from N (Tichy rte)
Ang Rita Sherpa (Yilajung) (3/4)	Nepal	Sep 26, 1994	W side from N (Tichy rte)
Pasang Jambu Sherpa (Thami)	Nepal	Sep 26, 1994	W side from N (Tichy rte)
Young-Seok Park (1/2)	S Korea	Sep 27, 1994	W side "W Corner"
Ngati Sherpa (Phortse)	Nepal	Sep 27, 1994	W side "W Corner"
Jin-Chol Cha	S Korea	Sep 28, 1994	W side "W Corner"
Sang-Kook Han	S Korea	Sep 28, 1994	W side "W Corner"
Wang-Yong Han	S Korea	Sep 28, 1994	W side "W Corner"
Panuru (Pasang Nuru, Pa Nuru) Sherpa (Phortse) (1/4)	Nepal	Sep 28, 1994	W side "W Corner"
Tomonori Harada	Japan	Sep 29, 1994	W side from N (Tichy rte)
Shigeki Imoto	Japan	Sep 29, 1994	W side from N (Tichy rte)
Kunga Sherpa (Lamabagar-3) (1/4)	Nepal	Sep 29, 1994	W side from N (Tichy rte)
Nawang Dorje (Da Nawang Dorje) Sherpa (Beding) (1/3)	Nepal	Sep 29, 1994	W side from N (Tichy rte)
Wangyal (Wangjia) (2/2)	China	Sep 30, 1994	W side from N (Tichy rte)
Akebu (Akbu, Akbulnut)	China	Sep 30, 1994	W side from N (Tichy rte)
Da Chimi (Da Qimi) (1/2)	China	Sep 30, 1994	W side from N (Tichy rte)
Dachung (Daqiong)	China	Sep 30, 1994	W side from N (Tichy rte)
Gyalbu (Jiabu) (1/3)	China	Sep 30, 1994	W side from N (Tichy rte)
Lhotse (Luoze, Lodue)	China	Sep 30, 1994	W side from N (Tichy rte)
Pemba Tashi (Bianba Zhaxi)	China	Sep 30, 1994	W side from N (Tichy rte)
Ren Na	China	Sep 30, 1994	W side from N (Tichy rte)
Tsering Dorje (Cerin Duoji)	China	Sep 30, 1994	W side from N (Tichy rte)
Francis Bibollet	France	Oct 2, 1994	W side from N
Hiroyoshi Tabata	Japan	Oct 4, 1994	W side from N (Tichy rte)
Chhong Ringee (Chewang Rinzen) Sherpa (Beding) (1/4)	Nepal	Oct 4, 1994	W side from N (Tichy rte)
Shinji Sasahara	Japan	Oct 4, 1994	W side from N (Tichy rte)
Lhakpa Gyalu Sherpa (Chaunrikharka) (2/2)	Nepal	Oct 4, 1994	W side from N (Tichy rte)
Robert Edwin (Rob) Hall (1/2)	New Zealand	Oct 6, 1994	W side from N (Tichy rte)
Edmund Karl (Ed) Viesturs (1/2)	USA	Oct 6, 1994	W side from N (Tichy rte)
Ms. Jan Elizabeth Arnold (1/2)	New Zealand	Oct 6, 1994	W side from N (Tichy rte)
Franc (Aco) Pepevnik	Slovenia	Apr 18, 1995	NW side from N (Messner 1983 var - direct C1 → C2)
Helmut Eibl	Germany	May 6, 1995	NW side from N
Bertold Zedrosser	Austria	May 6, 1995	NW side from N
Philippe Arvis	France	May 9, 1995	NW side from N
Roland Brand	Germany	May 9, 1995	NW side from N
Peter Brill	Germany	May 9, 1995	NW side from N
Lothar Edel	Germany	May 9, 1995	NW side from N
Albert Hauseler	Germany	May 9, 1995	NW side from N
Karl Hub	Germany	May 9, 1995	NW side from N
Ms. Paula Hub	Austria	May 9, 1995	NW side from N
Franz Prasicek	Austria	May 9, 1995	NW side from N

Juergen Spescha	Germany	May 9, 1995	NW side from N
Angelo Vedani	Switzerland	May 9, 1995	NW side from N
Andres Delgado Calderon (1/3)	Mexico	May 9, 1995	NW side from N
Hector M. Ponce de Leon Gomez	Mexico	May 9, 1995	NW side from N
Ralf Dujmovits (1/2)	Germany	May 9, 1995	NW side from N
Nawang Thile (Pemba Dorje) Sherpa (Beding) (2/8)	Nepal	May 9, 1995	NW side from N
Hirofumi Konishi	Japan	May 9, 1995	NW side from N
Masayoshi Yamamoto	Japan	May 9, 1995	NW side from N
Pemba Tshering Sherpa (Thamo) (1/2)	Nepal	May 9, 1995	NW side from N
Ulrich Blasczyk	Germany	May 11, 1995	NW side from N
Andreas (Andy) Kraus	Germany	May 11, 1995	NW side from N
Walter Kuch	Germany	May 11, 1995	NW side from N
David Allen (Dave) Hahn (1/2)	USA	May 11, 1995	NW side from N
Ms. Charlotte Conant Fox	USA	May 11, 1995	NW side from N
Markus Hutnak	USA	May 11, 1995	NW side from N
Tenzing Phinzo (Ang Phintso) Sherpa (Phortse) (1/4)	Nepal	May 11, 1995	NW side from N
Morgan Bazillian	USA	May 12, 1995	NW side from N
James Findley	USA	May 12, 1995	NW side from N
Ms. Heather MacDonald (1/2)	USA	May 12, 1995	NW side from N
Robert (Bob) Sloezen	USA	May 12, 1995	NW side from N
Bruce Hill	USA	May 16, 1995	NW side from N
William Thompson	USA	May 16, 1995	NW side from N
Alexander (Alex) Van Steen	USA	May 16, 1995	NW side from N
Da Nuru (Dawa Nuru/Norbu) Sherpa (Phortse) (2/5)	Nepal	May 16, 1995	NW side from N
Craig A. John (1/2)	USA	May 17, 1995	NW side from N
Mark O'Day	USA	May 17, 1995	NW side from N
Arthur Rausch	USA	May 17, 1995	NW side from N
Iain M. G. Peter	UK	May 29, 1995	NW side from N
Paul Walters	Australia	May 29, 1995	NW side from N
Nima Temba Sherpa (Beding) (1/2)	Nepal	May 29, 1995	NW side from N
Ang Temba Sherpa (Beding) (1/3)	Nepal	May 30, 1995	NW side from N
Norman E. Croucher	UK	May 30, 1995	NW side from N
Wolfgang Kleinknecht	Germany	Jun 1, 1995	NW side from N
Erich Resch	Austria	Jun 1, 1995	NW side from N
Felix Inurrategi Iriarte *	Spain	Sep 11, 1995	W side from S
Alberto Inurrategi Iriarte * (1/2)	Spain	Sep 11, 1995	W side from S
Ongchu Lama *	Nepal	Sep 11, 1995	W side from S
Toshio Yamamoto	Japan	Sep 25, 1995	W side (direct line)
Hironaka Hashiyada	Japan	Sep 25, 1995	W side (direct line)
Jinichi Miyakawa	Japan	Sep 25, 1995	W side (direct line)
Ang Phurba Sherpa (Beding) (2/3)	Nepal	Sep 25, 1995	W side (direct line)
Dawa Tashi Sherpa (Beding)	Nepal	Sep 25, 1995	W side (direct line)
Dawa Tshering (Dawa Chhiri) Sherpa (Beding) (2/6)	Nepal	Sep 25, 1995	W side (direct line)

Nawang Tenzing Sherpa (Beding) (1/4)	Nepal	Sep 25, 1995	W side (direct line)
Branko Puzak	Croatia	Sep 25, 1995	W side (direct line)
Branko Separovic	Croatia	Sep 25, 1995	W side (direct line)
Nawang Dorje (Da Nawang Dorje) Sherpa (Beding) (2/3)	Nepal	Sep 25, 1995	W side (direct line)
Kenichi Ikeda	Japan	Sep 26, 1995	W side (direct line)
Yuji Ogio	Japan	Sep 26, 1995	W side (direct line)
Roman Rosenbaum	Australia	Sep 26, 1995	W side (direct line)
Ang Temba Sherpa (Beding) (2/3)	Nepal	Sep 26, 1995	W side (direct line)
Nawang Syakaya/Syatty Sherpa (Beding) (2/2)	Nepal	Sep 26, 1995	W side (direct line)
Tendu Sherpa (Beding)	Nepal	Sep 26, 1995	W side (direct line)
Robert Edwin (Rob) Hall (2/2)	New Zealand	Sep 26, 1995	W side from N
Ms. Jan Elizabeth Arnold (2/2)	New Zealand	Sep 26, 1995	W side from N
Leonard James (Len) Harvey	Australia	Sep 26, 1995	W side from N
Douglas Lyle (Doug) Mantle	USA	Sep 26, 1995	W side from N
Chuldim Dorje (Ang Dorje) Sherpa (Pangboche) (1/3)	Nepal	Sep 26, 1995	W side from N
Norbu/Nurbu (Nuru) Sherpa (Beding) (1/6)	Nepal	Sep 26, 1995	W side from N
Stojan Burnik	Slovenia	Sep 27, 1995	W side (direct line)
Danko Petrin	Croatia	Sep 27, 1995	W side (direct line)
Franz Seiler	Germany	Sep 27, 1995	W side (direct line)
Josef Stiller	Germany	Sep 27, 1995	W side (direct line)
Andrej Stremfelj	Slovenia	Sep 28, 1995	W side (direct line)
Ms. Marija Stremfelj	Slovenia	Sep 28, 1995	W side (direct line)
Rudy Buccella (d)	Italy	Sep 28, 1995	W side from N (direct line)
Arnaud Clavel (d)	Italy	Sep 28, 1995	W side from N (direct line)
Kiyoharu Ito	Japan	Sep 29, 1995	W side from N
Jun Sawataishi	Japan	Sep 29, 1995	W side from N
Ang Gyalzen Sherpa (Thami)	Nepal	Sep 29, 1995	W side from N
Pasang Kami Sherpa (Kharikhola)	Nepal	Sep 29, 1995	W side from N
Yukito Ueno	Japan	Sep 29, 1995	W side from N
Man Bahadur Gurung (Sitalpati) (1/4)	Nepal	Sep 29, 1995	W side from N
Masaaki Hatakeyama	Japan	Oct 1, 1995	W side from N
Toshio Tanaka	Japan	Oct 1, 1995	W side from N
Ngatemba (Nga Temba) Sherpa (Sikli) (1/2)	Nepal	Oct 1, 1995	W side from N
Javier Botella De Maglia	Spain	Oct 1, 1995	W side "W Corner"
Gyalbu Sherpa (Beding)	Nepal	Oct 1, 1995	W side "W Corner"
Claude Jager	France	Oct 1, 1995	W side from N
Kunga Sherpa (Lamabagar-3) (2/4)	Nepal	Oct 1, 1995	W side from N
Alain Thevenot	France	Oct 1, 1995	W side from N
Jonathan (Jon) Tinker	UK	Oct 2, 1995	W side "W Corner"
Nikolai Choustrov	Russia	Oct 2, 1995	W side "W Corner"
Robert (Matt) Hunter	USA	Oct 2, 1995	W side "W Corner"

Hallgrimur Magnusson	Iceland	Oct 2, 1995	W side "W Corner"
Bjorn Olafsson	Iceland	Oct 2, 1995	W side "W Corner"
Einar Kristjan Stefansson	Iceland	Oct 2, 1995	W side "W Corner"
Babu Chiri (Babu Tshering) Sherpa (Chhulemu) (1/3)	Nepal	Oct 2, 1995	W side "W Corner"
Lama Jangbu Sherpa (Kharikhola)	Nepal	Oct 2, 1995	W side "W Corner"
Fernando Alvarez Fernandez	Spain	Oct 2, 1995	W side "W Corner"
Antonio Gomez Bolea	Spain	Oct 2, 1995	W side "W Corner"
Agustine (Agusti) Pallares Vaque	Spain	Oct 2, 1995	W side "W Corner"
Jose Luis Serrano Sanz	Spain	Oct 2, 1995	W side "W Corner"
Kami Tenzing (Ang Kami) Sherpa (Khumjung) (1/2)	Nepal	Oct 2, 1995	W side "W Corner"
Ladislav (Vladimir) Drda	Czech Rep.	Oct 2, 1995	W side from N (direct)
Vladimir Mysik	Czech Rep.	Oct 2, 1995	W side from N (direct)
Oto Louka	Czech Rep.	Oct 3, 1995	W side from N (direct)
Pierre Sicouri	Italy	Oct 4, 1995	W side from N (direct line)
Vladimir Ianotchkine	Russia	Oct 4, 1995	W side from N (direct line)
Lhakpa Rita Sherpa (Thami) (1/7)	Nepal	Oct 4, 1995	W side from N
Juraj Kardhordo	Slovakia	Oct 6, 1995	W side from N (direct)
Otakar Srovnal	Czech Rep.	Oct 6, 1995	W side from N (direct)
Dawa Sherpa (Simkharka)	Nepal	Oct 7, 1995	W side from N
Lhakpa Rita Sherpa (Thami) (2/7)	Nepal	Oct 7, 1995	W side from N
Peter George (Pete) Athans	USA	Oct 7, 1995	W side from N
Ian Woods	S Africa	Oct 7, 1995	W side from N
William D. (Willi) Prittie	USA	Oct 7, 1995	W side from N
Tibor Hromadka	Slovakia	Oct 8, 1995	W side from N (direct)
Alain Cheze	France	Oct 10, 1995	W side from N
Ms. Frederique Delrieu	France	Oct 13, 1995	W side "W Corner"
Jacques Desplan	France	Oct 13, 1995	W side from N
Ang Rita Sherpa (Yilajung) (4/4)	Nepal	Oct 13, 1995	W side from N
Markus Schmid	Switzerland	May 2, 1996	W side (direct from C2 to top)
Christian Zinsli	Switzerland	May 2, 1996	W side (direct from C2 to top)
Christian Bannwart	Switzerland	May 2, 1996	W Ridge/W Face
Claude Bitz	Switzerland	May 2, 1996	W Ridge/W Face
Serge Bonvin	Switzerland	May 2, 1996	W Ridge/W Face
Juris Osis	Latvia	May 2, 1996	W Face/Ridge
Rolands Laveikis	Latvia	May 2, 1996	W Face/Ridge
Aivars Valentins Rutkis	Latvia	May 2, 1996	W Face/Ridge
Jangbu Sherpa (Lumsa)	Nepal	May 2, 1996	W Face/Ridge
Nawang Chokleg (Ang Zangbu) Sherpa (Thami) (1/2)	Nepal	May 2, 1996	W Face/Ridge
Jorge Hermosillo Miranda	Mexico	May 3, 1996	W Ridge/W Face
Bruno Hasler	Switzerland	May 4, 1996	W side (direct from C2 to top)
Daniel Bieri	Switzerland	May 4, 1996	W side (direct from C2 to top)
Arthur Kaeslin	Switzerland	May 4, 1996	W side (direct from C2 to top)
Ms. Rosa Maria Real Soriano	Spain	May 4, 1996	W side (direct from C2 to top)
Anton Buhl	Germany	May 4, 1996	W Face/Ridge
Martin Goeggelmann (1/2)	Germany	May 4, 1996	W Face/Ridge

Arne Heckele	Germany	May 4, 1996	W Face/Ridge
Karl Schmitt	Germany	May 4, 1996	W Face/Ridge
Richard Stihler	Germany	May 4, 1996	W Face/Ridge
Hartmut Stockert	Germany	May 4, 1996	W Face/Ridge
Nawang Thile (Pemba Dorje) Sherpa (Beding) (3/8)	Nepal	May 4, 1996	W Face/Ridge
Ongchu Sherpa (Kharikhola) (1/2)	Nepal	May 4, 1996	W Face/Ridge
Carl Joseph Schulte	Germany	May 4, 1996	W side from N
Toru Masuda	Japan	May 8, 1996	W side (normal rte)
Hiroki Masunaga	Japan	May 8, 1996	W side (normal rte)
Noboru Miki	Japan	May 8, 1996	W side (normal rte)
Ms. Taeko Todo	Japan	May 8, 1996	W side (normal rte)
Chhiring Dorje Sherpa (Beding) (1/4)	Nepal	May 8, 1996	W side (normal rte)
Kunga Sherpa (Lamabagar-3) (3/4)	Nepal	May 8, 1996	W side (normal rte)
Shinji Sato	Japan	May 9, 1996	W side (normal rte)
Toshiaki Saito	Japan	May 9, 1996	W side (normal rte)
Ms. Masayo Yamaguchi	Japan	May 9, 1996	W side (normal rte)
Seiji Yasukawa	Japan	May 9, 1996	W side (normal rte)
Nima (Ang Nima) Sherpa (Chulemo) (2/3)	Nepal	May 9, 1996	W side (normal rte)
Bruno Pederiva	Italy	May 10, 1996	W side from N
Kancha Nuru Sherpa (Khumjung) (1/2)	Nepal	May 10, 1996	W side from N
Jean Francois Ellis	USA	May 13, 1996	W side "W Corner"
Ms. Heather MacDonald (2/2)	USA	May 13, 1996	W side "W Corner"
Tapley M. (Tap) Richards (1/2)	USA	May 13, 1996	W side "W Corner"
Da Nuru (Dawa Nuru/Norbu) Sherpa (Phortse) (3/5)	Nepal	May 13, 1996	W side "W Corner"
Edward Leas	USA	May 14, 1996	W side "W Corner"
John Race (1/2)	USA	May 14, 1996	W side "W Corner"
Diego Stefani	Italy	May 15, 1996	W side from N
Marco Tosi	Italy	May 15, 1996	W side from N
Sergio Valentini	Italy	May 15, 1996	W side from N
Mark Anthoney Whetu (1/2)	New Zealand	May 16, 1996	W side from N
Ms. Antonia (Ansja) De Boer	Netherlands	May 16, 1996	W side from N
Bruce Graeme Hasler	New Zealand	May 16, 1996	W side from N
Ms. Janet Marion Kelland	New Zealand	May 16, 1996	W side from N
Andrew Salek	New Zealand	May 16, 1996	W side from N
Peter Reynal-O'Connor	New Zealand	May 16, 1996	W side from N
Russell Reginald Brice (2/8)	New Zealand	May 16, 1996	W side from N
Michael Leuprecht	Austria	May 19, 1996	W side from N
Franz Obermueller	Austria	May 19, 1996	W side from N
Andreas Fink	Austria	May 26, 1996	W side from N
Christian Haas	Austria	May 26, 1996	W side from N
Anton Hinterplattner	Austria	May 26, 1996	W side from N
Philippe Perlia (1/2)	Luxembourg	May 26, 1996	W side from N
Stefan Gatt (1/2)	Austria	May 27, 1996	W side from N

Name	Country	Date	Route
Ignaz Gruber	Austria	May 27, 1996	W side from N
Ms. Erika Huber	Austria	May 27, 1996	W side from N
Russell Reginald Brice (3/8)	New Zealand	Sep 20, 1996	W Ridge/Face from N
Ms. Junko Tabei	Japan	Sep 20, 1996	W Ridge/Face from N
Ms. Toyo Kurai	Japan	Sep 20, 1996	W Ridge/Face from N
Karsang Namgyal/Namgel Sherpa (Thami) (1/7)	Nepal	Sep 20, 1996	W Ridge/Face from N
Simon Blackmore	UK	Sep 21, 1996	W Ridge/Face from N
Chuldin Temba (Chuldim) Sherpa (Zarok) (2/3)	Nepal	Sep 21, 1996	W Ridge/Face from N
Lobsang Temba (Lupsang Temba) Sherpa (Khumjung) (1/7)	Nepal	Sep 21, 1996	W Ridge/Face from N
Ms. Hanako Majima	Japan	Sep 21, 1996	W Ridge/Face from N
Sang-Bae Lee	S Korea	Sep 23, 1996	W Ridge/Face
Jung-Hun Park	S Korea	Sep 23, 1996	W Ridge/Face
Ms. Mi-Jung Byun	S Korea	Sep 23, 1996	W Ridge/Face
Young-Ki Kim	S Korea	Sep 23, 1996	W Ridge/Face
Chewang Dorje Sherpa (Thami)	Nepal	Sep 23, 1996	W Ridge/Face
Nima (Ang Nima) Sherpa (Chulemo) (3/3)	Nepal	Sep 23, 1996	W Ridge/Face
Phurba (Ang Phurba) Sherpa (Phurte)	Nepal	Sep 23, 1996	W Ridge/Face
Vladimir Bachkirov	Russia	Sep 23, 1996	W Ridge/Face
Alexei Klimine	Russia	Sep 23, 1996	W Ridge/Face
Alexei Russo Kovalchuk	Estonia	Sep 23, 1996	W Ridge/Face
Boris Mednik	Russia	Sep 23, 1996	W Ridge/Face
Alexei Paskin	Russia	Sep 23, 1996	W Ridge/Face
Alexei Sedov	Russia	Sep 23, 1996	W Ridge/Face
Gia Tortladze	Georgia	Sep 23, 1996	W Ridge/Face
Nikolai Zakharov	Russia	Sep 23, 1996	W Ridge/Face
Jacek Krzysztof Berbeka	Poland	Sep 23, 1996	W Ridge/Face from N
Boris Sedusov	Russia	Sep 23, 1996	W Ridge/Face
Valeri Pershin (2/2)	Russia	Sep 23, 1996	W Ridge/Face
Evgeni Vinogradski (2/3)	Russia	Sep 23, 1996	W Ridge/Face
Anatoli Boukreev	Kazakhstan	Sep 23, 1996	W Ridge/Face from N
Ken Noguchi	Japan	Sep 25, 1996	W Ridge/W Face
Pasang Tshering/Tshiring Sherpa (Beding) (2/5)	Nepal	Sep 25, 1996	W Ridge/W Face
Mark Charles McDermott	UK	Sep 25, 1996	W Ridge/Face from N
Babu Chiri (Babu Tshering) Sherpa (Chhulemu) (2/3)	Nepal	Sep 25, 1996	W Ridge/Face from N
Henry Barclay Todd (1/2)	UK	Sep 27, 1996	W Ridge/Face
Ms. Christine Joyce Feld Boskoff (1/2)	USA	Sep 27, 1996	W Ridge/Face
Keith L. Boskoff	USA	Sep 27, 1996	W Ridge/Face
Raymond Andrew (Ray) Dorr	USA	Sep 27, 1996	W Ridge/Face
Larry G. Hall	USA	Sep 27, 1996	W Ridge/Face
Mark Pfetzer	USA	Sep 27, 1996	W Ridge/Face

Jyamang Bhote	Nepal	Sep 27, 1996	W Ridge/Face
Pemba Dorje Sherpa (Pangboche) (1/2)	Nepal	Sep 27, 1996	W Ridge/Face
Pierre Mahenc	France	Sep 27, 1996	W Ridge/Face
Kancha Nuru Sherpa (Khumjung) (2/2)	Nepal	Sep 27, 1996	W Ridge/Face
David Robinson	Canada	Sep 27, 1996	W Ridge/Face from N
Dennis Brown	Canada	Sep 27, 1996	W Ridge/Face from N
Russell Reginald Brice (4/8)	New Zealand	Sep 27, 1996	W Ridge/Face from N
Ms. Sumiyo Tsuzuki (2/2)	Japan	Sep 27, 1996	W Ridge/Face from N
Paul Harold Morrow	USA	Sep 28, 1996	W Ridge/Face from N
Danuru (Dawa) Sherpa (Namche Bazar) (1/4)	Nepal	Sep 28, 1996	W Ridge/Face from N
Oscar Cadiach Puig (1/2)	Spain	Sep 28, 1996	N Ridge up; W side down
Sebastian Ruckensteiner	Austria	Sep 28, 1996	N Ridge up; W side down
Ivan Loredo Vidal	Mexico	Sep 29, 1996	W Ridge/Face from N
Ms. Karla Wheelock Aguayo	Mexico	Sep 29, 1996	W Ridge/Face from N
Edmund Karl (Ed) Viesturs (2/2)	USA	Sep 29, 1996	W Ridge/Face from N
Robert M. Boice	USA	Sep 29, 1996	W Ridge/Face from N
Mathew Buchan	UK	Sep 29, 1996	W Ridge/Face from N
Chuldim Dorje (Ang Dorje) Sherpa (Pangboche) (2/3)	Nepal	Sep 29, 1996	W Ridge/Face from N
Chuldim (Chuldim Dorje) Sherpa (Khumjung) (1/6)	Nepal	Sep 29, 1996	W Ridge/Face from N
Skip Horner	USA	Sep 29, 1996	W Ridge/Face from N
Ms. Susan O'Neill French	New Zealand	Sep 29, 1996	W Ridge/Face from N
Nikola (Nick) Kekus	UK	Sep 29, 1996	W Ridge/Face from N
Lhakpa Gelu Sherpa (Kharikhola)	Nepal	Sep 29, 1996	W Ridge/Face from N
Ms. Helen Erika Sovdat	Canada	Oct 1, 1996	W Ridge/Face from N
Ms. Margaret (Marg) Saul	Canada	Oct 1, 1996	W Ridge/Face from N
Nawang Phurba Sherpa (Beding)	Nepal	Oct 1, 1996	W Ridge/Face from N
Morris Kittleman	USA	Oct 1, 1996	W Ridge/Face from N
Ilgvars Pauls	Latvia	Oct 1, 1996	W Ridge/Face from N
Babu Chiri (Babu Tshering) Sherpa (Chhulemu) (3/3)	Nepal	Oct 1, 1996	W Ridge/Face from N
Nima (Ngima) Sherpa (Sikli) (1/4)	Nepal	Oct 1, 1996	W Ridge/Face from N
Pemba Tshering/Chhiring Sherpa (Kharikhola) (1/2)	Nepal	Oct 1, 1996	W Ridge/Face from N
Alwin Arnold	Switzerland	Oct 1, 1996	W Ridge/Face
Bernard Huc-Dumas	France	Oct 1, 1996	W Ridge/Face
Konstantin Farafonov	Kazakhstan	Oct 6, 1996	W Ridge/Face from N
Shafkhat Gataoulin (1/2)	Kazakhstan	Oct 6, 1996	W Ridge/Face from N
Lubos Becak	Czech Rep.	Oct 9, 1996	W Ridge/Face
Josep Oriol Ribas Duiro	Andorra	Oct 10, 1996	W Ridge/Face from N
Manuel Penalva Martinez	Spain	Oct 10, 1996	W Ridge/Face from N
Martin Otta	Czech Rep.	Oct 10, 1996	W Ridge/Face
Shafkhat Gataoulin (2/2)	Kazakhstan	Oct 14, 1996	W Ridge/Face from N
Oleg Malikov	Kazakhstan	Oct 14, 1996	W Ridge/Face from N

Name	Country	Date	Route
Yuri Moiseev	Kazakhstan	Oct 14, 1996	W Ridge/Face from N
Pasquale Vincent Scaturro	USA	Apr 27, 1997	NW side
Donald (Don) Beavon	USA	Apr 27, 1997	NW side
Sherman M. Bull	USA	Apr 27, 1997	NW side
Didrik Johnck	USA	Apr 27, 1997	NW side
Kami Tenzing (Ang Kami) Sherpa (Khumjung) (2/2)	Nepal	Apr 27, 1997	NW side
Robert H. (Bob) Hoffman	USA	Apr 28, 1997	NW side
Charles H. (Chuck) Demarest	USA	Apr 28, 1997	NW side
Pasang Phutar Sherpa (Yaphu) (1/2)	Nepal	Apr 28, 1997	NW side
Pemba Norbu/Nuru Sherpa (Namche Bazar)	Nepal	Apr 28, 1997	NW side
Herbert Rainer	Austria	Apr 30, 1997	NW side
Alexander Roderick (Sandy) Allan	UK	May 2, 1997	NW side
James (Jim) Sparks	USA	May 2, 1997	NW side
Dorje Sherpa (Mamerku)	Nepal	May 2, 1997	NW side
Lhakpa Gyalzen Sherpa (Chaunrikharka)	Nepal	May 2, 1997	NW side
Josef (Sepp) Inhoeger	Austria	May 2, 1997	NW side
Harry Nikol	Germany	May 2, 1997	NW side
Heinz Rockenbauer	Austria	May 2, 1997	NW side
Oscar Cadiach Puig (2/2)	Spain	May 2, 1997	NW side
Ms. Nani Duro-Arajol	Andorra	May 2, 1997	NW side
Jordi Tosas Robert (1/2)	Spain	May 2, 1997	NW side
Ms. Elena Lebedeva	Russia	May 3, 1997	NW side
Lev Ioffe	Russia	May 3, 1997	NW side
Ms. Tamara Zoeva	Russia	May 3, 1997	NW side
Helmut Chlastak	Germany	May 3, 1997	NW side
Johann (Hans) Goger	Austria	May 3, 1997	NW side
Edorta Andueza	Spain	May 3, 1997	NW side
Victor Izquierdo Feijoo	Spain	May 3, 1997	NW side
Angel Maria Navas Goena	Spain	May 3, 1997	NW side
Vladimir (Vlado) Strba	Slovakia	May 6, 1997	NW side
Rolando Nicco	Italy	May 6, 1997	NW side
Markus Hannes Walter	Germany	May 6, 1997	W Ridge-W Face
Goetz Wiegand	Germany	May 6, 1997	W Ridge-W Face
Joerg Leupold	Germany	May 6, 1997	W Ridge-W Face
Steve Pasmeny	Canada	May 7, 1997	NW side
Frederick Harold (Fred) Ziel	USA	May 7, 1997	NW side
Tomas Slama	Czech Rep.	May 8, 1997	NW side
Walter Turek	Austria	May 8, 1997	NW side
Martin Mayerhofer	Austria	May 12, 1997	NW side
Harald Ortner	Austria	May 12, 1997	NW side
Kai Braun	USA	May 13, 1997	NW side
Holger Dolenga	Germany	May 14, 1997	NW side
David Allen (Dave) Hahn (2/2)	USA	May 15, 1997	NW side
Fred Alldredge	USA	May 15, 1997	NW side
Richard Alpert	USA	May 15, 1997	NW side

Terrence (Terry) La France	USA	May 15, 1997	NW side
Young-Ho Heo	S Korea	May 18, 1997	NW side
Myung-Yul Lim	S Korea	May 18, 1997	NW side
Kwae-Don Park	S Korea	May 18, 1997	NW side
Adolf Mezger	Germany	May 19, 1997	NW side
Walter Bernard Kugler	Germany	May 19, 1997	NW side
Josef Mayer	Germany	May 19, 1997	NW side
Armin Teuchert	Germany	May 19, 1997	NW side
Tenzing Phinzo (Ang Phintso) Sherpa (Phortse) (2/4)	Nepal	May 19, 1997	NW side
Charles Arthur	UK	May 20, 1997	NW side
David Anthony Spencer	UK	May 20, 1997	NW side
Samuel Stacey	UK	May 20, 1997	NW side
Mingma Dorje Sherpa (Kharikhola)	Nepal	May 20, 1997	NW side
Pemba Tshering/Chhiring Sherpa (Kharikhola) (2/2)	Nepal	May 20, 1997	NW side
Georgi Kotov	Russia	May 21, 1997	N Ridge from W
William Earl (Bill) Pierson	USA	May 21, 1997	N Ridge from W
Young-Seok Park (2/2)	S Korea	Sep 19, 1997	NW side
Hun-Moo Jang (1/2)	S Korea	Sep 19, 1997	NW side
Hong Kim	S Korea	Sep 19, 1997	NW side
Jun-Young Oh	S Korea	Sep 19, 1997	NW side
Tashi Tshering Sherpa (Pangboche) (1/4)	Nepal	Sep 19, 1997	NW side
Kum-Duk Jang	S Korea	Sep 20, 1997	NW side
Pierre Luc Hughes Schmidt	France	Sep 20, 1997	NW side
Christian Trommsdorff	France	Sep 20, 1997	NW side
Nawang Thile (Pemba Dorje) Sherpa (Beding) (4/8)	Nepal	Sep 20, 1997	NW side
Giacomo Scaccabarozzi	Italy	Sep 21, 1997	NW side from N
Seong-Seok Kim	S Korea	Sep 21, 1997	NW side from N
Heon-Ju Park	S Korea	Sep 21, 1997	NW side from N
Panuru (Pasang Nuru, Pa Nuru) Sherpa (Phortse) (2/4)	Nepal	Sep 21, 1997	NW side from N
Alfred M. (Mack) Ellerby	USA	Sep 22, 1997	NW side
Ang Pemba (Pemba) Sherpa (Kerung)	Nepal	Sep 22, 1997	NW side
Ms. Maria Jesus (Chus) Lago Rey	Spain	Sep 22, 1997	NW side
Ongchu Sherpa (Kharikhola) (2/2)	Nepal	Sep 22, 1997	NW side
Michihiro Kadoya	Japan	Sep 26, 1997	NW side from N
Katsuji Maeda	Japan	Sep 26, 1997	NW side from N
Ms. Keiko Tsubosa	Japan	Sep 26, 1997	NW side from N
Man Bahadur Gurung (Sitalpati) (2/4)	Nepal	Sep 26, 1997	NW side from N
Dawa (Ang Dawa) Sherpa (Walung) (2/4)	Nepal	Sep 26, 1997	NW side from N
Jose Antonio (Pepe) Garces Galindo	Spain	Sep 26, 1997	NW side
Jose Luis Gomez de Miquel	Spain	Sep 26, 1997	NW side

Inaki Beltran De Lubiano	Spain	Sep 26, 1997	NW side
Gonzalo Manuel Sobral Blanco Velez	Portugal	Sep 26, 1997	NW side
Vadim Leontiev	Ukraine	Sep 26, 1997	NW side
Vasili (Vazyl) Kopytko	Ukraine	Sep 26, 1997	NW side
Sergei Kovalev	Ukraine	Sep 26, 1997	NW side
Giorgio Cemmi	Italy	Sep 26, 1997	NW side from N
Marco Perego	Italy	Sep 26, 1997	NW side from N
Ms. Ginette Lesley Harrison	UK	Sep 27, 1997	NW side
Gary Scott Pfisterer	USA	Sep 27, 1997	NW side
Pasang Tshering (Ang Tshering) Sherpa (Pangboche) (1/2)	Nepal	Sep 27, 1997	NW side
Marco Airoldi	Italy	Sep 27, 1997	NW side from N
David Jewell	New Zealand	Sep 28, 1997	NW side
Roman Koval	Ukraine	Sep 28, 1997	NW side
Vladimir Zboja	Slovakia	Sep 28, 1997	NW side
Ali Nasuh Mahruki	Turkey	Sep 28, 1997	NW side
Edmund Guy Cotter	New Zealand	Sep 28, 1997	NW side
Arthur Collins	New Zealand	Sep 28, 1997	NW side
David John Hiddleston	New Zealand	Sep 28, 1997	NW side
Keith Graham Kerr	UK	Sep 28, 1997	NW side
Yick-Nam Leung	Hong Kong	Sep 28, 1997	NW side
Chuldim (Chuldim Dorje) Sherpa (Khumjung) (2/6)	Nepal	Sep 28, 1997	NW side
Eric Robb Simonson	USA	Sep 28, 1997	NW side
Robert Link	USA	Sep 28, 1997	NW side
William Michael (Mike) Dunnahoo	USA	Sep 28, 1997	NW side
Ms. Kimberley A. (Kim) Gattone	USA	Sep 28, 1997	NW side
Stephen (Steve) Greenholz	USA	Sep 28, 1997	NW side
Chris Horley	USA	Sep 28, 1997	NW side
Laurence Lewis	USA	Sep 28, 1997	NW side
Andrew (Andy) Mondry	USA	Sep 28, 1997	NW side
James Ryrie (Jake) Norton	USA	Sep 28, 1997	NW side
Ang Pasang Sherpa (Pangboche) (1/4)	Nepal	Sep 28, 1997	NW side
Tenzing Phinzo (Ang Phintso) Sherpa (Phortse) (3/4)	Nepal	Sep 28, 1997	NW side
David Yew Lee Lim	Malaysia	Sep 28, 1997	NW side
Swee-Chiow Khoo	Singapore	Sep 28, 1997	NW side
Justin Jinkiat Lean	Singapore	Sep 28, 1997	NW side
Mohammad Rozani Maarof	Malaysia	Sep 28, 1997	NW side
Alan Grant Lance Silva	Australia	Sep 28, 1997	NW side
Kunga Sherpa (Lamabagar-3) (4/4)	Nepal	Sep 28, 1997	NW side
Lila Bahadur Tamang (Khimrang)	Nepal	Sep 28, 1997	NW side
Chuldim Dorje (Ang Dorje) Sherpa (Pangboche) (3/3)	Nepal	Sep 28, 1997	NW side
Stanislav Krylov	Russia	Sep 30, 1997	NW side
Ms. Anna Akinina	Russia	Sep 30, 1997	NW side

Yuri Contreras Cedi	Mexico	Oct 3, 1997	NW side
Steven Le Poole	Netherlands	Oct 3, 1997	NW side
Anthony Victor (Vic) Saunders (1/4)	UK	Oct 3, 1997	NW side
Eric Escoffier	France	Oct 13, 1997	NW side
Alain Paret	France	Oct 13, 1997	NW side
Iman Gurung (Laprak) (2/2)	Nepal	Oct 13, 1997	NW side
Silvio Mondinelli (1/2)	Italy	Oct 15, 1997	NW side
Paolo Paglino	Italy	Oct 15, 1997	NW side
Jesus Martinez Novas *	Spain	Nov 6, 1997	NW side from S
Yong-Hong Gao	China	Apr 21, 1998	NW side from N (direct rte)
Yuan-Xin Tang	China	Apr 21, 1998	NW side from N (direct rte)
Chun-Bo Zhang	China	Apr 21, 1998	NW side from N (direct rte)
Nikolai Pimkin	Russia	Apr 28, 1998	NW side from N
Dmitri Sergeev	Russia	Apr 28, 1998	NW side from N
Francois Loubert	Canada	May 1, 1998	NW side (direct rte)
Claude-Andre Nadon	Canada	May 1, 1998	NW side (direct rte)
Josef H. (Sepp) Hinding	Austria	May 6, 1998	NW side from N (direct rte)
Rudolf (Rudi) Hofer	Austria	May 6, 1998	NW side from N (direct rte)
Ms. Gerlinde Kaltenbrunner	Austria	May 6, 1998	NW side from N (direct rte)
Thomas Prinz	Austria	May 6, 1998	NW side from N (direct rte)
Herbert Wolf (1/2)	Austria	May 6, 1998	NW side from N (direct rte)
Franz Scharmueller	Austria	May 6, 1998	NW side from N (direct rte)
Andreas Poppe	Germany	May 12, 1998	NW side from N (direct line up)
Gerald Roesner	Germany	May 12, 1998	NW side from N (direct line up)
Brian Prax	USA	May 14, 1998	NW side
Robert Rackl	Germany	May 19, 1998	NW side
Klaus-Dieter Grohs	Germany	May 19, 1998	NW side
Nawang Thile (Pemba Dorje) Sherpa (Beding) (5/8)	Nepal	May 19, 1998	NW side
Marco Della Santa	Italy	May 19, 1998	NW side (direct line up)
Stefano Dotti	Italy	May 19, 1998	NW side (direct line up)
Renato Pizzagalli	Italy	May 19, 1998	NW side (direct line up)
Cesare Romano	Italy	May 19, 1998	NW side (direct line up)
Giancarlo Santi	Italy	May 19, 1998	NW side (direct line up)
Ms. Katja Staartjes-Koomen	Netherlands	May 20, 1998	NW side from N
Nanda Dorje (Naga Dorje, Nanga) Sherpa (Khumjung) (1/3)	Nepal	May 20, 1998	NW side from N
Maximilian-Horst Fankhauser	Austria	May 20, 1998	NW side (direct & Tichy rtes)
Ms. Barbara Hirschbichler	Germany	May 20, 1998	NW side (direct & Tichy rtes)
Alexander Huber	Germany	May 20, 1998	NW side (direct & Tichy rtes)
Georg Simair	Austria	May 20, 1998	NW side (direct & Tichy rtes)
Glen Anders	USA	May 20, 1998	NW side
Gavin Clifford Bate	UK	May 20, 1998	NW side
Patrick (Pat) Falvey	Ireland	May 20, 1998	NW side
Adrian Wildsmith	UK	May 20, 1998	NW side
Nima (Ngima) Sherpa (Sikli) (2/4)	Nepal	May 20, 1998	NW side
Phenden/Phanden Sherpa (Kharikhola) (1/3)	Nepal	May 20, 1998	NW side

Name	Country	Date	Route
Michael John (Mike) Pearson	UK	May 21, 1998	NW side
Yde De Jong	Netherlands	May 22, 1998	NW side from N
Sander Terwee	Netherlands	May 22, 1998	NW side from N
Henri Willem (Hans) Van der Meulen	Netherlands	May 22, 1998	NW side from N
Chhong Ringee (Chewang Rinzen) Sherpa (Beding) (2/4)	Nepal	May 22, 1998	NW side from N
Thomas Laemmle (1/2)	Germany	May 22, 1998	NW side (direct & Tichy rtes)
Rudolf (Rudi) Roozen	Austria	May 22, 1998	NW side (direct & Tichy rtes)
Gustav Weinberger	Austria	May 22, 1998	NW side (direct & Tichy rtes)
Bruno Friedrich	Germany	May 22, 1998	NW side (direct & Tichy rtes)
Roman Lebek	Germany	May 22, 1998	NW side (direct & Tichy rtes)
Matthias Staschul	Germany	May 22, 1998	NW side (direct & Tichy rtes)
Waldemar Niclevicz	Brazil	May 23, 1998	NW side from N
Abele Blanc	Italy	May 23, 1998	NW side from N
Marco Camandona	Italy	May 23, 1998	NW side from N
Philippe Perlia (2/2)	Luxembourg	May 23, 1998	NW side from N
Hubert Gogl	Austria	May 23, 1998	NW side from N
Hans Lechner	Austria	May 23, 1998	NW side from N
Johann Murg	Austria	May 23, 1998	NW side from N
Johann (Hans) Penz	Austria	May 23, 1998	NW side from N
Karl Heinz Schmid	Germany	May 23, 1998	NW side (direct & Tichy rtes)
Ms. Maria Mlynarczyk	Germany	May 24, 1998	NW side (direct & Tichy rtes)
Zbigniew Mlynarczyk	Germany	May 24, 1998	NW side (direct & Tichy rtes)
Antonius Smets	Netherlands	May 29, 1998	NW side from N
Arjan Dingemans	Netherlands	May 31, 1998	NW side from N
Nawang Chokleg (Ang Zangbu) Sherpa (Thami) (2/2)	Nepal	May 31, 1998	NW side from N
Pedro Bergevoet	Netherlands	Jun 1, 1998	NW side from N
Markus Blanchebarbe	Germany	Sep 24, 1998	NW side (direct from C3)
Mingma Sherpa (Tapting)	Nepal	Sep 24, 1998	NW side (direct from C3)
Roy Campbell Tudor Hughes	UK	Sep 24, 1998	NW side
Phurba Tashi Sherpa (Khumjung) (1/5)	Nepal	Sep 24, 1998	NW side
Sonam Tashi Sherpa (Khumjung) (1/5)	Nepal	Sep 24, 1998	NW side
Nanda Dorje (Naga Dorje, Nanga) Sherpa (Khumjung) (2/3)	Nepal	Sep 24, 1998	NW side (direct rte)
Ms. Susan Erica (Sue) Fear	Australia	Sep 24, 1998	NW side from N (direct rte)
Nima Dorje (Monterey) Tamang (Pirangding)	Nepal	Sep 24, 1998	NW side from N (direct rte)
Ms. Tuula Helena Nousiainen	Finland	Sep 24, 1998	NW side (direct rte)
Chhong Ringee (Chewang Rinzen) Sherpa (Beding) (3/4)	Nepal	Sep 24, 1998	NW side (direct rte)
Constantin Lacatusu	Romania	Sep 24, 1998	NW side (direct rte)
Miquel Comes Arderiu	Spain	Sep 25, 1998	NW side (direct rte)
Tarke Sherpa (Rakshi Kharka) (1/5)	Nepal	Sep 25, 1998	NW side (direct rte)
Alexander (Alex) Jaggi	Switzerland	Sep 25, 1998	NW side from N

Keitaro Morooka	Japan	Sep 25, 1998	NW side from N
Norbu/Nurbu (Nuru) Sherpa (Beding) (2/6)	Nepal	Sep 25, 1998	NW side from N
Andrew Atis (Andy) Lapkass	USA	Sep 26, 1998	NW side
Timothy (Tim) Cowen	USA	Sep 26, 1998	NW side
Mark Kimball Goddard	USA	Sep 26, 1998	NW side
David Lambert	UK	Sep 26, 1998	NW side
Ms. Laura T. Medina	USA	Sep 26, 1998	NW side
Damian G. B. Ryan	Ireland	Sep 26, 1998	NW side
Pasang Tshering (Ang Tshering) Sherpa (Pangboche) (2/2)	Nepal	Sep 26, 1998	NW side
Masahiko Taniguchi	Japan	Sep 26, 1998	NW side (direct rte)
Muneo Nukita	Japan	Sep 26, 1998	NW side (direct rte)
Mingma Tshering/Tsiri Sherpa (Beding) (1/3)	Nepal	Sep 26, 1998	NW side (direct rte)
Nima Dorje (Dorje) Sherpa (Beding) (4/5)	Nepal	Sep 26, 1998	NW side (direct rte)
Tashi Sherpa (Beding)	Nepal	Sep 26, 1998	NW side (direct rte)
Renzo Benedetti	Italy	Sep 26, 1998	NW side (direct rte)
Mario Dibona	Italy	Sep 26, 1998	NW side (direct rte)
Goran Ferlan	Yugoslavia	Sep 27, 1998	NW side
Nicholas J. (Nick) Gubser	USA	Sep 27, 1998	NW side
Dragan Jacimovic	Yugoslavia	Sep 27, 1998	NW side
Andreas Mayer	Austria	Sep 27, 1998	NW side
George David Mellor	UK	Sep 27, 1998	NW side
Pemba Dorje Sherpa (Pangboche) (2/2)	Nepal	Sep 27, 1998	NW side
Alberto Gil	Spain	Sep 27, 1998	NW side from N (direct rte)
Jesus Maria (Txetxu) Lete	Spain	Sep 27, 1998	NW side from N (direct rte)
Angel Cinca Sordo	Spain	Sep 27, 1998	NW side (direct rte)
Jose Ricardo Barcena	Spain	Sep 27, 1998	NW side (direct rte)
Jose Luis Bolado Torre	Spain	Sep 27, 1998	NW side (direct rte)
Sergi Mingote Moreno	Spain	Sep 27, 1998	NW side
Juan Carlos Gomez Ramos	Spain	Sep 27, 1998	NW side
Charles Scott Woolums	USA	Sep 28, 1998	NW side
Borge Ousland	Norway	Sep 28, 1998	NW side
Jethro Robinson	USA	Sep 28, 1998	NW side
Endika Urtaran	Spain	Sep 28, 1998	NW side
Jorge Verdeguer White	Spain	Sep 28, 1998	NW side
Tarmo Riga	Estonia	Oct 9, 1998	NW side
Arne Sarapuu	Estonia	Oct 9, 1998	NW side
Toivo Sarmet	Estonia	Oct 11, 1998	NW side
Raivo Plumer	Estonia	Oct 11, 1998	NW side
Margus Proos	Estonia	Oct 11, 1998	NW side
Ralf Dujmovits (2/2)	Germany	Oct 11, 1998	NW side
Steffen Mayr	Germany	Oct 11, 1998	NW side
Helmut Steger	Germany	Oct 11, 1998	NW side
Sebastian Beat Weiche	Germany	Oct 11, 1998	NW side

Name	Country	Date	Route
Nawang Thile (Pemba Dorje) Sherpa (Beding) (6/8)	Nepal	Oct 11, 1998	NW side
Ang Phurba Sherpa (Beding) (3/3)	Nepal	Oct 11, 1998	NW side
Chuldim Sherpa (Khumjung) (1/8)	Nepal	Oct 11, 1998	NW side
Rolf Eberhard	Germany	Oct 11, 1998	NW side
Werner Goering	Germany	Oct 11, 1998	NW side
Jon Gangdal	Norway	Apr 13, 1999	NW side (direct rte)
Dawa Tshering (Dawa Chhiri) Sherpa (Beding) (3/6)	Nepal	Apr 13, 1999	NW side (direct rte)
Tamtin (Thomting, Tamding) Sherpa (Beding) (1/6)	Nepal	Apr 13, 1999	NW side (direct rte)
Andres Delgado Calderon (2/3)	Mexico	Apr 23, 1999	NW side (direct rte)
Marcelo Arbelaez	Colombia	Apr 25, 1999	NW side
Manuel Arturo (Manolo) Barrios Prieto	Colombia	Apr 25, 1999	NW side
Fernando Alonso Gonzalez-Rubio Polanco	Colombia	Apr 25, 1999	NW side
Ms. Andrea Boll	Switzerland	Apr 26, 1999	NW side
Michael Borrmann	Germany	Apr 26, 1999	NW side
Carlos Soria Fontan	Spain	Apr 30, 1999	NW side
Sona Dendu (Sonam Dendu) Sherpa (Khumjung) (1/2)	Nepal	Apr 30, 1999	NW side
Martin Kueng	Switzerland	May 1, 1999	NW side
Andres Delgado Calderon (3/3)	Mexico	May 3, 1999	NW side
Alejandro Ochoa Reyes	Mexico	May 3, 1999	NW side
Ms. Amy Camp (Supy) Bullard	USA	May 4, 1999	NW side
Ms. Kathryn Miller Hess	USA	May 4, 1999	NW side
Ms. Georgie Wilmerding Stanley	USA	May 4, 1999	NW side
Rayto Udar Robinson	Canada	May 4, 1999	NW side (direct rte from C3)
Samuel Clare Peter (Sam) Wyatt	Canada	May 4, 1999	NW side (direct rte from C3)
Juan Pablo Ruiz Soto	Colombia	May 5, 1999	NW side
Roberto Ariano	Colombia	May 5, 1999	NW side
Nelson Cardona Carvajal	Colombia	May 5, 1999	NW side
James Frederick Bach	USA	May 6, 1999	NW side (direct rte from C3)
Jowan Daji Gauthier	Canada	May 6, 1999	NW side (direct rte from C3)
Winfried Kraus	Germany	May 6, 1999	NW side
Olaf Rieck	Germany	May 7, 1999	NW side
Thomas Tuerpe (2/3)	Germany	May 7, 1999	NW side
Angel Maria (Mari) Abrego Santesteban	Spain	May 7, 1999	NW side
Agustin Lopez	Spain	May 7, 1999	NW side
Tarke Sherpa (Rakshi Kharka) (2/5)	Nepal	May 7, 1999	NW side
Fernando Luchsinger	Chile	May 18, 1999	NW side
Ms. Cristina Alejandra Prieto Overeem	Chile	May 18, 1999	NW side
Pemba Gyalzen/Gyalje Sherpa (Pangkoma) (1/3)	Nepal	May 18, 1999	NW side
Stefan Gatt (2/2)	Austria	May 19, 1999	NW side

Theodor (Theo) Fritsche	Austria	May 19, 1999	NW side
Ms. Claudia Baeumler	Germany	May 20, 1999	NW side
Thomas Becherer	Germany	May 20, 1999	NW side
Michael Beuter	Germany	May 20, 1999	NW side
Hartmut Ulrich Bielefeldt	Germany	May 20, 1999	NW side
Martin Bischoff	Switzerland	May 20, 1999	NW side
Frank Everts	Germany	May 20, 1999	NW side
Ms. Martine Farenzena	Luxembourg	May 20, 1999	NW side
Helmut Hackl	Germany	May 20, 1999	NW side
Eckhard Schmitt	Germany	May 20, 1999	NW side
Thomas Zwahlen	Switzerland	May 20, 1999	NW side
Chuldim Sherpa (Khumjung) (2/8)	Nepal	May 20, 1999	NW side
Romano Benet	Italy	May 22, 1999	NW side
Ms. Nives Meroi	Italy	May 22, 1999	NW side
Josef Einwaller	Austria	May 22, 1999	NW side
Josef Koller	Austria	May 22, 1999	NW side
Josef Streif	Germany	May 22, 1999	NW side
Alexander (Alex) Abramov (1/2)	Russia	May 23, 1999	NW side
Ms. Ludmila Abramova	Russia	May 23, 1999	NW side
Nikolai Dmitrievich Cherny	Russia	May 23, 1999	NW side
Sergei Larin	Russia	May 23, 1999	NW side
Juri Khokhlov	Russia	May 23, 1999	NW side
Vasili Elagin	Russia	May 23, 1999	NW side
Thomas Kloesch	Austria	May 25, 1999	NW side
Robert Knebel	Germany	May 25, 1999	NW side
Werner Scheidl	Austria	May 25, 1999	NW side
Johann Schopf	Austria	May 25, 1999	NW side
Shoji Sakamoto	Japan	Sep 26, 1999	NW side
Ms. Isomi Okanda	Japan	Sep 26, 1999	NW side
Ms. Shoko Takahashi	Japan	Sep 26, 1999	NW side
Man Bahadur Gurung (Sitalpati) (3/4)	Nepal	Sep 26, 1999	NW side
Seong-Gyu Kang	S Korea	Sep 26, 1999	NW side
Sang-Jo Kim	S Korea	Sep 26, 1999	NW side
Bong-Su Moon	S Korea	Sep 26, 1999	NW side
Hee-Joon Oh	S Korea	Sep 26, 1999	NW side
Pasang Gombu Sherpa (Saframa) (2/4)	Nepal	Sep 26, 1999	NW side
Phurba Pasang Sherpa (Charwo) (1/4)	Nepal	Sep 26, 1999	NW side
James Stuart (Jamie) McGuinness (1/5)	New Zealand	Sep 26, 1999	NW side
Christopher Bernard (Chris) Warner	USA	Sep 27, 1999	NW side
Brad Allen Johnson	USA	Sep 27, 1999	NW side
Patrick J. Kenny	USA	Sep 27, 1999	NW side
Antoine De Choudens	France	Sep 27, 1999	NW side
Ms. Sandrine Marie Rose De Choudens	France	Sep 27, 1999	NW side

Steeve Juvet	Switzerland	Sep 27, 1999	NW side
Christophe Mirmand	France	Sep 27, 1999	NW side
Nawang Thile (Pemba Dorje) Sherpa (Beding) (7/8)	Nepal	Sep 27, 1999	NW side
Stephane Vetter	France	Sep 28, 1999	NW side
Taro Tanigawa	Japan	Sep 28, 1999	NW side
Koji Nagakubo	Japan	Sep 28, 1999	NW side
Kazusada Nakamura	Japan	Sep 28, 1999	NW side
Masakazu Okuda	Japan	Sep 28, 1999	NW side
Bernard Muller	France	Sep 28, 1999	NW side
Jacques Marmet	France	Sep 28, 1999	NW side
Ms. Anna Morillot Collet	France	Sep 28, 1999	NW side
Ang Phurba Sherpa (Chaplung) (1/4)	Nepal	Sep 28, 1999	NW side
Tarke Sherpa (Rakshi Kharka) (3/5)	Nepal	Sep 28, 1999	NW side
Primoz Stular	Slovenia	Sep 30, 1999	NW side
Franc Oderlap	Slovenia	Sep 30, 1999	NW side
James Anthony (Jim) Litch	USA	Oct 1, 1999	NW side
Toshiyuki Kitamura	Japan	Oct 1, 1999	NW side
Joon-Ho Baek (d)	S Korea	May 8, 2000	NW side
Chan-Soo (Brian) Ha	S Korea	May 8, 2000	NW side
Pasang Gombu Sherpa (Saframa) (3/4)	Nepal	May 8, 2000	NW side
Gin-Seok Bae	S Korea	May 8, 2000	NW side
Jong-Gyu Kim	S Korea	May 8, 2000	NW side
Da Dendi (Da Tendi) Sherpa (Saframa) (1/2)	Nepal	May 8, 2000	NW side
Ms. Marina Ershova	Russia	May 10, 2000	NW side
Jafar Faraji	Iran	May 11, 2000	NW Ridge
Mohammad Golparian	Iran	May 11, 2000	NW Ridge
Davoud Khadem Asl	Iran	May 11, 2000	NW Ridge
Akbar Kazem Mehdizadeh	Iran	May 11, 2000	NW Ridge
Mohammad Oraz	Iran	May 11, 2000	NW Ridge
Nima Yazdipour	Iran	May 11, 2000	NW Ridge
Reza Zarei Toudeshki	Iran	May 11, 2000	NW Ridge
Ang Phurba Sherpa (Chaplung) (2/4)	Nepal	May 11, 2000	NW Ridge
Tarke Sherpa (Rakshi Kharka) (4/5)	Nepal	May 11, 2000	NW Ridge
Masatsugu Aoki	Japan	May 12, 2000	NW side
Tsuneo Hirata	Japan	May 12, 2000	NW side
Masahiro Suzuki	Japan	May 12, 2000	NW side
Gyalzen Sherpa (Yilajung)	Nepal	May 12, 2000	NW side
Panima (Pa Nima) Sherpa (Solu Salong)	Nepal	May 12, 2000	NW side
Pemba Tshering Sherpa (Thamo) (2/2)	Nepal	May 12, 2000	NW side
Evgeny Kouzmine	Russia	May 12, 2000	NW side
Oleg Nassedkine	Russia	May 12, 2000	NW side

Craig A. John (2/2)	USA	May 13, 2000	NW side
Jim Crichton	USA	May 13, 2000	NW side
Aaron Miller	USA	May 13, 2000	NW side
Stuart Gregory Smith	USA	May 13, 2000	NW side
Dawa Nuru (Danuru) Sherpa (Phortse) (1/8)	Nepal	May 13, 2000	NW side
Panuru (Pasang Nuru, Pa Nuru) Sherpa (Phortse) (3/4)	Nepal	May 13, 2000	NW side
Phu Nuru (Phunuru) Sherpa (Phortse) (1/7)	Nepal	May 13, 2000	NW side
Tashi Dorje (Ang Tashi) Sherpa (Pangboche) (1/2)	Nepal	May 13, 2000	NW side
Tenzing Phinzo (Ang Phintso) Sherpa (Phortse) (4/4)	Nepal	May 13, 2000	NW side
Dirk Laurent Jacques Boons	Belgium	May 14, 2000	NW side
Rodolphe De Hemptinne	Belgium	May 14, 2000	NW side
Xavier Georges	Belgium	May 14, 2000	NW side
Luc J. R. P. Hoonaert	Belgium	May 14, 2000	NW side
Laurent Morel	Belgium	May 14, 2000	NW side
Hugo Van Praet	Belgium	May 14, 2000	NW side
Tirtha Tamang (Gorakhani) (2/3)	Nepal	May 14, 2000	NW side
Yasushi Aoki	Japan	May 14, 2000	NW side
Chuldim Gyalzen Sherpa (Namche Bazar)	Nepal	May 14, 2000	NW side
Tul Bahadur Tamang (Deusa) (1/2)	Nepal	May 14, 2000	NW side
Fumio Araki	Japan	May 14, 2000	NW side
Tadaomi Miwatari	Japan	May 14, 2000	NW side
Dhanjit (Kancha) Tamang (Makalu-Barun)	Nepal	May 14, 2000	NW side
Duncan Charles Chessell (1/2)	Australia	May 15, 2000	NW side
Malte Hagge	Australia	May 15, 2000	NW side
Pem Tenji (Pemba Tenzi) Sherpa (Sotang) (1/4)	Nepal	May 15, 2000	NW side
Pemba Nuru Sherpa (Ghat)	Nepal	May 15, 2000	NW side
Sojiro Makino	Japan	May 16, 2000	NW side
Akira Takabatake	Japan	May 16, 2000	NW side
Hajime (Gen) Terayama	Japan	May 16, 2000	NW side
Kami Geljen Sherpa (Thami)	Nepal	May 16, 2000	NW side
Mingma Nuru Sherpa (Pare)	Nepal	May 16, 2000	NW side
Roger Thomas Grose	Australia	May 16, 2000	NW side
Brian Patrick (Henri) Laursen	Australia	May 16, 2000	NW side
Henry Voigt	Germany	May 16, 2000	NW side
Matt Shepley	Australia	May 17, 2000	NW side
Jordi Tosas Robert (2/2)	Spain	May 17, 2000	NW side
Joseba Koldo Gutierrez Jauregui	Spain	May 17, 2000	NW side
Ricardo Valencia Martinez	Spain	May 17, 2000	NW side
Chhong Ringee (Chewang Rinzen) Sherpa (Beding) (4/4)	Nepal	May 17, 2000	NW side

Sonam Tashi Sherpa (Khumjung) (2/5)	Nepal	May 17, 2000	NW side
Luis Andreas Stitzinger	Germany	May 17, 2000	NW side
Bernhard Holbaum	Germany	May 17, 2000	NW side
Hans Holzknecht	Austria	May 17, 2000	NW side
Robert Mads Anderson	USA	May 19, 2000	NW side
Richard Lechleitner	USA	May 19, 2000	NW side
Alejandro Villarreal Paras	Mexico	May 19, 2000	NW side
Ang Temba Sherpa (Beding) (3/3)	Nepal	May 19, 2000	NW side
Mi-Gon Kim	S Korea	Sep 16, 2000	NW side
Young-Hak Kim	S Korea	Sep 16, 2000	NW side
Kwan-Ju Ra	S Korea	Sep 16, 2000	NW side
Mingma Sherpa (Nurbu Chaur) (1/3)	Nepal	Sep 16, 2000	NW side
Hoa-Jib Koo	S Korea	Sep 16, 2000	NW Face
Jin-Hoon Lee	S Korea	Sep 16, 2000	NW Face
Dakipa Sherpa (Kurima) (1/2)	Nepal	Sep 16, 2000	NW Face
Phurba Pasang Sherpa (Charwo) (2/4)	Nepal	Sep 16, 2000	NW Face
Jie Chen	China	Sep 21, 2000	NW side
Sung-Ho Byun	S Korea	Sep 23, 2000	NW side
Toby Molins	UK	Sep 23, 2000	NW side
Peter Baily	UK	Sep 23, 2000	NW side
Nima (Ngima) Sherpa (Sikli) (3/4)	Nepal	Sep 24, 2000	NW side
Pemba Gyalzen/Gyalje Sherpa (Pangkoma) (2/3)	Nepal	Sep 24, 2000	NW side
Phenden/Phanden Sherpa (Kharikhola) (2/3)	Nepal	Sep 24, 2000	NW side
Martin Goeggelmann (2/2)	Germany	Sep 24, 2000	NW side
Karl Huber	Austria	Sep 24, 2000	NW side
Andreas Karrer	Germany	Sep 24, 2000	NW side
Norbert Klammsteiner	Italy	Sep 24, 2000	NW side
Werner Schueler	Germany	Sep 24, 2000	NW side
Ernst Sengthaler	Austria	Sep 24, 2000	NW side
Chuldim Sherpa (Khumjung) (3/8)	Nepal	Sep 24, 2000	NW side
Lhakpa Tshering/Chhiring Sherpa (Khumjung)	Nepal	Sep 24, 2000	NW side
Ms. Heidi Ann Eichner	USA	Sep 24, 2000	NW side
Gregory Yanagihara	USA	Sep 24, 2000	NW side
Tapley M. (Tap) Richards (2/2)	USA	Sep 24, 2000	NW side
Kami Tshering (Ang Chhiring) Sherpa (Pangboche) (1/7)	Nepal	Sep 24, 2000	NW side
John Matthews	USA	Sep 24, 2000	NW side
Phu Nuru (Phunuru) Sherpa (Phortse) (2/7)	Nepal	Sep 24, 2000	NW side
Agostino Martinelli	Italy	Sep 24, 2000	NW side
Ms. Badia Bonilla Luna	Mexico	Sep 24, 2000	NW side
Mauricio Lopez Ahumada	Mexico	Sep 24, 2000	NW side

Name	Country	Date	Side
Charles Duncan (Charlie) Fowler (1/2)	USA	Sep 24, 2000	NW side
Russell Reginald Brice (5/8)	New Zealand	Sep 24, 2000	NW side
Bertrand Delapierre	France	Sep 24, 2000	NW side
Gustav Eriksen	Norway	Sep 24, 2000	NW side
Louis Marino	France	Sep 24, 2000	NW side
Ms. Ellen Elizabeth Miller	USA	Sep 24, 2000	NW side
Marco Siffredi	France	Sep 24, 2000	NW side
Karsang Dhondup (Karsang Thendup)	China	Sep 24, 2000	NW side
Karsang Namgyal/Namgel Sherpa (Thami) (2/7)	Nepal	Sep 24, 2000	NW side
Phurba Tashi Sherpa (Khumjung) (2/5)	Nepal	Sep 24, 2000	NW side
Ms. Laura Bakos	USA	Sep 24, 2000	NW side
Christopher Patient	UK	Sep 24, 2000	NW side
Javier Carrasbal	Spain	Oct 1, 2000	NW side
Vaclav Patek	Czech Rep.	Oct 2, 2000	NW side
Juan Jose (Juanjo) Buendia Munoz	Spain	Oct 3, 2000	NW side
Norbu/Nurbu (Nuru) Sherpa (Beding) (3/6)	Nepal	Oct 3, 2000	NW side
Daniel Lee (Dan) Mazur (1/3)	USA	Oct 3, 2000	NW side
Tim Boelter	USA	Oct 3, 2000	NW side
Durge Bahadur Tamang (Deusa)	Nepal	Oct 3, 2000	NW side
Ryszard Jan Pawlowski (1/2)	Poland	Oct 4, 2000	NW side
Dariusz Jerzy Zaluski	Poland	Oct 4, 2000	NW side
Franck Pitula	France	Oct 5, 2000	NW side
Eugeniusz Chomczyk	Poland	Oct 5, 2000	NW side
Jan Kalousek	USA	Oct 5, 2000	NW side
Vladimir Smrz	Czech Rep.	Oct 5, 2000	NW side
Olivier Besson	France	Oct 6, 2000	NW side
Vladislav Terzyul	Ukraine	Oct 9, 2000	NW side
Karl Robert (Kari) Kobler	Switzerland	Apr 11, 2001	NW side
Kaspar Haefliger	Switzerland	Apr 11, 2001	NW side
Klemens Kessler	Germany	Apr 11, 2001	NW side
Felicien Morel	Switzerland	Apr 11, 2001	NW side
Ms. Madeleine Pasche	Switzerland	Apr 11, 2001	NW side
Olivier Pasche	Switzerland	Apr 11, 2001	NW side
Martin Schlaeppi	Switzerland	Apr 11, 2001	NW side
Michael Straub	Switzerland	Apr 11, 2001	NW side
Hans Zwyssig	Switzerland	Apr 11, 2001	NW side
Dorje Karsang (Dorje Gesang) (1/2)	China	Apr 11, 2001	NW side
Ngawang Norbu (Awang Luobo) (1/4)	China	Apr 11, 2001	NW side
Tashi Phuntsok (Tashi Phinzo) (1/2)	China	Apr 11, 2001	NW side
Gyalu (Ang Gyalu) Lama	Nepal	Apr 11, 2001	NW side

Ang Dawa Sherpa (Tapting)	Nepal	Apr 11, 2001	NW side
Nawang Thile (Pemba Dorje) Sherpa (Beding) (8/8)	Nepal	Apr 11, 2001	NW side
Wolfgang Koelblinger	Austria	Apr 30, 2001	NW side
Alois Leitner	Austria	Apr 30, 2001	NW side
Kurt Alan Wedberg	USA	May 14, 2001	NW side
Benjamin Joseph (Ben) Marshall (1/2)	USA	May 14, 2001	NW side
Ms. Lynn Haertwell Prebble	USA	May 14, 2001	NW side
Tom Romary	USA	May 14, 2001	NW side
Tashi Dorje (Ang Tashi) Sherpa (Pangboche) (2/2)	Nepal	May 14, 2001	NW side
James Stuart (Jamie) McGuinness (2/5)	New Zealand	May 14, 2001	NW side
William Lhotta	USA	May 14, 2001	NW side
Steve Lipsher	USA	May 14, 2001	NW side
Dendi Chhiri Sherpa (Charwo)	Nepal	May 14, 2001	NW side
Namgyal Sherpa (Bangdel) (1/4)	Nepal	May 14, 2001	NW side
Phurba Pasang Sherpa (Charwo) (3/4)	Nepal	May 14, 2001	NW side
Pedro Exposito Laroz	Spain	May 14, 2001	NW Face
Carlos Suarez Mosquera	Spain	May 14, 2001	NW side
Fermin Penarroya Prats	Spain	May 14, 2001	NW Face
Francisco Villar Llinas	Spain	May 14, 2001	NW Face
Fernando Yarto Nebreda	Spain	May 14, 2001	NW Face
Fernando Fernandez	Spain	May 14, 2001	NW side
Mario Vielmo	Italy	May 14, 2001	NW side
Juergen Hadel	Germany	May 14, 2001	NW side
Uwe Lindenau	Germany	May 18, 2001	NW side
Eberhard Mach	Germany	May 18, 2001	NW side
Ignacio (Inaki) Ochoa de Olza Seguin (1/2)	Spain	Sep 21, 2001	NW side
Benedict Timothy Clowes	USA	Sep 21, 2001	NW side
Robert Vincent (Bob) Jen	USA	Sep 21, 2001	NW side
Mingma Nuru Sherpa (Pangboche) (1/4)	Nepal	Sep 21, 2001	NW side
Russell Reginald Brice (6/8)	New Zealand	Sep 21, 2001	NW side
Simon Fitzpatrick	UK	Sep 21, 2001	NW side
Atsushi (Jun) Yamada	Japan	Sep 21, 2001	NW side
Lobsang Temba (Lupsang Temba) Sherpa (Khumjung) (2/7)	Nepal	Sep 21, 2001	NW side
Phurba Tashi Sherpa (Khumjung) (3/5)	Nepal	Sep 21, 2001	NW side
Jin-Tae Kim	S Korea	Sep 22, 2001	NW side
Nima Wangchu/Ongchu Sherpa (Khumjung)	Nepal	Sep 22, 2001	NW side
Jun Yasumura	Japan	Sep 22, 2001	NW side
Ms. Eiko Hibi	Japan	Sep 22, 2001	NW side

Dawa Tshering (Dawa Chhiri) Sherpa (Thami) (1/3)	Nepal	Sep 22, 2001	NW side
Tamtin (Thomting, Tamding) Sherpa (Beding) (2/6)	Nepal	Sep 22, 2001	NW side
Gil-Woo (Ji-Woo) Kim	S Korea	Sep 22, 2001	NW side
Karchen Dawa Sherpa (Khumjung) (1/2)	Nepal	Sep 22, 2001	NW side
Byoung-Mun Lim	S Korea	Sep 22, 2001	NW side
Sang-Bong Kim	S Korea	Sep 22, 2001	NW side
Tae-Man Kim	S Korea	Sep 22, 2001	NW side
Jin-Ok Park	S Korea	Sep 22, 2001	NW side
Ang Phurba Sherpa (Chaplung) (3/4)	Nepal	Sep 22, 2001	NW side
Jong-Kook Ha	S Korea	Sep 22, 2001	NW side
Kyeng-Il Kwon	S Korea	Sep 22, 2001	NW side
Sonam Tashi Sherpa (Khumjung) (3/5)	Nepal	Sep 22, 2001	NW side
Vidar Larsen	Norway	Sep 23, 2001	NW side (slight variation)
Dawa Jangbu (Da Jangbu) Sherpa (Pangboche)	Nepal	Sep 23, 2001	NW side (slight variation)
Akihiro Oishi	Japan	Sep 24, 2001	NW side
Kazuya Hiraide	Japan	Sep 24, 2001	NW side
Marco Chiantore	Italy	Sep 24, 2001	NW side
Christian Stangl (1/2)	Austria	Sep 24, 2001	NW side
Kevin Ira Vann	USA	Sep 24, 2001	NW side
Pasang Dawa (Pa Dawa, Pando) Sherpa (Pangboche) (1/5)	Nepal	Sep 24, 2001	NW side
Martin Walter (Marty) Schmidt (1/5)	New Zealand	Sep 24, 2001	NW side
Randall Louis (Randy) Peeters	USA	Sep 24, 2001	NW side
Charles Duncan (Charlie) Fowler (2/2)	USA	Sep 25, 2001	NW side
Glen Gibson	USA	Sep 25, 2001	NW side
Mingma Tshering/Tsiri Sherpa (Beding) (2/3)	Nepal	Sep 25, 2001	NW side
Ms. Olivia Cussen (1/2)	USA	Sep 25, 2001	NW side
Dawa Nuru (Danuru) Sherpa (Phortse) (2/8)	Nepal	Sep 25, 2001	NW side
Phu Nuru (Phunuru) Sherpa (Phortse) (3/7)	Nepal	Sep 25, 2001	NW side
Promiz Pisek	Slovenia	Sep 25, 2001	NW side
Ms. Anna Barbara Czerwinska	Poland	Sep 25, 2001	NW side
Pasang Tshering (Ang Pasang) Sherpa (Thamiteng)	Nepal	Sep 25, 2001	NW side
Reid Carter	Canada	Sep 26, 2001	NW side
Kami Tshering (Ang Chhiring) Sherpa (Pangboche) (2/7)	Nepal	Sep 26, 2001	NW side
Christoph Zimmer-Conrad	Germany	Sep 26, 2001	NW side

Serap Jangbu Sherpa (Khumjung) (1/2)	Nepal	Sep 26, 2001	NW side
Georges Derycke	France	Sep 26, 2001	NW side
Michel Armand	France	Sep 26, 2001	NW side
Michel David	France	Sep 26, 2001	NW side
Norbu/Nurbu (Nuru) Sherpa (Beding) (4/6)	Nepal	Sep 26, 2001	NW side
Sergio Martini (2/3)	Italy	Sep 26, 2001	NW side
Michael Bell	USA	Sep 26, 2001	NW side
Steven E. (Steve) House	USA	Sep 27, 2001	NW side
Torbjoern Smoergrav	Norway	Sep 27, 2001	NW side
Chhiri (Ang Chhiring) Sherpa (Thamo) (1/2)	Nepal	Sep 27, 2001	NW side
Martin Walter (Marty) Schmidt (2/5)	New Zealand	Sep 28, 2001	NW side
Erlend Skraastad	Norway	Sep 29, 2001	NW side
Kami (Kame) Sherpa (Bagam)	Nepal	Sep 29, 2001	NW side
Hakon Kandola	Norway	Sep 29, 2001	NW side
Halvard Stave	Norway	Sep 29, 2001	NW side
Keegan Schmidt	USA	Sep 29, 2001	NW side
Ukyo Katayama	Japan	Oct 8, 2001	NW side
Noriyasu Kunori	Japan	Oct 8, 2001	NW side
Eiichi Usami	Japan	Oct 8, 2001	NW side
Da Dendi (Da Tendi) Sherpa (Saframa) (2/2)	Nepal	Oct 8, 2001	NW side
Kami Sherpa (Kurima) (1/2)	Nepal	Oct 8, 2001	NW side
Kami Rita (Topke) Sherpa (Thami) (1/4)	Nepal	Oct 8, 2001	NW side
Pem Tenji (Pemba Tenzi) Sherpa (Sotang) (2/4)	Nepal	Oct 8, 2001	NW side
Phurba Chhiri (Phurba Tshering) Sherpa (Kurima) (1/3)	Nepal	Oct 8, 2001	NW side
Osamu Tanabe (2/2)	Japan	Oct 9, 2001	NW side
Manabu Miyoshi	Japan	Oct 9, 2001	NW side
Hisao Otani	Japan	Oct 9, 2001	NW side
Dawa Tshering (Dawa Chhiri) Sherpa (Beding) (4/6)	Nepal	Oct 9, 2001	NW side
Nima Dorje (Dorje) Sherpa (Beding) (5/5)	Nepal	Oct 9, 2001	NW side
Peter Bayer	Germany	Oct 9, 2001	NW side
Josef Polster	Germany	Oct 9, 2001	NW side
Nima Gombu (Gombu) Sherpa (Beding) (1/3)	Nepal	Oct 9, 2001	NW side
Geir Jenssen	Norway	Oct 10, 2001	NW side
Krishna Bahadur (Jeta) Tamang (Kanku) (1/3)	Nepal	Oct 10, 2001	NW side
Viktor (Viki) Groselj (2/2)	Slovenia	Oct 10, 2001	NW side
Masamiki Takine	Japan	Oct 11, 2001	NW side
Yasuhiro Hanatani	Japan	Oct 11, 2001	NW side

Mikio Suzuki	Japan	Oct 11, 2001	NW side
Nicolas Jaques	Switzerland	Oct 16, 2001	NW side
Frederic Roux	Switzerland	Oct 16, 2001	NW side
Chhiring Dorje Sherpa (Beding) (2/4)	Nepal	Oct 16, 2001	NW side
Hermann Spengler	Germany	Oct 18, 2001	NW side
Laurent Lukie	France	Oct 28, 2001	NW side
Olivier Aguet	Switzerland	Oct 28, 2001	NW side
Rupert Michael Heider	Switzerland	Apr 24, 2002	NW side
Mingma Dorje Sherpa (Khumjung)	Nepal	Apr 24, 2002	NW side
Nanda Dorje (Naga Dorje, Nanga) Sherpa (Khumjung) (3/3)	Nepal	Apr 24, 2002	NW side
Rainer Wolfgang Goeschl	Austria	May 3, 2002	NW side
Gerfried Goeschl	Austria	May 3, 2002	NW side
Jang-Keun Chung	S Korea	May 3, 2002	NW side
Pasang Phutar Sherpa (Yaphu) (2/2)	Nepal	May 3, 2002	NW side
Pem Tenji (Pemba Tenzi) Sherpa (Sotang) (3/4)	Nepal	May 3, 2002	NW side
Seung-Gyu Baek	S Korea	May 4, 2002	NW side
Tirtha Tamang (Gorakhani) (3/3)	Nepal	May 4, 2002	NW side
Kilian Volken	Switzerland	May 4, 2002	NW side
Peter Gschwendtner	Austria	May 4, 2002	NW side
Rainer Herbert Schlattinger	Austria	May 4, 2002	NW side
Duk-Moon Kang	S Korea	May 5, 2002	NW side
Nima Dawa Sherpa (Gudel)	Nepal	May 5, 2002	NW side
Martin Ramos Garcia	Spain	May 5, 2002	NW side
Andrei Volkov	Russia	May 5, 2002	NW side
Ivan T. Dusharin	Russia	May 5, 2002	NW side
Dario Alejandro Bracali	Argentina	May 5, 2002	NW side
Fernando Garrido Velasco (2/2)	Spain	May 5, 2002	NW side
Manuel Sanjuan Lara	Spain	May 5, 2002	NW side
Fernando Rivero Diaz	Spain	May 5, 2002	NW side
Yuichiro Miura	Japan	May 9, 2002	NW side
Gota Miura	Japan	May 9, 2002	NW side
Danuru (Dawa) Sherpa (Namche Bazar) (2/4)	Nepal	May 9, 2002	NW side
Ngatemba (Nga Temba) Sherpa (Sikli) (2/2)	Nepal	May 9, 2002	NW side
Norbu/Nurbu (Nuru) Sherpa (Beding) (5/6)	Nepal	May 9, 2002	NW side
Tenzi Sherpa (Beding)	Nepal	May 9, 2002	NW side
Mirko Mezzanotte	Italy	May 9, 2002	NW side
Franco Nicolini	Italy	May 9, 2002	NW side
Simone Moro	Italy	May 9, 2002	NW side
Yukihiko Kato	Japan	May 10, 2002	NW side
Hidenori Higashi	Japan	May 10, 2002	NW side
Hiroshi Murata	Japan	May 10, 2002	NW side

Nawang Tenzing Sherpa (Beding) (2/4)	Nepal	May 10, 2002	NW side
Nima Temba Sherpa (Beding) (2/2)	Nepal	May 10, 2002	NW side
Tamtin (Thomting, Tamding) Sherpa (Beding) (3/6)	Nepal	May 10, 2002	NW side
Adolf Georg Fischer	Germany	May 10, 2002	NW side
Kami Sherpa (Kurima) (2/2)	Nepal	May 10, 2002	NW side
David W. Sharp	UK	May 14, 2002	NW side
Tshering Palden/Pande Bhote (1/2)	Nepal	May 14, 2002	NW side
James Stuart (Jamie) McGuinness (3/5)	New Zealand	May 14, 2002	NW side
Minoru Otsuki	Japan	May 14, 2002	NW side
Ms. Andrea A. Lakatos	Germany	May 14, 2002	NW side
Marco Sala	Italy	May 14, 2002	NW side
Renato Sottsass	Italy	May 14, 2002	NW side
Richard Dougan	UK	May 14, 2002	NW side
Humphrey Murphy	Ireland	May 14, 2002	NW side
Gerhard Seidl	Germany	May 16, 2002	NW side
Pemba Gyalzen/Geljen Sherpa (Thami) (1/2)	Nepal	May 16, 2002	NW side
Harald Kaiser	Germany	May 16, 2002	NW side
Georg Moesl	Germany	May 16, 2002	NW side
Peter Maier	Germany	May 16, 2002	NW side
Ms. Alessandra (Sandra) Canestri	Italy	May 19, 2002	NW side
Marco Tossutti	Italy	May 19, 2002	NW side
Mark Andrew George	Australia	Sep 30, 2002	NW side
Simon A. Holland	Australia	Sep 30, 2002	NW side
Stuart Hutchison	Canada	Sep 30, 2002	NW side
Chuldin Temba (Chuldim) Sherpa (Zarok) (3/3)	Nepal	Sep 30, 2002	NW side
Karsang Namgyal/Namgel Sherpa (Thami) (3/7)	Nepal	Sep 30, 2002	NW side
Lobsang Temba (Lupsang Temba) Sherpa (Khumjung) (3/7)	Nepal	Sep 30, 2002	NW side
Kenji Kondo (2/4)	Japan	Sep 30, 2002	NW Face
Ms. Shoko Ota	Japan	Sep 30, 2002	NW Face
Kunihiko Sato	Japan	Sep 30, 2002	NW Face
Kazuo Takahashi	Japan	Sep 30, 2002	NW Face
Sumiyoshi Yanagida	Japan	Sep 30, 2002	NW Face
Nawang Tashi Sherpa (Lamabagar)	Nepal	Sep 30, 2002	NW Face
Norbu/Nurbu (Nuru) Sherpa (Beding) (6/6)	Nepal	Sep 30, 2002	NW Face
Tamtin (Thomting, Tamding) Sherpa (Beding) (4/6)	Nepal	Sep 30, 2002	NW Face
Axel Behnisch	Germany	Oct 1, 2002	NW side
Fredrich Diermeier	Germany	Oct 1, 2002	NW side
Ms. Martha Gamper	Italy	Oct 1, 2002	NW side
Walter Schmid	Austria	Oct 1, 2002	NW side

Thomas Tuerpe (3/3)	Germany	Oct 1, 2002	NW side
Chuldim Sherpa (Khumjung) (4/8)	Nepal	Oct 1, 2002	NW side
Nang Chombi (Nang Chhemi) Sherpa (Kharikhola)	Nepal	Oct 1, 2002	NW side
Ms. Gigi (Gyigyi, Jiji)	China	Oct 1, 2002	NW side
Ms. Masami Onda-Matsubara	Japan	Oct 1, 2002	NW side
Ms. Laji (Lhagyi, La Ji)	China	Oct 1, 2002	NW side
Ms. Phurba Drugar (Pubo Doga, Pupatika)	China	Oct 1, 2002	NW side
Ms. Sumiko Kashiwa	Japan	Oct 1, 2002	NW side
Shen Luo	China	Oct 1, 2002	NW side
Ms. Mie Okubo	Japan	Oct 1, 2002	NW side
Chimi (Xiao Qimi)	China	Oct 1, 2002	NW side
Gyala (Jiala)	China	Oct 1, 2002	NW side
Khetsun (Kaizun, Kai Zhong)	China	Oct 1, 2002	NW side
Hiroshi Hanazaki	Japan	Oct 1, 2002	NW Face
Yoshitomi Okura (2/4)	Japan	Oct 1, 2002	NW Face
Ms. Yasuko Shiraiwa	Japan	Oct 1, 2002	NW Face
Chhuwang Nima Sherpa (Tesho) (1/2)	Nepal	Oct 1, 2002	NW Face
Kili Pemba (Kilu Pemba) Sherpa (Beding) (1/2)	Nepal	Oct 1, 2002	NW Face
Pasang Kitar/Kidar Sherpa (Beding) (1/3)	Nepal	Oct 1, 2002	NW Face
Joan Cunill Grasa	Spain	Oct 1, 2002	NW side
Ms. Toshiko Uchida	Japan	Oct 1, 2002	NW Face
Benjamin Joseph (Ben) Marshall (2/2)	USA	Oct 1, 2002	NW Face
Michael Aaron Hamill (1/4)	USA	Oct 1, 2002	NW Face
Kristoffer Jon (Kris) Erickson	USA	Oct 1, 2002	NW Face
Jeffrey Scott (Jeff) Miller	USA	Oct 1, 2002	NW Face
Rodney Kenneth (Rod) Nelson	USA	Oct 1, 2002	NW Face
James Stoddard (Jim) Waldron	USA	Oct 1, 2002	NW Face
Dawa Nuru (Danuru) Sherpa (Phortse) (3/8)	Nepal	Oct 1, 2002	NW Face
Kami Tshering (Ang Chhiring) Sherpa (Pangboche) (3/7)	Nepal	Oct 1, 2002	NW Face
Ms. Patrizia Pensa	Italy	Oct 1, 2002	NW side
Alberto Peruffo	Italy	Oct 1, 2002	NW side
Henry Barclay Todd (2/2)	UK	Oct 1, 2002	NW side
Robert Hargraves (Rob) Casserley (1/2)	UK	Oct 1, 2002	NW side
Pasang Nuru (Ang Nurbu/Nuru) Sherpa (Pangboche) (1/4)	Nepal	Oct 1, 2002	NW side
Pier Carlo Martoia	Italy	Oct 1, 2002	NW side
Giorgio Maieron	Italy	Oct 1, 2002	NW side
Nicolas Weibel	Switzerland	Oct 1, 2002	NW side
Jean-Christophe Boillat	Switzerland	Oct 1, 2002	NW side

Name	Country	Date	Route
Ms. Nadia Lausselet	Switzerland	Oct 1, 2002	NW side
Jason James McMillan	UK	Oct 1, 2002	NW side
Ms. Guisang (Kuisang)	China	Oct 2, 2002	NW side
Ms. Michiyo Adachi	Japan	Oct 2, 2002	NW side
Ms. Cang La (Canglha, Cangmula)	China	Oct 2, 2002	NW side
Shao-Hong (Chou) Zhang	China	Oct 2, 2002	NW side
Lhakpa (Laba, La Ba) (1/2)	China	Oct 2, 2002	NW side
Tenzing Dorje (Danzhen Duoji) (2/3)	China	Oct 2, 2002	NW side
Tashi Tsering (Zhaxi Ciren)	China	Oct 2, 2002	NW side
Juan Carlos Garcia Gallego	Spain	Oct 2, 2002	NW side
Eduardo (Edu) Sanchez Garcia	Spain	Oct 2, 2002	NW side
Francisco (Paco) Briongos Fuente	Spain	Oct 2, 2002	NW side
Adriano Dal Cin	Italy	Oct 2, 2002	NW side
Christian (Chris) Semmel	Germany	Oct 2, 2002	NW side
Klaus Norbert Mees	Germany	Oct 2, 2002	NW side
Karl-Ludwig Waag	Germany	Oct 2, 2002	NW side
Nima (Ngima) Sherpa (Sikli) (4/4)	Nepal	Oct 2, 2002	NW side
Pasang Tendi Sherpa (Kharikhola)	Nepal	Oct 2, 2002	NW side
Pierre Cauderay	Switzerland	Oct 2, 2002	NW side
Giuseppe Pompili	Italy	Oct 2, 2002	NW side
Josep Canellas Isern	Spain	Oct 3, 2002	NW side
Giampaolo Casarotto	Italy	Oct 3, 2002	NW side
Marco Peruffo	Italy	Oct 3, 2002	NW side
Joan Casoliva Armengol	Spain	Oct 4, 2002	NW side
Edgar Ivan Vallejo Ricaurte	Ecuador	Oct 4, 2002	NW side
Ms. Edurne Pasaban Lizarribar	Spain	Oct 5, 2002	NW side
Jose Ramon Agirre Begiristain	Spain	Oct 5, 2002	NW side
Chhang Dawa Sherpa (Nurbu Chaur)	Nepal	Oct 5, 2002	NW side
Mingma Sherpa (Nurbu Chaur) (2/3)	Nepal	Oct 5, 2002	NW side
Temba Wangdi (Pemba Wangdi) Sherpa (Upper Walung) (1/3)	Nepal	Oct 5, 2002	NW side
Giampaolo Gioia	Italy	Oct 5, 2002	NW side
Joseba Ignacio Sanz	Spain	Oct 5, 2002	NW side
Bir Bahadur (Bishnu) Gurung (Dharapani-8)	Nepal	Oct 5, 2002	NW side
Mingmar Tamang (Pirangding)	Nepal	Oct 5, 2002	NW side
Juan Eusebio (Juanito) Oiarzabal Urteaga (2/4)	Spain	Oct 5, 2002	NW side
Juan Diego Amador Rivero	Spain	Oct 5, 2002	NW side
Javier Cruz Matias	Spain	Oct 5, 2002	NW side
Juan Vallejo Llanos	Spain	Oct 5, 2002	NW side
Ernst Marti	Switzerland	Oct 13, 2002	NW side
Alberto Inurrategi Iriarte (2/2)	Spain	Dec 3, 2002	NW side
Jon Beloki Pzeta	Spain	Dec 3, 2002	NW side
Tore Sunde-Rasmussen	Norway	May 11, 2003	NW side
Dawa Gelji (Dawa Gyalzen) Sherpa (Chankhu) (1/2)	Nepal	May 11, 2003	NW side

Name	Country	Date	Side
Pasang Tshering/Tshiring Sherpa (Beding) (3/5)	Nepal	May 11, 2003	NW side
Duncan Charles Chessell (2/2)	Australia	May 11, 2003	NW side
Robert Wayne Jackson	Australia	May 11, 2003	NW side
Jyamchang Bhote (1/2)	Nepal	May 11, 2003	NW side
Geoffrey (Geoff) Robb	Australia	May 11, 2003	NW side
Jean Aurouze	France	May 12, 2003	NW side
Dieter Antoni	Austria	May 13, 2003	NW side
Tapche/Tapchen Bhote	Nepal	May 13, 2003	NW side
Chuldim Sherpa (Khumjung) (5/8)	Nepal	May 13, 2003	NW side
Paul Alexander Boslooper	Netherlands	May 13, 2003	NW side
Namgyal Sherpa (Bangdel) (2/4)	Nepal	May 13, 2003	NW side
Phurba Pasang Sherpa (Charwo) (4/4)	Nepal	May 13, 2003	NW side
Kurt Burkard	Germany	May 13, 2003	NW side
Klaus-Dieter Eikemeier	Germany	May 13, 2003	NW side
Hans-Jochen (Hajo) Netzer	Germany	May 13, 2003	NW side
Darius Heller	Germany	May 13, 2003	NW side
Thomas Laemmle (2/2)	Germany	May 13, 2003	NW side
Ms. Sigune Barsch-Gollnau	Germany	May 13, 2003	NW side
Markus C. Becker	Germany	May 13, 2003	NW side
Ms. Anna Svavarsdottir	Iceland	May 16, 2003	NW side
Tshering Palden/Pande Bhote (2/2)	Nepal	May 16, 2003	NW side
Bo-Hyun Ryoo	S Korea	Sep 16, 2003	NW side
Dawa Chhiri (Dawa Tsiri) Sherpa (Kurima) (1/3)	Nepal	Sep 16, 2003	NW side
Ms. Chizuko Kono	Japan	Sep 16, 2003	NW side
Da Chhemba (Dachhamba) Sherpa (Gudel) (1/2)	Nepal	Sep 16, 2003	NW side
Pem Tenji (Pemba Tenzi) Sherpa (Sotang) (4/4)	Nepal	Sep 16, 2003	NW side
Phurbu Tsering (Small) (Phurtse) (1/2)	China	Sep 21, 2003	NW side
Tashi Phuntsok (Tashi Phinzo) (2/2)	China	Sep 21, 2003	NW side
Tashi Tsering (Small) (1/4)	China	Sep 21, 2003	NW side
Karsang Namgyal/Namgel Sherpa (Thami) (4/7)	Nepal	Sep 21, 2003	NW side
Lobsang Temba (Lupsang Temba) Sherpa (Khumjung) (4/7)	Nepal	Sep 21, 2003	NW side
Tenzing Gayzu/Gaitsu Sherpa (Khumjung)	Nepal	Sep 21, 2003	NW side
Marc Nagel	USA	Sep 21, 2003	NW side
John Chandler Romersa	USA	Sep 21, 2003	NW side
Scott Thomas	USA	Sep 21, 2003	NW side
Pasang Dawa (Pa Dawa, Pando) Sherpa (Pangboche) (2/5)	Nepal	Sep 21, 2003	NW side
Pasang Nuru (Ang Nurbu/Nuru) Sherpa (Pangboche) (2/4)	Nepal	Sep 21, 2003	NW side

Name	Country	Date	Side
Julian Moore Hamilton Haszard	New Zealand	Sep 21, 2003	NW side
Ngawang Dhondup (Ngawang Dradul) (1/4)	China	Sep 21, 2003	NW side
Takaharu Hayashi	Japan	Sep 21, 2003	NW side
Ms. Hiroko Kunieda	Japan	Sep 21, 2003	NW side
Ms. Chieko Sato	Japan	Sep 21, 2003	NW side
Kiyoshi Yamashita	Japan	Sep 21, 2003	NW side
Lhakpa Sherpa (Makalu-9) (1/3)	Nepal	Sep 21, 2003	NW side
Pasang Gelji (Pasang Gyalgi) Sherpa (Walung)	Nepal	Sep 21, 2003	NW side
Temba Wangdi (Pemba Wangdi) Sherpa (Upper Walung) (2/3)	Nepal	Sep 21, 2003	NW side
Darius Vaiciulis	Lithuania	Sep 21, 2003	NW side
Russell Reginald Brice (7/8)	New Zealand	Sep 21, 2003	NW side
Maxime Edgard (Max) Chaya	Lebanon	Sep 21, 2003	NW side
Mogens Jensen	Denmark	Sep 21, 2003	NW side
Makoto Otake	Japan	Sep 21, 2003	NW side
Thomas James Souders	USA	Sep 21, 2003	NW side
Ian Gilbert Wiper	UK	Sep 21, 2003	NW side
Ze-Gang (A-Gang) Chen	China	Sep 22, 2003	NW side
Phurbu Dhondup (Big) (1/5)	China	Sep 22, 2003	NW side
Kwon-Ho Lee	S Korea	Sep 22, 2003	NW side
Dakipa Sherpa (Kurima) (2/2)	Nepal	Sep 22, 2003	NW side
Ms. Sylwia Bukowicka	Poland	Sep 23, 2003	NW side
Juan Eusebio (Juanito) Oiarzabal Urteaga (3/4)	Spain	Sep 23, 2003	NW side
Eric Allen Larson	USA	Sep 24, 2003	NW side
Perry Solmonson	USA	Sep 24, 2003	NW side
Tshering Dorje Sherpa (Kharikhola) (1/5)	Nepal	Sep 24, 2003	NW side
Andy Tyson	USA	Sep 25, 2003	NW side
Donald Holton (Holt) Hunter	Canada	Sep 25, 2003	NW side
Lhakpa Rita Sherpa (Thami) (3/7)	Nepal	Sep 25, 2003	NW side
Ang Pasang Sherpa (Pangboche) (2/4)	Nepal	Sep 26, 2003	NW side
Dawa Nuru (Danuru) Sherpa (Phortse) (4/8)	Nepal	Sep 26, 2003	NW side
Phu Nuru (Phunuru) Sherpa (Phortse) (4/7)	Nepal	Sep 26, 2003	NW side
Adam Christoffersen	USA	Sep 26, 2003	NW side
Marc Ernst	France	Sep 26, 2003	NW side
Herve Martina	France	Sep 26, 2003	NW side
Wilfrid Maxin	France	Sep 26, 2003	NW side
Robert Pulka	France	Sep 26, 2003	NW side
Nawang Dorje (Da Nawang Dorje) Sherpa (Beding) (3/3)	Nepal	Sep 26, 2003	NW side
Nima Nuru/Norbu Sherpa (Thamiteng) (1/2)	Nepal	Sep 26, 2003	NW side

Nima Tenzi/Tenzing Sherpa (Beding)	Nepal	Sep 26, 2003	NW side
Pema Chhiring/Chhiri Sherpa (Beding) (1/3)	Nepal	Sep 26, 2003	NW side
Michael Aaron Hamill (2/4)	USA	Sep 26, 2003	NW side
Peter James Ford	USA	Sep 26, 2003	NW side
Ms. Atalanta (Lanta) Olito	USA	Sep 26, 2003	NW side
Takashi Shirota	Japan	Sep 26, 2003	NW side
Michael John (Mike) Roberts (1/3)	New Zealand	Sep 27, 2003	NW side
Dean Douglas Staples (1/2)	New Zealand	Sep 27, 2003	NW side
Anthony Donald Baldry	Australia	Sep 27, 2003	NW side
Piers McAuley Buck	Australia	Sep 27, 2003	NW side
Roland Herve Carel	France	Sep 27, 2003	NW side
Alan Joseph Gianotti	USA	Sep 27, 2003	NW side
Lewis Gomes	Australia	Sep 27, 2003	NW side
Chuldim (Chuldim Dorje) Sherpa (Khumjung) (3/6)	Nepal	Sep 27, 2003	NW side
Lhakpa Dorje Sherpa (Sanam) (1/3)	Nepal	Sep 27, 2003	NW side
Pasang Tenzing Sherpa (Phortse)	Nepal	Sep 27, 2003	NW side
Phu Tashi Sherpa (Pangboche) (1/3)	Nepal	Sep 27, 2003	NW side
Jay Sieger	USA	Sep 27, 2003	NW side
Pasang Tshering/Tshiring Sherpa (Beding) (4/5)	Nepal	Sep 27, 2003	NW side
Yoshimasa Sasaki	Japan	Sep 27, 2003	NW side
Ms. Mikie Hino	Japan	Sep 27, 2003	NW side
Ms. Yasue Mogi	Japan	Sep 27, 2003	NW side
Katsushige Suzuki	Japan	Sep 27, 2003	NW side
Ms. Yuriko Taniguchi	Japan	Sep 27, 2003	NW side
Masami Yamanashi	Japan	Sep 27, 2003	NW side
Lhakpa Nuru Sherpa (Pare) (1/2)	Nepal	Sep 27, 2003	NW side
Pasang Kitar/Kidar Sherpa (Beding) (2/3)	Nepal	Sep 27, 2003	NW side
Phur Gyalzen (Fur Geljen) Sherpa (Yilajung) (1/2)	Nepal	Sep 27, 2003	NW side
Tenzing (Tenzen, Tenzi) Sherpa (Thami)	Nepal	Sep 27, 2003	NW side
Anthony Victor (Vic) Saunders (2/4)	UK	Sep 27, 2003	NW side
Philippe Andrieux	France	Sep 27, 2003	NW side
Ms. Veronique Gole Andrieux	France	Sep 27, 2003	NW side
Michael Edward Davey	UK	Sep 27, 2003	NW side
Ian Wade	UK	Sep 27, 2003	NW side
Mark Winkworth	USA	Sep 27, 2003	NW side
Pasang Tarke (Pasang Tagqu) (1/4)	China	Sep 27, 2003	NW side
Pasang Dawa (Pa Dawa, Pando) Sherpa (Pangboche) (3/5)	Nepal	Sep 27, 2003	NW side
Shinji Tamura (1/2)	Japan	Sep 27, 2003	NW side
Hiroyuki Kuraoka (1/2)	Japan	Sep 27, 2003	NW side
Shokichi Saito	Japan	Sep 27, 2003	NW side

Ms. Kazumi Shirai	Japan	Sep 27, 2003	NW side
Toshihiko Tamura	Japan	Sep 27, 2003	NW side
Takenori Yoshida	Japan	Sep 27, 2003	NW side
Tenzing (Tenzin, Den Zeng) (1/2)	China	Sep 27, 2003	NW side
Chhiri (Ang Chhiring) Sherpa (Thamo) (2/2)	Nepal	Sep 27, 2003	NW side
Phur Gyalzen Sherpa (Kharikhola)	Nepal	Sep 27, 2003	NW side
Robert John (Rob) Gambi	Australia	Sep 27, 2003	NW side
Ms. Joanne Rachel (Jo) Gambi	UK	Sep 27, 2003	NW side
Lobsang Temba (Lupsang Temba) Sherpa (Khumjung) (5/7)	Nepal	Sep 27, 2003	NW side
Kevin Martin Goldstein	USA	Sep 27, 2003	NW side
Karsang Namgyal/Namgel Sherpa (Thami) (5/7)	Nepal	Sep 27, 2003	NW side
Uwe Micha Johannes (Gianni) Goltz	Switzerland	Sep 27, 2003	NW side
Roman Dobrajc	Slovenia	Sep 27, 2003	NW side
Paulo Rogerio Pinto Coelho	Brazil	Sep 27, 2003	NW side
Marcel Kraaz	Switzerland	Sep 27, 2003	NW side
Matthias Paletta	Germany	Sep 27, 2003	NW side
Ms. Elzina Leur	Netherlands	Sep 27, 2003	NW side
Alain Toussaint	France	Sep 27, 2003	NW side
Nawang Tenzing Sherpa (Beding) (3/4)	Nepal	Sep 27, 2003	NW side
Nima Gyalzen Sherpa (Beding)	Nepal	Sep 27, 2003	NW side
Diego Giovannini	Italy	Sep 27, 2003	NW side
Panagiotis Kotronaros	Greece	Sep 27, 2003	NW side
Michael (Mike) Styllas	Greece	Sep 27, 2003	NW side
Mingma Sherpa (Nurbu Chaur) (3/3)	Nepal	Sep 27, 2003	NW side
Yoshitomi Okura (3/4)	Japan	Sep 28, 2003	NW side
Shinichi Ishii	Japan	Sep 28, 2003	NW side
Shigeto Nishida	Japan	Sep 28, 2003	NW side
Takeshi Ogawa	Japan	Sep 28, 2003	NW side
Ms. Sachiko Orihawa	Japan	Sep 28, 2003	NW side
Akira Suzuki	Japan	Sep 28, 2003	NW side
Kunihide Takata	Japan	Sep 28, 2003	NW side
Ms. Toshiko Tsuboyama	Japan	Sep 28, 2003	NW side
Chhuwang Nima Sherpa (Tesho) (2/2)	Nepal	Sep 28, 2003	NW side
Dawa Tshering (Dawa Chhiri) Sherpa (Thami) (2/3)	Nepal	Sep 28, 2003	NW side
Lhakpa Tshering Sherpa (Namche Bazar)	Nepal	Sep 28, 2003	NW side
Ngima Nuru (Nima Nuru) Sherpa (Tesho) (1/2)	Nepal	Sep 28, 2003	NW side
Nima Nurbu Sherpa (Thamitengi) (1/3)	Nepal	Sep 28, 2003	NW side
Rolf Bae	Norway	Oct 3, 2003	NW side
Michael (Mick) Parker	Australia	Oct 5, 2003	NW side

Name	Country	Date	Side
Ms. Cecilie Skog	Norway	Oct 5, 2003	NW side
Marcin Miotk	Poland	Oct 5, 2003	NW side
Juan Ramon (Juanra) Madariaga Abaitua	Spain	Oct 5, 2003	NW side
Juan Eusebio (Juanito) Oiarzabal Urteaga (4/4)	Spain	Oct 5, 2003	NW side
Jeff Johnson	USA	Oct 5, 2003	NW side
Siamak Pazirandeh	USA	Oct 5, 2003	NW side
Tamtin (Thomting, Tamding) Sherpa (Beding) (5/6)	Nepal	Oct 5, 2003	NW side
Jaume Gibernau Balcells	Spain	Oct 5, 2003	NW side
Ms. Kinga Baranowska	Poland	Oct 5, 2003	NW side
Jan Niklas Hallstrom	Sweden	Oct 5, 2003	NW side
Fernando Peralta Ortiz	Spain	Oct 5, 2003	NW side
Candido Puyal San Martin	Spain	Oct 5, 2003	NW side
Oleg Naoumov	Russia	Oct 5, 2003	NW side
Evgeni Vinogradski (3/3)	Russia	Oct 5, 2003	NW side
Pavlos Tsiantos	Greece	Oct 5, 2003	NW side
Pasang Gyalzen (Pasang Gyalje) Sherpa (Walung) (1/3)	Nepal	Oct 5, 2003	NW side
Christos Barouchas	Greece	Oct 5, 2003	NW side
Sona Dendu (Sonam Dendu) Sherpa (Khumjung) (2/2)	Nepal	Oct 5, 2003	NW side
Wilhelmus Pasquier	Switzerland	Oct 16, 2003	NW side
Pasang Sona (Ang Sona/Sonam) Sherpa (Thami Og)	Nepal	Oct 16, 2003	NW side
Krishna Bahadur (Jeta) Tamang (Kanku) (2/3)	Nepal	Oct 16, 2003	NW side
Pasang Nuru Sherpa (Kharikhola) (1/2)	Nepal	Apr 20, 2004	NW side
Greg Nieuwenhuys	Netherlands	Apr 28, 2004	NW side
Ang Pemba Sherpa (Bunbari)	Nepal	Apr 28, 2004	NW side
Pasang Nuru Sherpa (Kharikhola) (2/2)	Nepal	Apr 28, 2004	NW side
Xavier (Xavi) Aymar Santamaria	Spain	May 8, 2004	NW side
Borja Pascual Monegro	Spain	May 8, 2004	NW side
Tarke Sherpa (Rakshi Kharka) (5/5)	Nepal	May 8, 2004	NW side
Joan Antoni Barril Sanchez	Spain	May 8, 2004	NW side
Mikhail Melnikov	Belarus	May 8, 2004	NW side
Anatoli Lutov	Belarus	May 8, 2004	NW side
Viktor Lutov	Belarus	May 8, 2004	NW side
Andreas Bucher	Austria	May 9, 2004	NW side
Reinhold Dibiasi	Italy	May 9, 2004	NW side
Christian Eiterer	Austria	May 9, 2004	NW side
Andreas Redlberger	Austria	May 9, 2004	NW side
Johannes Schoellhuber	Austria	May 9, 2004	NW side
Chuldim Sherpa (Khumjung) (6/8)	Nepal	May 9, 2004	NW side
Pasang Chhiri Sherpa (Samde) (1/3)	Nepal	May 9, 2004	NW side

Francisco Martinez Tebar	Spain	May 9, 2004	NW side
Richmond MacIntyre	S Africa	May 9, 2004	NW side
Temba Wangdi (Pemba Wangdi) Sherpa (Upper Walung) (3/3)	Nepal	May 9, 2004	NW side
Jakub Lerner	Poland	May 9, 2004	NW side
Matthias Robl	Germany	May 9, 2004	NW side
Sebastian Block	Germany	May 9, 2004	NW side
Ms. Alexandra Maria Robl	Austria	May 9, 2004	NW side
Wilhelm Brandmayr	Austria	May 9, 2004	NW side
Lhakpa Sherpa (Khijiphalate)	Nepal	May 9, 2004	NW side
Christian Binggeli	Switzerland	May 9, 2004	NW side
Ms. Monika Keller	Switzerland	May 9, 2004	NW side
Olaf Zill	Germany	May 9, 2004	NW side
Ms. Angela Beltrame Zill	Switzerland	May 9, 2004	NW side
Dieter Guenter Block	Germany	May 9, 2004	NW side
Radek Jaros	Czech Rep.	May 10, 2004	NW side
Martin Koukal	Czech Rep.	May 10, 2004	NW side
Cedric Carnal	Switzerland	May 10, 2004	NW side
Bernhard Alfred (Bernd) Mueller	Germany	May 10, 2004	NW side
Nawang Tawa/Thawa Sherpa (Beding)	Nepal	May 10, 2004	NW side
Petr Maly	Czech Rep.	May 11, 2004	NW side
Petr Novak	Czech Rep.	May 11, 2004	NW side
A-Hu	China	May 11, 2004	NW side
Gyalbu (Jiabu) (2/3)	China	May 11, 2004	NW side
Tenzing Dorje (Danzhen Duoji) (3/3)	China	May 11, 2004	NW side
James Stuart (Jamie) McGuinness (4/5)	New Zealand	May 14, 2004	NW side
Ms. Catherine Robyn Carlyle	Australia	May 14, 2004	NW side
Dawa Gyalzen (Da Gyalzen) Sherpa (Saframa)	Nepal	May 14, 2004	NW side
Namgyal Sherpa (Bangdel) (3/4)	Nepal	May 14, 2004	NW side
Sergei Igorevich Bershov	Ukraine	May 15, 2004	NW side
Igor Svergun	Ukraine	May 15, 2004	NW side
Otto Harrer	Austria	May 16, 2004	NW side
Hubert Leitner	Austria	May 16, 2004	NW side
Ronald Newerkla	Austria	May 16, 2004	NW side
Johannes Posch	Austria	May 16, 2004	NW side
Bernhard Teischl	Austria	May 16, 2004	NW side
Tomasz Przydrozny	USA	May 16, 2004	NW side
Lindley Morris Zerbe	USA	Sep 18, 2004	NW side
E-Fung (Stefen) Chow	Malaysia	Sep 18, 2004	NW side
Wei-Siong (Ernest) Quah (1/2)	Singapore	Sep 18, 2004	NW side
Kami Tshering (Ang Chhiring) Sherpa (Pangboche) (5/7)	Nepal	Sep 18, 2004	NW side
Karma Rita Sherpa (Phortse) (1/3)	Nepal	Sep 18, 2004	NW side
Mingma Tshering (Mingma Chhiring) Sherpa (Phortse) (2/2)	Nepal	Sep 18, 2004	NW side

Yen-Kai Teo	Singapore	Sep 18, 2004	NW side
Dorje Lama Sherpa (Churung Kharka) (2/2)	Nepal	Sep 18, 2004	NW side
John Charles Pomfret	UK	Sep 18, 2004	NW side
Pasang Nuru (Ang Nurbu/Nuru) Sherpa (Pangboche) (3/4)	Nepal	Sep 18, 2004	NW side
Minoru Doya	Japan	Sep 19, 2004	NW side
Lhakpa Chhiring/Chhiri Sherpa (Kurima) (1/2)	Nepal	Sep 19, 2004	NW side
Tul Bahadur Tamang (Deusa) (2/2)	Nepal	Sep 19, 2004	NW side
Si-Qi (Mao-Mao) Chen	China	Sep 21, 2004	NW side
Da Chimi (Da Qimi) (2/2)	China	Sep 21, 2004	NW side
Kim-Boon Lim (1/2)	Singapore	Sep 21, 2004	NW side
Mingma Tshering (Mingma Chhiring) Sherpa (Phortse) (1/2)	Nepal	Sep 21, 2004	NW side
Ms. Diahanne (Di) Gilbert	UK	Sep 21, 2004	NW side
Mingma Nuru Sherpa (Pangboche) (2/4)	Nepal	Sep 21, 2004	NW side
David Charles (Dave) Morton (1/2)	USA	Sep 21, 2004	NW side
David Liano Gonzalez	Mexico	Sep 21, 2004	NW side
Paul Lego	USA	Sep 21, 2004	NW side
Terry Karl Schuck	USA	Sep 21, 2004	NW side
Anthony Peter (Tony) Van Marken	S Africa	Sep 21, 2004	NW side
Kami Rita (Topke) Sherpa (Thami) (2/4)	Nepal	Sep 21, 2004	NW side
Lhakpa Rita Sherpa (Thami) (4/7)	Nepal	Sep 21, 2004	NW side
Tshering Dorje Sherpa (Kharikhola) (2/5)	Nepal	Sep 21, 2004	NW side
Paul Crowsley	UK	Sep 21, 2004	NW side
Phurba Ridar Bhote (1/2)	Nepal	Sep 21, 2004	NW side
Martin Walter (Marty) Schmidt (3/5)	New Zealand	Sep 24, 2004	NW side
Thomas Kevin Cooney	USA	Sep 24, 2004	NW side
Mario Castiglioni	Italy	Sep 24, 2004	NW side
Ang Babu (Jimba Zangbu) Sherpa (Khumjung)	Nepal	Sep 24, 2004	NW side
Tomasz Andrzej Kobielski	Poland	Sep 24, 2004	NW side
Rainer Lorenz Pircher	Germany	Sep 24, 2004	NW side
Ernst-Robert Zauner	Germany	Sep 24, 2004	NW side
Janusz Adam Adamski	Poland	Sep 24, 2004	NW side
Michael James O'Donnell	USA	Sep 24, 2004	NW side
Richard (Rick) Gray	UK	Sep 24, 2004	NW side
Casey Henley	Canada	Sep 24, 2004	NW side
Phenden/Phanden Sherpa (Kharikhola) (3/3)	Nepal	Sep 24, 2004	NW side
Guenter Beinlich	Germany	Sep 24, 2004	NW side
Bernd Reinhard Richter	Germany	Sep 24, 2004	NW side
Ms. Li-Li Luo	China	Sep 25, 2004	NW side
Jian-Feng Rao	China	Sep 25, 2004	NW side

Liang Zhang	China	Sep 25, 2004	NW side
Ngawang Norbu (Awang Luobo) (2/4)	China	Sep 25, 2004	NW side
Norbu Dhondup (Norbu Zhandu) (1/2)	China	Sep 25, 2004	NW side
Phurbu Dhondup (Big) (2/5)	China	Sep 25, 2004	NW side
Soren Nielsen Gudmann	Denmark	Sep 25, 2004	NW side
Marcel Thoma	Switzerland	Sep 25, 2004	NW side
David Klein	Hungary	Sep 25, 2004	NW side
Daniel Walter	Switzerland	Sep 25, 2004	NW side
Hitoshi Tsuji	Japan	Sep 25, 2004	NW side
Takashi Nizayama	Japan	Sep 25, 2004	NW side
Man Bahadur Gurung (Sitalpati) (4/4)	Nepal	Sep 25, 2004	NW side
Jesus Gonzalez Calleja	Spain	Sep 25, 2004	NW side
Serap Jangbu Sherpa (Khumjung) (2/2)	Nepal	Sep 25, 2004	NW side
Slawomir J. (Jack) Jakobczyk	Canada	Sep 25, 2004	NW side
Thundu Sherpa (Beding) (1/3)	Nepal	Sep 25, 2004	NW side
Lama Kancha Sherpa (Chhulemu)	Nepal	Sep 25, 2004	NW side
Klaus Tscherrig	Switzerland	Sep 25, 2004	NW side
Ms. Josette Valloton	Switzerland	Sep 25, 2004	NW side
Thilen Sherpa (Nurbugaon)	Nepal	Sep 25, 2004	NW side
Ms. Barbara Anna Maria Dekeyser	Belgium	Sep 25, 2004	NW side
Rajiv (Raj) Joshi	UK	Sep 25, 2004	NW side
Andrew James Lock (1/2)	Australia	Sep 25, 2004	NW side
Timothy Miles Halcott (Tim) Calder	UK	Sep 25, 2004	NW side
Ms. Elizabeth Jane (Libby) Kennett	UK	Sep 25, 2004	NW side
Nelson Aden Laur	USA	Sep 25, 2004	NW side
Dafydd Wyn Morgan	UK	Sep 25, 2004	NW side
Charles Scott Clark	USA	Sep 25, 2004	NW side
Ms. Nicole Clark	Switzerland	Sep 25, 2004	NW side
Mitenjen (Mingma) Sherpa (Nurbugaoni)	Nepal	Sep 25, 2004	NW side
Joby David Ogwyn	USA	Sep 25, 2004	NW side
Jeremy Benton	UK	Sep 26, 2004	NW side
David Bingham	UK	Sep 26, 2004	NW side
Ms. Lydia Margaret Bakewell Bradey	New Zealand	Sep 26, 2004	NW side
Charles (Chuck) Dasey	USA	Sep 26, 2004	NW side
Akitomo Fujibayashi	Japan	Sep 26, 2004	NW side
Valerio Camilio Francesco Massimo	UK	Sep 26, 2004	NW side
Ms. Chieko Shimada	Japan	Sep 26, 2004	NW side
Dean Douglas Staples (2/2)	New Zealand	Sep 26, 2004	NW side
Lobsang (Lorchun, Lobchong) (1/3)	China	Sep 26, 2004	NW side
Tenzing (Tenzin, Den Zeng) (2/2)	China	Sep 26, 2004	NW side
Wangchen Sonam (Wangqing Sonam) (1/2)	China	Sep 26, 2004	NW side

Name	Country	Date	Route
Dawa Tenzing (Da Tenzing) Sherpa (Phortse) (1/2)	Nepal	Sep 26, 2004	NW side
Lobsang Temba (Lupsang Temba) Sherpa (Khumjung) (6/7)	Nepal	Sep 26, 2004	NW side
Phurba Tashi Sherpa (Khumjung) (4/5)	Nepal	Sep 26, 2004	NW side
Lhakpa Dorje Sherpa (Sanam) (2/3)	Nepal	Sep 26, 2004	NW side
Changba Nurbu (Chhongba Nuru) Sherpa (Tate)	Nepal	Sep 26, 2004	NW side
Shannon Bruce Dailey	USA	Sep 26, 2004	NW side
Ang Pasang Sherpa (Pangboche) (3/4)	Nepal	Sep 26, 2004	NW side
Nicholas Alexander (Nick) Rice	USA	Sep 26, 2004	NW side
Dawa Nuru (Danuru) Sherpa (Phortse) (5/8)	Nepal	Sep 26, 2004	NW side
David E. (Dave) Schlimme	USA	Sep 26, 2004	NW side
Mingma Tenzing Sherpa (Phortse) (1/5)	Nepal	Sep 26, 2004	NW side
Tashi Tshering Sherpa (Pangboche) (2/4)	Nepal	Sep 26, 2004	NW side
Glenn E. Porzak	USA	Sep 26, 2004	NW side
David Kemp Coombs	USA	Sep 26, 2004	NW side
Christopher M. (Kris) Kopczynski	USA	Sep 26, 2004	NW side
Ang Pasang (Pasang Nuru) Sherpa (Khumjung)	Nepal	Sep 26, 2004	NW side
Lhakpa Dorje Sherpa (Phortse)	Nepal	Sep 26, 2004	NW side
Nawang Karsang Sherpa (Khumjung)	Nepal	Sep 26, 2004	NW side
Ms. Monica Kalocdi Weil	New Zealand	Sep 26, 2004	NW side
Jean Pavillard	Switzerland	Sep 26, 2004	NW side
Thomas Torkelson	New Zealand	Sep 26, 2004	NW side
Bartolome (Tolo) Calafat Marcus	Spain	Sep 26, 2004	NW side
Juan Antonio (Oli) Olivieri Callis	Spain	Sep 26, 2004	NW side
Igor Astondoa Iriondo	Spain	Sep 26, 2004	NW side
Jon Alexander (Alex) Chicon Navarez	Spain	Sep 26, 2004	NW side
Jorge Egocheaga Rodriguez	Spain	Sep 26, 2004	NW side
Vincent Waters	Canada	Sep 26, 2004	NW side
Daniel Duran Llobet	Spain	Sep 26, 2004	NW side
Lakcha Sange Sherpa (Nurbugaon)	Nepal	Sep 26, 2004	NW side
Emili Duran Visiedo	Spain	Sep 26, 2004	NW side
Juan Luis Benitez Rosado	Spain	Sep 26, 2004	NW side
Martin Walter (Marty) Schmidt (4/5)	New Zealand	Sep 27, 2004	NW side
Ee-Kiat (Robert) Goh	Singapore	Sep 27, 2004	NW side
Kami Tshering (Ang Chhiring) Sherpa (Pangboche) (4/7)	Nepal	Sep 27, 2004	NW side
Wei-Siong (Ernest) Quah (2/2)	Singapore	Sep 27, 2004	NW side
Mark Anthoney Whetu (2/2)	New Zealand	Sep 27, 2004	NW side

Mark Inglis	New Zealand	Sep 27, 2004	NW side
Ms. Grania Willis	Ireland	Sep 27, 2004	NW side
Todd Cavell Windle	New Zealand	Sep 27, 2004	NW side
Karsang Namgyal/Namgel Sherpa (Thami) (6/7)	Nepal	Sep 27, 2004	NW side
Kiyomitsu Shikoda	Japan	Sep 27, 2004	NW side
Takehiko Hirabayashi	Japan	Sep 27, 2004	NW side
Isao Osawa	Japan	Sep 27, 2004	NW side
Haruyuki Sawada	Japan	Sep 27, 2004	NW side
Ms. Yumi Ueda	Japan	Sep 27, 2004	NW side
Ms. Ryuko Yasuno	Japan	Sep 27, 2004	NW side
Ms. Kazuyo Yonaiyama	Japan	Sep 27, 2004	NW side
Danuru (Dawa) Sherpa (Namche Bazar) (3/4)	Nepal	Sep 27, 2004	NW side
Phur Gyalzen (Fur Geljen) Sherpa (Yilajung) (2/2)	Nepal	Sep 27, 2004	NW side
Lhakpa Nuru Sherpa (Pare) (2/2)	Nepal	Sep 27, 2004	NW side
Lhakpa Tenzing Sherpa (Namche Bazar) (2/2)	Nepal	Sep 27, 2004	NW side
Nima Nurbu Sherpa (Thamiteng) (2/3)	Nepal	Sep 27, 2004	NW side
Pemba Rita Sherpa (Beding) (1/2)	Nepal	Sep 27, 2004	NW side
Tamtin (Thomting, Tamding) Sherpa (Beding) (6/6)	Nepal	Sep 27, 2004	NW side
Luigi Aldo Rampini	Italy	Sep 27, 2004	NW side
Gary John Guller	USA	Sep 28, 2004	NW side
Brook Joe Alongi	USA	Sep 28, 2004	NW side
Ms. Claire David	France	Sep 28, 2004	NW side
Jens Voigt	Germany	Sep 28, 2004	NW side
Lhakpa Rangdu Sherpa (Tala Kharka) (1/3)	Nepal	Sep 28, 2004	NW side
Namgya/Namgyal Sherpa (Gyabla)	Nepal	Sep 28, 2004	NW side
Trey Cook	USA	Sep 28, 2004	NW side
Rudolf Praschl-Bichler	Austria	Sep 28, 2004	NW side
Ms. Marjolein De Bruycker	Belgium	Sep 28, 2004	NW side
Dorje (Dorje Lambu, Big Dorje) Sherpa (Thamo)	Nepal	Sep 28, 2004	NW side
Ignacio (Inaki) Ochoa de Olza Seguin (2/2)	Spain	Sep 28, 2004	NW side
Juan Carlos Pauner Gotor	Spain	Sep 28, 2004	NW side
Jarle Traa	Norway	Sep 29, 2004	NW side
Christian Lemmertz	Germany	Sep 29, 2004	NW side
Arnold Coster (1/4)	Netherlands	Sep 30, 2004	NW side
Daniel (Dan) Blake	USA	Sep 30, 2004	NW side
Paul D. Burgess (1/2)	Canada	Sep 30, 2004	NW side
Ronald (Ron) Oliver	USA	Sep 30, 2004	NW side
David Monaghan (Mon) Tindale	UK	Sep 30, 2004	NW side
Neil Wells	UK	Sep 30, 2004	NW side

Dhondup (Thendup, Guan Do)	China	Sep 30, 2004	NW side
Ngawang Dhondup (Ngawang Dradul) (2/4)	China	Sep 30, 2004	NW side
Ms. Maya Sherpa (Patale)	Nepal	Sep 30, 2004	NW side
Tormod Grandheim	Norway	Sep 30, 2004	NW side
James Stuart (Jamie) McGuinness (5/5)	New Zealand	Sep 30, 2004	NW side
John Steiger	USA	Sep 30, 2004	NW side
Karchen Dawa Sherpa (Khumjung) (2/2)	Nepal	Sep 30, 2004	NW side
Sonam Tashi Sherpa (Khumjung) (4/5)	Nepal	Sep 30, 2004	NW side
Boguslaw A. Magrel	Poland	Sep 30, 2004	NW side
Olaf Jarzemski	Poland	Sep 30, 2004	NW side
Kim-Boon Lim (2/2)	Singapore	Sep 30, 2004	NW side
Dorje Lama Sherpa (Churung Kharka) (1/2)	Nepal	Sep 30, 2004	NW side
Boguslaw Stanislaw Ogrodnik	Poland	Sep 30, 2004	NW side
Ryan Powers Waters (1/2)	USA	Oct 1, 2004	NW side
Roland De Bare de Comogne	Belgium	Oct 1, 2004	NW side
Jacques-Hughes Letrange	France	Oct 1, 2004	NW side
Pasang Tarke (Pasang Tagqu) (2/4)	China	Oct 1, 2004	NW side
Oscar Francisco Fernandez Landa	Spain	Oct 1, 2004	NW side
Zacharakis (Zac) Zaharias	Australia	Oct 1, 2004	NW side
Kenneth John Hill	USA	Oct 1, 2004	NW side
Christian Eide	Norway	Oct 2, 2004	NW side
Rune Hope	Norway	Oct 2, 2004	NW side
Tomas Kenneth Olsson	Sweden	Oct 2, 2004	NW side
Ms. Irina Vialenkova (d)	Belarus	Oct 5, 2004	NW side
Martin Minarik	Czech Rep.	Apr 16, 2005	NW side
Eero Viekka Juhani Gustafsson	Finland	Apr 22, 2005	NW side (direct line to top)
Frank Curtler	UK	Apr 27, 2005	NW side
Phura Nuru Sherpa (Tesho) (1/2)	Nepal	Apr 27, 2005	NW side
Wojciech Jankowski	Poland	May 1, 2005	NW side
Artur Kazmierczak	Poland	May 1, 2005	NW side
Maxut S. Zhumayev	Kazakhstan	May 3, 2005	NW side
Vassily T. Pivtsov	Kazakhstan	May 3, 2005	NW side
Ryszard Jan Pawlowski (2/2)	Poland	May 3, 2005	NW side
Emmanuel A. J. Exposito	France	May 4, 2005	NW side
Giuseppe Antonelli	Italy	May 12, 2005	NW side
Roberto Manni	Italy	May 12, 2005	NW side
Valter Perlino	Italy	May 21, 2005	NW side
Da Chhemba (Dachhamba) Sherpa (Gudel) (2/2)	Nepal	May 21, 2005	NW side
Juri Uteshev	Russia	May 22, 2005	NW side
Gleb Sokolov	Russia	May 22, 2005	NW side
Jean-Noel Urban	France	Sep 20, 2005	NW Ridge
Paul Leon Marie Bonhomme	Netherlands	Sep 20, 2005	NW Ridge

Name	Country	Date	Route
Nicolas Maxime Brun	France	Sep 20, 2005	NW Ridge
David Charles (Dave) Morton (2/2)	USA	Sep 21, 2005	NW Ridge
Michael Hines	USA	Sep 21, 2005	NW Ridge
Kevin Jones	USA	Sep 21, 2005	NW Ridge
Anthony C. (Tony) King	UK	Sep 21, 2005	NW Ridge
Ms. Suzanne Nance	USA	Sep 21, 2005	NW Ridge
Lhakpa Rita Sherpa (Thami) (5/7)	Nepal	Sep 21, 2005	NW Ridge
Tshering Dorje Sherpa (Kharikhola) (5/5)	Nepal	Sep 21, 2005	NW Ridge
Russell Reginald Brice (8/8)	New Zealand	Sep 22, 2005	NW side
Zaid Aasa (Zed) Al-Refa'i	Kuwait	Sep 22, 2005	NW side
Ms. Jennifer Peedom	Australia	Sep 22, 2005	NW side
Jan Van Der Meer	Denmark	Sep 22, 2005	NW side
Tashi Tsering (Small) (2/4)	China	Sep 22, 2005	NW side
Lobsang Temba (Lupsang Temba) Sherpa (Khumjung) (7/7)	Nepal	Sep 22, 2005	NW side
Phurba Tashi Sherpa (Khumjung) (5/5)	Nepal	Sep 22, 2005	NW side
Guillermo (Willie) Benegas	USA	Sep 22, 2005	NW Ridge
Ms. Hilaree Janet O'Neil	USA	Sep 22, 2005	NW Ridge
Ms. Catherine Clare (Kasha) Rigby	USA	Sep 22, 2005	NW Ridge
Shoji Shimiju	Japan	Sep 24, 2005	NW Ridge
Pasang Dawa Sherpa (Chaunrikharka) (1/2)	Nepal	Sep 24, 2005	NW Ridge
Patricio Ramiro Tisalema Torres	Ecuador	Sep 24, 2005	NW Ridge
Jeremy Scott Windsor	UK	Sep 24, 2005	NW side
Vijay Ahuja	UK	Sep 24, 2005	NW side
Michael Joseph O'Dwyer	Ireland	Sep 24, 2005	NW side
Piotr Szawarski	UK	Sep 24, 2005	NW side
Namgyal Sherpa (Bangdel) (4/4)	Nepal	Sep 24, 2005	NW side
Michael John (Mike) Roberts (2/3)	New Zealand	Sep 25, 2005	NW side
Mark Richard Sedon	New Zealand	Sep 25, 2005	NW side
Ms. Ana Elisa Teixeira Boscarioli	Brazil	Sep 25, 2005	NW side
Ms. Carol Jean Masheter	USA	Sep 25, 2005	NW side
Charles (Chuck) McGibbon	USA	Sep 25, 2005	NW side
Lars Nordstrom	Sweden	Sep 25, 2005	NW side
Chuldim (Chuldim Dorje) Sherpa (Khumjung) (4/6)	Nepal	Sep 25, 2005	NW side
Lhakpa Dorje Sherpa (Sanam) (3/3)	Nepal	Sep 25, 2005	NW side
Lhakpa Tenzing Sherpa (Sanam)	Nepal	Sep 25, 2005	NW side
Nawang Chhangba Sherpa (Khumjung) (1/2)	Nepal	Sep 25, 2005	NW side
Phu Tashi Sherpa (Pangboche) (2/3)	Nepal	Sep 25, 2005	NW side
Fei-Bao Jin	China	Sep 25, 2005	NW side
Fei-Biao Jin	China	Sep 25, 2005	NW side
Xiang-Ping Li	China	Sep 25, 2005	NW side
Ngawang Dhondup (Ngawang Dradul) (3/2)	China	Sep 25, 2005	NW side

Name	Country	Date	Route
Ngawang Tenzing (Awang Denzing) (1/2)	China	Sep 25, 2005	NW side
Pemba Dhondup (Bianba Dunzhu) (1/2)	China	Sep 25, 2005	NW side
Andrew James Lock (2/2)	Australia	Sep 25, 2005	NW side
Inigo De Pineda Blanc	Spain	Sep 25, 2005	NW side
Dawa Chhiri (Dawa Tsiri) Sherpa (Kurima) (2/3)	Nepal	Sep 25, 2005	NW side
Benoit D. M. Profit	France	Sep 25, 2005	NW Ridge
Andre Jean Luc Henri Courtois	France	Sep 25, 2005	NW Ridge
Arnaud De Fouchier	France	Sep 25, 2005	NW Ridge
Mingma Nuru Sherpa (Pangboche) (3/4)	Nepal	Sep 25, 2005	NW Ridge
Justin Reese Merle	USA	Sep 25, 2005	NW Ridge
Richard Davis	USA	Sep 25, 2005	NW Ridge
Gary Giss	USA	Sep 25, 2005	NW Ridge
Robert Hottentot	USA	Sep 25, 2005	NW Ridge
Jack Sutton	USA	Sep 25, 2005	NW Ridge
Phurbu Dhondup (Big) (3/5)	China	Sep 25, 2005	NW Ridge
Dawa Nuru (Danuru) Sherpa (Phortse) (6/8)	Nepal	Sep 25, 2005	NW Ridge
Phu Nuru (Phunuru) Sherpa (Phortse) (5/7)	Nepal	Sep 25, 2005	NW Ridge
Zoltan Robert Acs	Hungary	Sep 25, 2005	NW side
Pasang Nuru (Ang Nurbu/Nuru) Sherpa (Pangboche) (4/4)	Nepal	Sep 25, 2005	NW side
Roger C. Nizel McMorrow	Ireland	Sep 25, 2005	NW side
Nigel David Hart	UK	Sep 25, 2005	NW side
Da Ongchhu (Dawangchu) Sherpa (Kurima) (1/2)	Nepal	Sep 25, 2005	NW side
Pasang Sherpa (Sotang)	Nepal	Sep 25, 2005	NW side
Dirk Groeger	Germany	Sep 26, 2005	NW Ridge
Guenther Hofer	Italy	Sep 26, 2005	NW Ridge
Johann Hofer	Italy	Sep 26, 2005	NW Ridge
Klaas Koehne	Germany	Sep 26, 2005	NW Ridge
Guenther Pixner	Italy	Sep 26, 2005	NW Ridge
Heinz Raisch	Germany	Sep 26, 2005	NW Ridge
Michael Studer	Switzerland	Sep 26, 2005	NW Ridge
Chuldim Sherpa (Khumjung) (7/8)	Nepal	Sep 26, 2005	NW Ridge
Cyrille Cadet	France	Sep 26, 2005	NW side
Peter Wells	Australia	Sep 26, 2005	NW side
Fura Dorje (Phura Dorje) Sherpa (Sotang)	Nepal	Sep 26, 2005	NW side
Jean-Marc Nowak	France	Sep 26, 2005	NW side
Nuru Wangchu Sherpa (Pangboche) (1/3)	Nepal	Sep 26, 2005	NW side
Armin Alfred Mueller	Germany	Sep 26, 2005	NW side
Jean-Pierre Danvoye (1/2)	Canada	Sep 26, 2005	NW side

Luc Gelinas	Canada	Sep 26, 2005	NW side
Denis Trahan	Canada	Sep 26, 2005	NW side
Lhakpa Nuru Sherpa (Yilajung) (1/3)	Nepal	Sep 26, 2005	NW side
Tendi Sherpa (Taksindu) (1/2)	Nepal	Sep 26, 2005	NW side
Dirk Grunert	Germany	Sep 26, 2005	NW Ridge
Richard Malblanc	France	Sep 26, 2005	NW Ridge
Philippe M. Sauvageot	France	Sep 26, 2005	NW Ridge
Lhakpa Rita Sherpa (Phortse)	Nepal	Sep 26, 2005	NW Ridge
Romeo Roberto Garduce	Philippines	Sep 26, 2005	NW side
Michael John Patterson	S Africa	Sep 26, 2005	NW side
Lhakpa Rangdu Sherpa (Tala Kharka) (2/3)	Nepal	Sep 26, 2005	NW side
Thierry Auberson	Switzerland	Sep 27, 2005	NW Ridge
Tunc Findik	Turkey	Sep 27, 2005	NW Ridge
Ms. Eloise Barbieri	Italy	Sep 27, 2005	NW side
Ms. Pemba Doma Thaktopa Sherpa (Namche Bazar)	Nepal	Sep 28, 2005	NW Ridge
Ms. Valerie Anne Pitkethly	Canada	Sep 28, 2005	NW Ridge
Alexander Stickelberger	Austria	Sep 28, 2005	NW Ridge
Lhakpa Tshering, Chhiring Sherpa (Mende)	Nepal	Sep 28, 2005	NW Ridge
Kenji Kondo (3/4)	Japan	Sep 28, 2005	NW side
Makoto Ogawa	Japan	Sep 28, 2005	NW side
Akira Sashisaki	Japan	Sep 28, 2005	NW side
Nima Nurbu Sherpa (Thamiteng) (2/3)	Nepal	Sep 28, 2005	NW side
Pasang Kitar/Kidar Sherpa (Beding) (3/3)	Nepal	Sep 28, 2005	NW side
Pemba Gyalzen/Geljen Sherpa (Thami) (2/2)	Nepal	Sep 28, 2005	NW side
Guntis Ivar Miko Brands	Switzerland	Sep 28, 2005	NW Ridge
Herve Max Coron	France	Sep 28, 2005	NW Ridge
Douglas Cote	USA	Sep 28, 2005	NW Ridge
Lars Johan Marcus Frankelius	Sweden	Sep 28, 2005	NW Ridge
Mark Little	USA	Sep 28, 2005	NW Ridge
Dompa (Dunba, Thumba) (1/5)	China	Sep 28, 2005	NW Ridge
Pemba (Bianba) (1/2)	China	Sep 28, 2005	NW Ridge
Tsering Dorje (Cering Dorje)	China	Sep 28, 2005	NW Ridge
Frank Ziebarth	Germany	Sep 28, 2005	NW Ridge
Mike Norris	UK	Sep 28, 2005	NW side
John Eames	UK	Sep 28, 2005	NW Ridge
Graham Blackmun	UK	Sep 28, 2005	NW Ridge
Edward Box	UK	Sep 28, 2005	NW Ridge
Philip James Drowley	UK	Sep 28, 2005	NW Ridge
Barry Gordon Welsh	UK	Sep 28, 2005	NW Ridge
Nawang Pasang Sherpa (Beding)	Nepal	Sep 28, 2005	NW Ridge
Pema Tharke Sherpa (Lamabagar) (1/2)	Nepal	Sep 28, 2005	NW Ridge

Pema Tshering (Pem Chhiri) Sherpa (Chankhu) (1/2)	Nepal	Sep 28, 2005	NW Ridge
Alain Kofler	Italy	Sep 28, 2005	NW side
Ms. Catalina (Lina) Quesada Castro	Spain	Sep 28, 2005	NW Ridge
Ms. Anna Baranska	Poland	Sep 28, 2005	NW side
Stanislaw Barabas	Poland	Sep 28, 2005	NW side
Benjamin Dean (Ben) Stuckey	USA	Sep 29, 2005	NW Ridge
Tashi Tsering (Big) (1/3)	China	Sep 29, 2005	NW Ridge
Edward James Buckingham	UK	Sep 29, 2005	NW Ridge
Wangdu (Wangqing) (1/3)	China	Sep 29, 2005	NW Ridge
Mathias Marklund	Sweden	Sep 29, 2005	NW side
Ingemar Enberg	Sweden	Sep 29, 2005	NW side
Andreas Marklund	Sweden	Sep 29, 2005	NW side
Ivano Bianchi	Italy	Sep 29, 2005	NW side
Andrew (Andy) Sloan	UK	Sep 30, 2005	NW Ridge
Lobsang (Lorchun, Lobchong) (2/3)	China	Sep 30, 2005	NW Ridge
Casper C. L. Ravnsbaek	Denmark	Oct 1, 2005	NW Ridge
Rune Snaprud	Norway	Oct 1, 2005	NW Ridge
Oyvin Thon	Norway	Oct 1, 2005	NW Ridge
Ms. Brit Volden	Norway	Oct 1, 2005	NW Ridge
Kili Pemba (Kilu Pemba) Sherpa (Beding) (2/2)	Nepal	Oct 1, 2005	NW Ridge
Nawang Tenzing Sherpa (Beding) (4/4)	Nepal	Oct 1, 2005	NW Ridge
Einar Osland	Norway	Oct 1, 2005	NW Ridge
Cato Zahl Pedersen	Norway	Oct 1, 2005	NW Ridge
Stian Slettum Voldmo	Norway	Oct 1, 2005	NW Ridge
Dawa Tshering (Dawa Chhiri) Sherpa (Beding) (5/6)	Nepal	Oct 1, 2005	NW Ridge
Nawang Thapa Sherpa (Beding) (1/2)	Nepal	Oct 1, 2005	NW Ridge
Ms. Patricia A. B. Tacconi	Venezuela	Oct 1, 2005	NW Ridge
Sonam Tashi Sherpa (Khumjung) (5/5)	Nepal	Oct 1, 2005	NW Ridge
Cesare Cesa Bianchi (1/2)	Italy	Oct 2, 2005	NW side
Ang Phurba Sherpa (Chaplung) (4/4)	Nepal	Oct 2, 2005	NW side
Andreu Ferrer Paterna	Spain	Oct 2, 2005	NW Ridge
Marcelli Ferrer Paterna	Spain	Oct 2, 2005	NW Ridge
Robert Masana Garcia	Spain	Oct 2, 2005	NW Ridge
Pere Guinovart Callejon	Spain	Oct 3, 2005	NW Ridge
Juan Carlos Vizcaino Aranda	Spain	Oct 4, 2005	NW Ridge
Pedro Jose Garcia Aguirre	Spain	Oct 4, 2005	NW Ridge
Konrad Scheiber	Austria	Oct 4, 2005	NW Ridge
Karl Wieser	Austria	Oct 4, 2005	NW Ridge
Carlos Salamanca Palenzuela	Spain	Oct 4, 2005	NW Ridge
Edmund A. Spoden	Belgium	Oct 9, 2005	NW side
Chhiring Dorje Sherpa (Beding) (3/4)	Nepal	Oct 9, 2005	NW side

Peter Hamor	Slovakia	Apr 24, 2006	NW side
Piotr Jerzy Morawski	Poland	Apr 24, 2006	NW side
Jose Ignacio (Pepe) Jijon Soares	Ecuador	May 1, 2006	NW side
Heon-Mo Youn	S Korea	May 1, 2006	NW side
Phu Tashi Sherpa (Phortse)	Nepal	May 1, 2006	NW side
Yoshinobu Kato	Japan	May 3, 2006	NW side
Kazuaki Amano	Japan	May 3, 2006	NW side
Inigo Loyola Larranaga	Spain	May 4, 2006	NW side
Andrew McKinlay	Canada	May 7, 2006	NW side
Fernando M. Davalos Gonzalez	Mexico	May 7, 2006	NW side
Pasang Tshering (Pasang Tsheri) Sherpa (Khumjung)	Nepal	May 7, 2006	NW side
Jesus (Josu) Ortubay Fuentes	Spain	May 8, 2006	NW side
Hyung-Jun Gu	S Korea	May 8, 2006	NW side
Sanu Sherpa (Walung) (1/2)	Nepal	May 8, 2006	NW side
Jae-Seog Jeong	S Korea	May 8, 2006	NW side
Tashi Sherpa (Cheremy)	Nepal	May 8, 2006	NW side
Peter Widhalm	Austria	May 8, 2006	NW side
Thomas Fry	Norway	May 9, 2006	NW side
Dawa Gelji (Dawa Gyalzen) Sherpa (Chankhu) (2/2)	Nepal	May 9, 2006	NW side
Alessandro Colleoni	Italy	May 9, 2006	NW side
Dawa (Ang Dawa) Sherpa (Walung) (3/4)	Nepal	May 9, 2006	NW side
Tashi Wangchuk Tenzing	Australia	May 9, 2006	NW side
Ms. Klara Polackova	Czech Rep.	May 9, 2006	NW side
Stephan Paul Andres	Italy	May 9, 2006	NW side
Albert Kirschner	Austria	May 9, 2006	NW side
Vaclav Fort	Germany	May 9, 2006	NW side
Dieter Ninke	Germany	May 9, 2006	NW side
Raymund M. Spang	Germany	May 9, 2006	NW side
Palden Sherpa (Beding)	Nepal	May 9, 2006	NW side
Richard Goldeband	Austria	May 10, 2006	NW side
Chuldim Sherpa (Khumjung) (8/8)	Nepal	May 10, 2006	NW side
Herbert Wolf (2/2)	Austria	May 10, 2006	NW side
Paolo Rabbia	Italy	May 10, 2006	NW side
Bidzina Gujabidze	Georgia	May 10, 2006	NW side
Walter Manfred Zoerer	Austria	May 13, 2006	NW side
Guenther Forster	Austria	May 13, 2006	NW side
Peter Mennel	Austria	May 13, 2006	NW side
Gebhard Riedmann	Austria	May 13, 2006	NW side
Pasang Chhiri Sherpa (Samde) (2/3)	Nepal	May 13, 2006	NW side
Milan Wlasak	Czech Rep.	May 13, 2006	NW side
Ms. Alice Korbova	Czech Rep.	May 13, 2006	NW side
Pavel Michut	Czech Rep.	May 13, 2006	NW side
Daniel Schrag	Switzerland	May 16, 2006	NW side
Man Bahadur (Gopal) Tamang (Jaidu)	Nepal	May 16, 2006	NW side

Name	Country	Date	Side
Claude Gilbert Labatut	France	May 17, 2006	NW side
Daniel Vlach	Czech Rep.	May 17, 2006	NW side
Jiri Kalousek	Czech Rep.	May 17, 2006	NW side
Ivan Nahlik	Czech Rep.	May 17, 2006	NW side
Denis Chatrefou	France	May 17, 2006	NW side
Mathias Chatrefou	France	May 17, 2006	NW side
Arnaud Pasquer	France	May 17, 2006	NW side
Ryan Powers Waters (2/2)	USA	May 23, 2006	NW side
David O'Brien	UK	May 23, 2006	NW side
Carlo Wambeke	Belgium	May 23, 2006	NW side
Tseten Gyurme (Tsedan Chomay) (1/3)	China	May 23, 2006	NW side
Pasang Gombu Sherpa (Saframa) (4/4)	Nepal	May 23, 2006	NW side
Ms. Anne-Christine Nater	Switzerland	May 24, 2006	NW side
Phuntsok (Pingtso, Phinzo, Puncog) (1/2)	China	May 24, 2006	NW side
Etienne Scheeper	Netherlands	May 24, 2006	NW side
Nima Gombu (Gombu) Sherpa (Beding) (2/3)	Nepal	May 24, 2006	NW side
Anand Swaroop	India	May 24, 2006	NW side
Sherab Palden	India	May 24, 2006	NW side
Khem Chand Thakur	India	May 24, 2006	NW side
Palden Giachho Negi	India	May 24, 2006	NW side
Gary Lamare	India	May 24, 2006	NW side
Bodh Singh	India	May 24, 2006	NW side
Tejpal Singh Negi	India	May 24, 2006	NW side
Chhiring Dorje Sherpa (Beding) (4/4)	Nepal	May 24, 2006	NW side
Damai Chhiri Sherpa (Sikli)	Nepal	May 24, 2006	NW side
Dawa Gyalzen Sherpa (Beding)	Nepal	May 24, 2006	NW side
Phurba Chhoter Sherpa (Yilajung)	Nepal	May 24, 2006	NW side
Phurba Namgyal Sherpa (Beding) (1/3)	Nepal	May 24, 2006	NW side
Remco Berendsen	Netherlands	May 24, 2006	NW side
James Viles	UK	May 24, 2006	NW side
Dompa (Dunba, Thumba) (2/5)	China	May 24, 2006	NW side
Phurbu Dhondup (Small)	China	May 24, 2006	NW side
Christian Aquiles Cuq Maggi	Chile	May 24, 2006	NW side
Dierk Maass	Switzerland	May 24, 2006	NW side
Diego Wellig	Switzerland	May 24, 2006	NW side
Pasang Tarke (Pasang Tagqu) (3/4)	China	May 24, 2006	NW side
Tsering Dhondup (Small) (1/2)	China	May 24, 2006	NW side
Pemba Sherpa (Taksindu) (1/2)	Nepal	May 24, 2006	NW side
Christoph Nagel	Germany	May 25, 2006	NW side
Jyamchang Bhote (2/2)	Nepal	May 25, 2006	NW side
Paul Van Hal	Netherlands	May 25, 2006	NW side
Dawa Gelu Sherpa (Sedua) (1/2)	Nepal	May 25, 2006	NW side

Jonathan Smith	Australia	May 25, 2006	NW side
Densa Bhote	Nepal	May 25, 2006	NW side
David Bols De Boer	New Zealand	May 25, 2006	NW side
Jamling Bhote (1/2)	Nepal	May 25, 2006	NW side
Champa	India	May 26, 2006	NW side
Amar Dev Bhatt	India	May 26, 2006	NW side
Chering Norbu Bodh	India	May 26, 2006	NW side
Bhag Chain	India	May 26, 2006	NW side
Baldev Singh	India	May 26, 2006	NW side
Roshan Singh	India	May 26, 2006	NW side
Balwant Singh Negi	India	May 26, 2006	NW side
Mingma Tenji Sherpa (Khumjung)	Nepal	May 26, 2006	NW side
Nawang Thapa Sherpa (Beding) (2/2)	Nepal	May 26, 2006	NW side
Nima Kancha Sherpa (Thami)	Nepal	May 26, 2006	NW side
Ongje (Wangche) Sherpa (Gaurishankar-2)	Nepal	May 26, 2006	NW side
Phurba Temba (Furtemba) Sherpa (Gaurishankar-3)	Nepal	May 26, 2006	NW side
Dorje Karsang (Dorje Gesang) (2/2)	China	Aut 2006	NW side
Ngawang Norbu (Awang Luobo) (3/4)	China	Aut 2006	NW side
Ngawang Tashi (Awang Tashi)	China	Aut 2006	NW side
Ngawang Tenzing (Awang Denzing) (2/2)	China	Aut 2006	NW side
Ngawang Tsering	China	Aut 2006	NW side
Norbu Dhondup (Norbu Zhandu) (2/2)	China	Aut 2006	NW side
Pemba Dhondup (Bianba Dunzhu) (2/2)	China	Aut 2006	NW side
Phuntsok (Phinzo, Tsering Phinzo) (1/3)	China	Aut 2006	NW side
Phurbu Dhondup (Big) (4/5)	China	Aut 2006	NW side
Phurbu Tsering (Big)	China	Aut 2006	NW side
Sonam Tashi (Suolang Zhaxi) (1/2)	China	Aut 2006	NW side
Tsering Dhondup (Small) (2/2)	China	Aut 2006	NW side
Wangchen Sonam (Wangqing Sonam) (2/3)	China	Aut 2006	NW side
Wangdu	China	Aut 2006	NW side
Wangdu (Big)	China	Aut 2006	NW side
Wangdu (Wangqing) (2/3)	China	Aut 2006	NW side
John Macleod Ross	UK	Sep 29, 2006	NW side
Moti Lal Gurung (Sedua)	Nepal	Sep 29, 2006	NW side
Michael Niemeier	Germany	Sep 30, 2006	NW side
Pemba Tenzing Sherpa (Thamo) (1/2)	Nepal	Sep 30, 2006	NW side
Paolo Ciccarelli	Italy	Sep 30, 2006	NW side

Dawa (Ang Dawa) Sherpa (Walung) (4/4)	Nepal	Sep 30, 2006	NW side
Dusan Debelak	Slovenia	Sep 30, 2006	NW side
Milan Romih	Slovenia	Sep 30, 2006	NW side
Tenzing (Tenjen) Sherpa (Nurbugaon)	Nepal	Sep 30, 2006	NW side
Alexei Bolotov	Russia	Sep 30, 2006	NW side
Dmitri Frolenko	Russia	Sep 30, 2006	NW side
Anton Lomovskikh	Russia	Sep 30, 2006	NW side
Vladimir Loutsenko	Russia	Sep 30, 2006	NW side
Alexander Ovchinnikov	Russia	Sep 30, 2006	NW side
Valerei Ragozin	Russia	Sep 30, 2006	NW side
Dragan Celikovic	Serbia	Oct 1, 2006	NW side
Ilija Andrejic	Serbia	Oct 1, 2006	NW side
Basar Carovac	Serbia	Oct 1, 2006	NW side
Marko Nikolic	Serbia	Oct 1, 2006	NW side
Petar Pecanac	Serbia	Oct 1, 2006	NW side
Dragan Petric	Serbia	Oct 1, 2006	NW side
Ms. Dragana Rajblovic	Serbia	Oct 1, 2006	NW side
Ang Pasang Sherpa (Pangboche) (4/4)	Nepal	Oct 1, 2006	NW side
Pemba Jeba Sherpa (Hungung)	Nepal	Oct 1, 2006	NW side
Nima Tsering (Nima Ciren)	China	Oct 1, 2006	NW side
Hong Li	China	Oct 1, 2006	NW side
Jun Su	China	Oct 1, 2006	NW side
Wen-Jun Fan	China	Oct 1, 2006	NW side
Xin Shi	China	Oct 1, 2006	NW side
Feng Wang	China	Oct 1, 2006	NW side
Jia-Quan Huang	China	Oct 1, 2006	NW side
Cao Li	China	Oct 1, 2006	NW side
Ying Zhang	China	Oct 1, 2006	NW side
Reiner Taglinger	Germany	Oct 1, 2006	NW side
Ms. Zi-Xia Su	China	Oct 1, 2006	NW side
Xiang Zhou	China	Oct 1, 2006	NW side
Ms. Pamela Davies	UK	Oct 1, 2006	NW side
Dan Tebay	UK	Oct 1, 2006	NW side
Anil Bhattarai	Nepal	Oct 1, 2006	NW side
Mingma Nuru Sherpa (Pangboche) (4/4)	Nepal	Oct 1, 2006	NW side
Sonam Dorje Sherpa (Pangboche)	Nepal	Oct 1, 2006	NW side
Ms. Pema Lhamu (Baima Lamu)	China	Oct 1, 2006	NW side
Shi-Zhen (A-Nan) Nan	China	Oct 1, 2006	NW side
Yue Shang	China	Oct 1, 2006	NW side
Tashi Lhakpa Sherpa (Mathilow)	Nepal	Oct 1, 2006	NW side
Daq Braanaas	Norway	Oct 1, 2006	NW side
Sindre Kinnerod	Norway	Oct 1, 2006	NW side
Petter Nyquist	Norway	Oct 1, 2006	NW side

Name	Country	Date	Route
Dawa Chhiri (Da Chhiri) Sherpa (Phurte) (1/2)	Nepal	Oct 1, 2006	NW side
Dawa Tshering (Dawa Chhiri) Sherpa (Beding) (6/6)	Nepal	Oct 1, 2006	NW side
Mingma Dorje Sherpa (Thamo) (1/2)	Nepal	Oct 1, 2006	NW side
Anthony Victor (Vic) Saunders (3/4)	UK	Oct 1, 2006	NW side
Douglas P. (Doug) Beall	USA	Oct 1, 2006	NW side
David D. Larson	USA	Oct 1, 2006	NW side
Ms. Samantha A. Larson	USA	Oct 1, 2006	NW side
Wim E. L. Smets	Belgium	Oct 1, 2006	NW side
Gurmin Dorje (Girmi Dorje) Sherpa (Pangboche)	Nepal	Oct 1, 2006	NW side
Pasang Dawa (Pa Dawa, Pando) Sherpa (Pangboche) (4/5)	Nepal	Oct 1, 2006	NW side
Lhakpa Sherpa (Makalu-9) (2/3)	Nepal	Oct 1, 2006	NW side
Richard Anthony Griffiths	UK	Oct 1, 2006	NW side
Phurba Ridar Bhote (2/2)	Nepal	Oct 1, 2006	NW side
Ms. Christine Joyce Feld Boskoff (2/2)	USA	Oct 1, 2006	NW side
Eric Lane Dalzell	USA	Oct 1, 2006	NW side
Mark Scott Payne	USA	Oct 1, 2006	NW side
Wolf Riehle	Germany	Oct 1, 2006	NW side
Maila Tamang (Narayanthan-6)	Nepal	Oct 1, 2006	NW side
Camilo Lopez (d)	Colombia	Oct 1, 2006	NW side
Ludovic Paul Nicolas Challeat	France	Oct 1, 2006	NW side
Christian M. Maurel	France	Oct 1, 2006	NW side
Pemba Sherpa (Taksindu) (2/2)	Nepal	Oct 1, 2006	NW side
Lal Singh Tamang	Nepal	Oct 1, 2006	NW side
Phu Dorje (Fu Dorji, Fudorjee) Sherpa (Phorse)	Nepal	Oct 1, 2006	NW side
Blair John Falahey	Australia	Oct 1, 2006	NW side
Stuart Christopher Peacock	UK	Oct 1, 2006	NW side
Colin Lively	UK	Oct 1, 2006	NW side
Nuru Wangchu Sherpa (Pangboche) (2/3)	Nepal	Oct 1, 2006	NW side
Michael Gottschall	Austria	Oct 1, 2006	NW side
Joachim Schweizer	Germany	Oct 1, 2006	NW side
Ms. Margit Zenk-Schweizer	Germany	Oct 1, 2006	NW side
Pasang Tarke (Pasang Tagqu) (4/4)	China	Oct 1, 2006	NW side
Jean-Christophe A. Ludot	France	Oct 1, 2006	NW side
Olivier Thomas	France	Oct 1, 2006	NW side
Da Ongchhu (Dawangchu) Sherpa (Kurima) (2/2)	Nepal	Oct 1, 2006	NW side
Lhakpa Rangdu Sherpa (Tala Kharka) (3/3)	Nepal	Oct 1, 2006	NW side
Ms. Mi-Sun Go	S Korea	Oct 1, 2006	NW side
Ang Tshering Sherpa (Chaplung)	Nepal	Oct 1, 2006	NW side
Karl Johann Leitner	Austria	Oct 1, 2006	NW side

Jean-Marc Genevois	France	Oct 1, 2006	NW side
Fabrice Priez	France	Oct 1, 2006	NW side
James Board	UK	Oct 1, 2006	NW side
Antoine Pierre Boulanger	France	Oct 1, 2006	NW side
Octavio Defazio	Argentina	Oct 1, 2006	NW side
Christopher Charles Macklin	UK	Oct 1, 2006	NW side
Ms. Martina Palm	Sweden	Oct 1, 2006	NW side
Egbert Jacob (Kiek) Stam	Netherlands	Oct 1, 2006	NW side
Phurbu Tsering (Small) (Phurtse) (2/2)	China	Oct 1, 2006	NW side
Tashi Phuntsok (Tashi Phinzo)	China	Oct 1, 2006	NW side
Wangdu (Small) (1/2)	China	Oct 1, 2006	NW side
Ang Karma Sherpa (Phortse) (1/2)	Nepal	Oct 1, 2006	NW side
Dorje Sonam Gyalzen Sherpa (Phortse)	Nepal	Oct 1, 2006	NW side
Phura Nuru Sherpa (Tesho) (2/2)	Nepal	Oct 1, 2006	NW side
Sergio Martini (3/3)	Italy	Oct 1, 2006	NW side
Vinko Bercic-Cenko	Slovenia	Oct 1, 2006	NW side
Janez Leuec	Slovenia	Oct 1, 2006	NW side
Kami Sherpa (Sedua)	Nepal	Oct 1, 2006	NW side
Carlalberto Cimenti	Italy	Oct 1, 2006	NW side
Timothy John (Tim) Mosedale	UK	Oct 1, 2006	NW side
James Durie Kerr	UK	Oct 1, 2006	NW side
Ms. Jenine Angel (Jen) Larsen	UK	Oct 1, 2006	NW side
Martin Carey McGarvey	UK	Oct 1, 2006	NW side
Lhakpa Thundu/Thudu (Tindu) Sherpa (Pangboche)	Nepal	Oct 1, 2006	NW side
Tshering Namgyal (Ang Namgyal) Sherpa (Pangboche)	Nepal	Oct 1, 2006	NW side
Jean-Philippe Monet	France	Oct 1, 2006	NW side
Tsering Dhondup (Big)	China	Oct 1, 2006	NW side
Thomas Grenier	France	Oct 1, 2006	NW side
Axel De La Forest Divonne	France	Oct 1, 2006	NW side
Lhakpa Nuru Sherpa (Namche Bazar) (1/2)	Nepal	Oct 1, 2006	NW side
Willem Groeneveld	Netherlands	Oct 1, 2006	NW side
Albertus (Berry) Van Welzen	Netherlands	Oct 1, 2006	NW side
H.T. Maria (Ronnie) Van den Broek	Netherlands	Oct 1, 2006	NW side
Santa Bahadur Gurung (Chisapani)	Nepal	Oct 1, 2006	NW side
Dawa Sherpa (Damdi)	Nepal	Oct 1, 2006	NW side
Lukas Furtenbach	Austria	Oct 1, 2006	NW side
Tendi Sherpa (Tapting)	Nepal	Oct 1, 2006	NW side
Yann Delevaux	France	Oct 1, 2006	NW side
Michel Baccard	France	Oct 1, 2006	NW side
Xavier Leon Carrard	Switzerland	Oct 1, 2006	NW side
Alexis Despature	France	Oct 1, 2006	NW side
Jean Despature	France	Oct 1, 2006	NW side
Richard Perez	France	Oct 1, 2006	NW side

David Ravanel	France	Oct 1, 2006	NW side
Alain Denamiel	France	Oct 1, 2006	NW side
Vidar Hem	Norway	Oct 1, 2006	NW side
Bjorn Tommy Rambol	Norway	Oct 1, 2006	NW side
Pema Chhosang Sherpa (Khumjung)	Nepal	Oct 1, 2006	NW side
Thomas Svane Jacobsen	Norway	Oct 1, 2006	NW side
Pemba (Bianba) (2/2)	China	Oct 1, 2006	NW side
Szymon Naludka	Poland	Oct 1, 2006	NW side
Wojciech Sarna	Poland	Oct 1, 2006	NW side
Inge Meloey	Norway	Oct 1, 2006	NW side
Asbjorn Hjertenes	Norway	Oct 1, 2006	NW side
Dawa Temba (Da Temba) Sherpa (Tesho)	Nepal	Oct 1, 2006	NW side
Alberto Bianchi	Italy	Oct 1, 2006	NW side
Gennady Kirievsky	Russia	Oct 1, 2006	NW side
Darius (Darek) Wylezol	Germany	Oct 1, 2006	NW side
Pasang Dawa Sherpa (Chaunrikharka) (2/2)	Nepal	Oct 1, 2006	NW side
Koldo Zubimendi	Spain	Oct 1, 2006	NW side
Svevo Mondino	Italy	Oct 1, 2006	NW side
Ireneusz Wolanin	Poland	Oct 1, 2006	NW side
Alexandru Costin (Alex) Gavan	Romania	Oct 2, 2006	NW side
Vernon Edward (Vern) Tejas	USA	Oct 2, 2006	NW side
Ms. Amy Jayne Beeton	UK	Oct 2, 2006	NW side
Firat Eren	Turkey	Oct 2, 2006	NW side
Lawdon	USA	Oct 2, 2006	NW side
Kami Rita (Topke) Sherpa (Thami) (3/4)	Nepal	Oct 2, 2006	NW side
Lhakpa Rita Sherpa (Thami) (6/7)	Nepal	Oct 2, 2006	NW side
Phura Kancha (Fur Kancha) Sherpa (Thami) (1/2)	Nepal	Oct 2, 2006	NW side
Tshering Dorje Sherpa (Kharikhola) (4/5)	Nepal	Oct 2, 2006	NW side
Michael Aaron Hamill (3/4)	USA	Oct 2, 2006	NW side
Philip Des Jardins	USA	Oct 2, 2006	NW side
James (Jim) Harter	USA	Oct 2, 2006	NW side
Ms. Nicole S. Messner	USA	Oct 2, 2006	NW side
James A. (Jim) Patterson	USA	Oct 2, 2006	NW side
Carlos Vallejo	Mexico	Oct 2, 2006	NW side
Peter Vaream	USA	Oct 2, 2006	NW side
Tashi Tsering (Small) (3/4)	China	Oct 2, 2006	NW side
Tenzing (Small Danzeng)	China	Oct 2, 2006	NW side
Tsering Dendu (Small) (1/3)	China	Oct 2, 2006	NW side
Tseten Gyurme (Tsedan Chomay) (2/3)	China	Oct 2, 2006	NW side
Dawa Nuru (Danuru) Sherpa (Phortse) (7/8)	Nepal	Oct 2, 2006	NW side

Mingma Tenzing Sherpa (Phortse) (2/5)	Nepal	Oct 2, 2006	NW side
Phu Nuru (Phunuru) Sherpa (Phortse) (6/7)	Nepal	Oct 2, 2006	NW side
Tashi Tshering Sherpa (Pangboche) (3/4)	Nepal	Oct 2, 2006	NW side
Yong-Feng Wang	China	Oct 2, 2006	NW side
A-San	China	Oct 2, 2006	NW side
Jun Zhou	China	Oct 2, 2006	NW side
Ms. Tsering Wangmu (Ciren Lamu)	China	Oct 2, 2006	NW side
Jian Wang	China	Oct 2, 2006	NW side
Jiang-Lei Xu	China	Oct 2, 2006	NW side
Chun-Gui Huang	China	Oct 2, 2006	NW side
Jonathan Morgan	UK	Oct 2, 2006	NW side
Pasang Tenzing Sherpa (Beding) (1/2)	Nepal	Oct 2, 2006	NW side
Phura Gyalzen (Phurba Gyalzen) Sherpa (Pangkoma)	Nepal	Oct 2, 2006	NW side
Der-Hsiung Huang	Taiwan	Oct 2, 2006	NW side
Jui-Fa Hu	Taiwan	Oct 2, 2006	NW side
Ming-Yo Lai	Taiwan	Oct 2, 2006	NW side
Yong-Fu Lin	Taiwan	Oct 2, 2006	NW side
Gyalbu (Jiabu) (3/3)	China	Oct 2, 2006	NW side
Lhakpa (Laba, La Ba) (2/2)	China	Oct 2, 2006	NW side
Sonam Dhondup (Suolang Dunzhu) (1/2)	China	Oct 2, 2006	NW side
Ms. Hong Sun	China	Oct 2, 2006	NW side
Ms. Qiu-Yang Wang	China	Oct 2, 2006	NW side
Jean-Pierre Danvoye (2/2)	Canada	Oct 2, 2006	NW side
Rejean Audet	Canada	Oct 2, 2006	NW side
Gilles Harvey	Canada	Oct 2, 2006	NW side
Ms. Marie-Josee Vasseur	Canada	Oct 2, 2006	NW side
Ms. Johanne Veilleux	Canada	Oct 2, 2006	NW side
Ang Pemba Sherpa (Thami)	Nepal	Oct 2, 2006	NW side
Dawa Tenzing Sherpa (Thamo) (1/2)	Nepal	Oct 2, 2006	NW side
Lhakpa Nuru Sherpa (Yilajung) (2/3)	Nepal	Oct 2, 2006	NW side
Tendi Sherpa (Taksindu) (2/2)	Nepal	Oct 2, 2006	NW side
Kenton Edward Cool	UK	Oct 2, 2006	NW side
Nicholas Philip (Nick) Farr	Australia	Oct 2, 2006	NW side
Tika Bahadur Tamang (Rampur-8)	Nepal	Oct 2, 2006	NW side
Patrick Doyle	Ireland	Oct 2, 2006	NW side
Daniel S. (Dan) Martin	UK	Oct 2, 2006	NW side
Robert J. (Bo) Parfet	USA	Oct 2, 2006	NW side
Edward A. (Ward) Supplee III	USA	Oct 2, 2006	NW side
Chimi	China	Oct 2, 2006	NW side
Pema	China	Oct 2, 2006	NW side
Michael Patrick William (Mike) Grocott	UK	Oct 2, 2006	NW side

Sundeep Dhillon	UK	Oct 2, 2006	NW side
Paul Malcolm Gunning	UK	Oct 2, 2006	NW side
Christopher H. E. Imray	UK	Oct 2, 2006	NW side
Ms. Maryam Khosravi	UK	Oct 2, 2006	NW side
Hugh Edward Montgomery	UK	Oct 2, 2006	NW side
Dawa Tenzin (Dawa Tenji) Sherpa (Beding) (1/2)	Nepal	Oct 2, 2006	NW side
Nima Gombu (Gombu) Sherpa (Beding) (3/3)	Nepal	Oct 2, 2006	NW side
Pema Chhiring/Chhiri Sherpa (Beding) (2/3)	Nepal	Oct 2, 2006	NW side
Thundu Sherpa (Beding) (2/3)	Nepal	Oct 2, 2006	NW side
Toshio Abe	Japan	Oct 2, 2006	NW side
Ms. Naoko Watanabe	Japan	Oct 2, 2006	NW side
Martin Ploug	Denmark	Oct 2, 2006	NW side
Stephen Backshall	UK	Oct 2, 2006	NW side
David G. Cole	Australia	Oct 2, 2006	NW side
Dompa (Dunba, Thumba) (3/5)	China	Oct 2, 2006	NW side
Robert Hargraves (Rob) Casserley (2/2)	UK	Oct 2, 2006	NW side
Ms. Victoria Fern James	UK	Oct 2, 2006	NW side
Ms. Fiona Margaret Ramsden	UK	Oct 2, 2006	NW side
Philip James (Phil) Crampton (1/2)	UK	Oct 2, 2006	NW side
Samuli (Mika) Mansikka (1/2)	Finland	Oct 2, 2006	NW side
Luda	China	Oct 2, 2006	NW side
Ms. Miki Nakayama	Japan	Oct 2, 2006	NW side
Yoshio Nishikido	Japan	Oct 2, 2006	NW side
Dawa Gyalzen Sherpa (Beding)	Nepal	Oct 2, 2006	NW side
Pasang Tshering/Tshiring Sherpa (Beding) (5/5)	Nepal	Oct 2, 2006	NW side
Hiroyuki Kuraoka (2/2)	Japan	Oct 2, 2006	NW side
Shinji Tamura (2/2)	Japan	Oct 2, 2006	NW side
Mitsuru Iwai	Japan	Oct 2, 2006	NW side
Ryo Kawashima	Japan	Oct 2, 2006	NW side
Yuzo Kobayashi	Japan	Oct 2, 2006	NW side
Hiroshi Nakamichi	Japan	Oct 2, 2006	NW side
Katsusuke Yanagisawa	Japan	Oct 2, 2006	NW side
Dorje (Big) (1/2)	China	Oct 2, 2006	NW side
Dorje Tsering (Duoji Cerin)	China	Oct 2, 2006	NW side
Kunga (Gongga, Gonga Da) (1/3)	China	Oct 2, 2006	NW side
Danuru (Dawa) Sherpa (Namche Bazar) (4/4)	Nepal	Oct 2, 2006	NW side
Dawa Tshering (Dawa Chhiri) Sherpa (Thami) (3/3)	Nepal	Oct 2, 2006	NW side
Karsang Namgyal/Namgel Sherpa (Thami) (7/7)	Nepal	Oct 2, 2006	NW side
Francisco Javier Sanchez Gutierrez	Spain	Oct 2, 2006	NW side
Marian Leopold Hudek	Poland	Oct 2, 2006	NW side

Andrzej Pilatowski	Poland	Oct 2, 2006	NW side
Antonio Cuhrtero Quirante	Spain	Oct 2, 2006	NW side
Miguel Fernandez Gomez	Spain	Oct 2, 2006	NW side
Antonio Macia Lopez	Spain	Oct 2, 2006	NW side
Pavle Kozjek	Slovenia	Oct 2, 2006	SW Face
Cristian Tzecu	Romania	Oct 2, 2006	NW side
Catalin Neacsu	Romania	Oct 2, 2006	NW side
Krzysztof Apanasewicz	Poland	Oct 2, 2006	NW side
Grzegorz Siemieniec	Poland	Oct 2, 2006	NW side
Arkadiusz Grzadziel	Poland	Oct 2, 2006	NW side
Ms. Naoko Hirano	Japan	Oct 3, 2006	NW side
Ms. Aiko Hiroki	Japan	Oct 3, 2006	NW side
Terunari Ueno	Japan	Oct 3, 2006	NW side
Tika Ram Gurung (Lingam)	Nepal	Oct 3, 2006	NW side
Nima Nuru/Norbu Sherpa (Thamiteng) (2/2)	Nepal	Oct 3, 2006	NW side
Paul Vincent Rogers	UK	Oct 3, 2006	NW side
Sebastien M. R. Glorie	Belgium	Oct 3, 2006	NW side
Pasang Bhote	Nepal	Oct 3, 2006	NW side
Chuldim (Chuldim Dorje) Sherpa (Khumjung) (5/6)	Nepal	Oct 3, 2006	NW side
Lhakpa Tharke Sherpa (Phortse)	Nepal	Oct 3, 2006	NW side
Sange Dorje Sherpa (Khumjung) (1/2)	Nepal	Oct 3, 2006	NW side
Uros Samec	Slovenia	Oct 3, 2006	SW Face
Aljaz Tratnik	Slovenia	Oct 3, 2006	SW Face
Michael M. Hsu	USA	Oct 3, 2006	NW side
Philip K. Ling	Australia	Oct 3, 2006	NW side
Jason Marsh	USA	Oct 3, 2006	NW side
Phuntsok (Pingtso, Phinzo, Puncog) (2/2)	China	Oct 3, 2006	NW side
Marjan Kovac	Slovenia	Oct 3, 2006	SW Face
Emil Tratnik	Slovenia	Oct 3, 2006	SW Face
Takehiko Ikeda	Japan	Oct 6, 2006	NW side
Ms. Aya Maruyama	Japan	Oct 6, 2006	NW side
Shizuo Takegami	Japan	Oct 6, 2006	NW side
Dawa Jangbu (Da Jangbu) Sherpa (Thamiteng)	Nepal	Oct 6, 2006	NW side
Pemba Nuru Sherpa (Thamiteng)	Nepal	Oct 6, 2006	NW side
Ales Kovelj	Slovenia	Oct 6, 2006	NW side
Marco Salvaneschi	Italy	Oct 7, 2006	NW side
Manual (Manolo) Benito Manchado	Spain	Oct 7, 2006	NW side
Simone Botta	Italy	Oct 7, 2006	NW side
Ms. Giulia Tosi	Italy	Oct 7, 2006	NW side
Luis Carlos Logrono Diez	Spain	Oct 7, 2006	NW side
Agustin Guerrero	Spain	Oct 7, 2006	NW side
Rafael Perello Pelabert	Spain	Oct 7, 2006	NW side

Ms. Daniela Elisabete Nicolau Teixeira	Portugal	Oct 7, 2006	NW side
Dusan Rauter	Slovenia	Oct 8, 2006	NW side
Damjan Karnicnik	Slovenia	Oct 8, 2006	NW side
Pawel Bartosz Michalski	Poland	Oct 8, 2006	NW side
Simon Jeremy Hall	UK	Oct 9, 2006	NW side
Gordon M. Clark	UK	Oct 9, 2006	NW side
James E. J. Lancashire	UK	Oct 9, 2006	NW side
Richard Dominic Porter	UK	Oct 9, 2006	NW side
Dawa Steven Sherpa (Kathmandu)	Nepal	Oct 9, 2006	NW side
Andrew M. Wilkinson	UK	Oct 9, 2006	NW side
Tshering Thundu Sherpa (Khumjung)	Nepal	Oct 9, 2006	NW side
Krishna Bahadur (Jeta) Tamang (Kanku) (3/3)	Nepal	Oct 9, 2006	NW side
Dmitri Podlesny	Russia	Oct 18, 2006	NW side
Jozef (Dodo) Kopold	Slovakia	Mar 31, 2007	NW side
Richard P. (Dick) Morse	USA	Apr 29, 2007	NW side
Rodney William Cole	USA	Apr 29, 2007	NW side
Silvio Mondinelli (2/2)	Italy	May 2, 2007	NW side
Marco Confortola	Italy	May 2, 2007	NW side
Michael Waerthl	Germany	May 4, 2007	NW side
Zhevo Ganchev (Jeko) Vatev	Bulgaria	May 4, 2007	NW side
Dawa Tenzing (Da Tenzing) Sherpa (Phortse) (2/2)	Nepal	May 4, 2007	NW side
Kamen Marinov Kolchev	Bulgaria	May 4, 2007	NW side
Ms. Petya Stanimirova Kolcheva	Bulgaria	May 4, 2007	NW side
Ngawang Dorje (1/2)	China	May 4, 2007	NW side
Phuntsok (Penjo, Phinzo, Puncog) (1/2)	China	May 4, 2007	NW side
Alois Bogenschuetz	Germany	May 4, 2007	NW side
Albert Huber	Austria	May 4, 2007	NW side
Nicolas Toubou	France	May 4, 2007	NW side
Petko Petkov Totev	Bulgaria	May 4, 2007	NW side
Tashi Tshering Sherpa (Pangboche) (4/4)	Nepal	May 4, 2007	NW side
Steven M. (Steve) Marolt	USA	May 5, 2007	NW side
Karma Sherpa (Sotang-6)	Nepal	May 5, 2007	NW side
Pemba Norbu/Nurbu Sherpa (Ghunsa) (1/2)	Nepal	May 5, 2007	NW side
Artyom Skopin	Kazakhstan	May 8, 2007	NW side
Ms. Eun-Sun Ch	S Korea	May 8, 2007	NW side
Nobukazu Kuriki	Japan	May 8, 2007	NW side
Alexei V. Raspopov	Kazakhstan	May 8, 2007	NW side
Sergei V. Lavrov	Kazakhstan	May 8, 2007	NW side
Ms. Alessandra Kate (Allie) Pepper	Australia	May 9, 2007	NW side
Ms. Clara Kulich	Austria	May 14, 2007	NW side
Bernd Alexander Mayr	Germany	May 14, 2007	NW side

Alberto Magliano	Italy	May 14, 2007	NW side
Pemba Rinzi/Rinji Sherpa (Kharikhola)	Nepal	May 14, 2007	NW side
Jeffrey James (Jeff) Justman	USA	May 15, 2007	NW side
James Michael Horst (1/2)	USA	May 15, 2007	NW side
Dendi Sherpa (Deku)	Nepal	May 15, 2007	NW side
Pasang (Pasang Gyalzen) Sherpa (Taksindu)	Nepal	May 15, 2007	NW side
Miguel Angel Perez Alvarez	Spain	May 19, 2007	NW side
Frederic Champly	France	May 19, 2007	NW side
Jean Francois Etienne	France	May 19, 2007	NW side
Ms. Claudine Trecourt	France	May 19, 2007	NW side
Lhakpa Sonam Sherpa (Kharikhola)	Nepal	May 19, 2007	NW side
Pasang Gyalzen (Pasang Gyalje) Sherpa (Walung) (2/3)	Nepal	May 19, 2007	NW side
Pemba Dorje (Junje Pemba) Sherpa (Kharikhola)	Nepal	May 19, 2007	NW side
Ms. Li-Hui Lee	Singapore	Sep 23, 2007	NW side
Ying-Jang Mok	Singapore	Sep 23, 2007	NW side
Ms. Yi-Hui Sim	Singapore	Sep 23, 2007	NW side
Ms. Mei-Ying Joanne Soo	Singapore	Sep 23, 2007	NW side
Jamling Bhote (2/2)	Nepal	Sep 23, 2007	NW side
Kami Tshering (Ang Chhiring) Sherpa (Pangboche) (6/7)	Nepal	Sep 23, 2007	NW side
Karma Rita Sherpa (Phortse) (2/3)	Nepal	Sep 23, 2007	NW side
Mingma Tenzing Sherpa (Phortse) (3/5)	Nepal	Sep 23, 2007	NW side
Phinjo Dorje (Finjo Dorje) Sherpa (Pangboche)	Nepal	Sep 23, 2007	NW side
Philip James (Phil) Crampton (2/2)	UK	Sep 23, 2007	NW side
Brad Crawford	USA	Sep 23, 2007	NW side
Zbigniew Skirucha	USA	Sep 23, 2007	NW side
Dompa (Dunba, Thumba) (4/5)	China	Sep 23, 2007	NW side
Kunga (Gongga, Gonga Da) (2/3)	China	Sep 23, 2007	NW side
Ms. Zhen-Zhen Jane Lee	Singapore	Sep 23, 2007	NW side
Nquee Heng Chu	Singapore	Sep 23, 2007	NW side
Dawa Sona (Da Sona, Da Sonam) Sherpa (Pangboche) (1/2)	Nepal	Sep 23, 2007	NW side
Xabier Alzola Beltran de Heredia	Spain	Sep 23, 2007	NW side
Juan Carlos Gonzalez Gonzalez	Spain	Sep 23, 2007	NW side
Alfredo Garcia Pascual	Spain	Sep 23, 2007	NW side
Santiago Martin Corrales	Spain	Sep 23, 2007	NW side
Vittorio Andreatta	Italy	Sep 23, 2007	NW side
Michele Tonidandel	Italy	Sep 23, 2007	NW side
Javier Campos Duaso	Spain	Sep 23, 2007	NW side
Ngawang Norbu (Awang Luobo) (d) (4/4)	China	Sep 24, 2007	NW side
Christopher John (Chris) Barclay (d)	USA	Sep 24, 2007	NW side

Zong-Hua (Zi-Hua) Huang (d)	China	Sep 24, 2007	NW side
Zi-Qiang Qiu (d)	USA	Sep 24, 2007	NW side
Ms. Jing Wang (d)	China	Sep 24, 2007	NW side
Shi Wang (d)	China	Sep 24, 2007	NW side
Chimi Tashi (Qimi Tashi) (d)	China	Sep 24, 2007	NW side
Dechen Ngodup (Dechen Narjup) (d) (1/2)	China	Sep 24, 2007	NW side
Norbu (Big) (d)	China	Sep 24, 2007	NW side
Sonam Tashi (Suolang Zhaxi) (d) (2/2)	China	Sep 24, 2007	NW side
Tashi Tsering (Big) (d) (2/3)	China	Sep 24, 2007	NW side
Tsering Dendu (Small) (2/3)	China	Sep 24, 2007	NW side
Wangchen Sonam (Wangqing Sonam) (d) (3/3)	China	Sep 24, 2007	NW side
Christian Stangl (2/2)	Austria	Oct 1, 2007	NW side
Christophe Manfroi	France	Oct 1, 2007	NW side
Chi-Sing John Tsang	Hong Kong	Oct 1, 2007	NW side
Lhakpa Tshering/Tshiri Sherpa (Khumjung)	Nepal	Oct 1, 2007	NW side
Karsang (Gesang, Kelsang) (1/3)	China	Oct 2, 2007	NW side
Sonam (Suelang, Sau Long)	China	Oct 2, 2007	NW side
Arnold Coster (2/4)	Netherlands	Oct 2, 2007	NW side
Zaharias Kiriakakis	Greece	Oct 2, 2007	NW side
Tom Eddy Germana Van den Berghe	Belgium	Oct 2, 2007	NW side
Mingma Dorje Sherpa (Thamo) (2/2)	Nepal	Oct 2, 2007	NW side
Paul D. Burgess (2/2)	Canada	Oct 2, 2007	NW side
Mor Doron	Israel	Oct 2, 2007	NW side
Christian A. Otto	Canada	Oct 2, 2007	NW side
Eric C. Otto	Canada	Oct 2, 2007	NW side
Kedup (Kezhu, Ketsu, Kydop) (1/3)	China	Oct 2, 2007	NW side
Pubu Tsering (Phurba Tsering)	China	Oct 2, 2007	NW side
Jangbu Sherpa (Patale) (1/4)	Nepal	Oct 2, 2007	NW side
Michael John (Mike) Roberts (3/3)	New Zealand	Oct 2, 2007	NW side
Steven David Moffat	New Zealand	Oct 2, 2007	NW side
Ms. Cheryl Sarah Bart	Australia	Oct 2, 2007	NW side
Ms. Nicole Karina (Nikki) Bart	Australia	Oct 2, 2007	NW side
Roman Danyliw	USA	Oct 2, 2007	NW side
Matthew David Holt	UK	Oct 2, 2007	NW side
Leifur Svavarsson	Iceland	Oct 2, 2007	NW side
Chuldim (Chuldim Dorje) Sherpa (Khumjung) (6/6)	Nepal	Oct 2, 2007	NW side
Nawang Chhangba Sherpa (Khumjung) (2/2)	Nepal	Oct 2, 2007	NW side
Phu Tashi Sherpa (Pangboche) (3/3)	Nepal	Oct 2, 2007	NW side
Sange Dorje Sherpa (Khumjung) (2/2)	Nepal	Oct 2, 2007	NW side

Kiyoshi Ushijima	Japan	Oct 2, 2007	NW side
Lhakpa Nuru Sherpa (Namche Bazar) (2/2)	Nepal	Oct 2, 2007	NW side
Ms. Darija Bostjancic	Croatia	Oct 2, 2007	NW side
Ms. Iris Bostjancic	Croatia	Oct 2, 2007	NW side
Ms. Vedrana Simicevic	Croatia	Oct 2, 2007	NW side
Lhakpa Nuru Sherpa (Yilajung) (3/3)	Nepal	Oct 2, 2007	NW side
Nawang Jangbu Sherpa (Yilajung)	Nepal	Oct 2, 2007	NW side
Pasang Chhiri Sherpa (Samde) (3/3)	Nepal	Oct 2, 2007	NW side
Bruno Buchet	France	Oct 2, 2007	NW side
Diego Fregona	Italy	Oct 2, 2007	NW side
Boris Korshunov (d)	Russia	Oct 2, 2007	NW side
Frances Xavier (Xavi) Arias Sunyer	Spain	Oct 2, 2007	NW side
Ryuseki Hiraoka	Japan	Oct 3, 2007	NW side
Hideo Amano	Japan	Oct 3, 2007	NW side
Ms. Kazuyo Fujikura	Japan	Oct 3, 2007	NW side
Horoko Tsuchiya	Japan	Oct 3, 2007	NW side
Dawa Chhiri (Dawa Tsiri) Sherpa (Kurima) (3/3)	Nepal	Oct 3, 2007	NW side
Gomba Sherpa (Bagur)	Nepal	Oct 3, 2007	NW side
Ms. Jana Mijailovic	Croatia	Oct 3, 2007	NW side
Dawa Tenzing Sherpa (Thamo) (2/2)	Nepal	Oct 3, 2007	NW side
Medhi Didault	France	Oct 3, 2007	NW side
Ms. Marija Macesic	Croatia	Oct 3, 2007	NW side
Pemba Gyalzen/Gyalje Sherpa (Pangkoma) (3/3)	Nepal	Oct 3, 2007	NW side
Rory Stark	USA	Oct 3, 2007	NW side
Tyler Johnson	USA	Oct 3, 2007	NW side
William (Will) Stark	USA	Oct 3, 2007	NW side
Francois J. J. Marsigny	France	Oct 3, 2007	NW side
Ms. Martine Marsigny	France	Oct 3, 2007	NW side
Neal James Short	UK	Oct 4, 2007	NW side
James M. Balfour	UK	Oct 4, 2007	NW side
Mark Andrew Campbell	S Africa	Oct 4, 2007	NW side
Anselm B. Murphy	Ireland	Oct 4, 2007	NW side
Ms. Janet A. Pickett	UK	Oct 4, 2007	NW side
Ian David Spalding	UK	Oct 4, 2007	NW side
Dawa Tenzin (Dawa Tenji) Sherpa (Beding) (2/2)	Nepal	Oct 4, 2007	NW side
Mingma Dukpa Sherpa (Yaphu-9)	Nepal	Oct 4, 2007	NW side
Pasang Tenzing Sherpa (Beding) (2/2)	Nepal	Oct 4, 2007	NW side
Phurba Namgyal Sherpa (Beding) (2/3)	Nepal	Oct 4, 2007	NW side
Richard Markus Bolt	Switzerland	Oct 4, 2007	NW side
Ms. Joelle Catherine Brupbacher	Switzerland	Oct 4, 2007	NW side
Andi Conzelmann	Germany	Oct 4, 2007	NW side
Bruno Hufschmid	Switzerland	Oct 4, 2007	NW side

Name	Country	Date	Side
Ricardo Guerrero Martinez	Spain	Oct 4, 2007	NW side
Nima Gyalzen Sherpa (Beding) (1/2)	Nepal	Oct 4, 2007	NW side
Yoshitomi Okura (4/4)	Japan	Oct 4, 2007	NW side
Satoshi Tamura	Japan	Oct 4, 2007	NW side
Pasang Kaji Sherpa (Dhodre)	Nepal	Oct 4, 2007	NW side
Phurba Chhiri (Phurba Tshering) Sherpa (Kurima) (2/3)	Nepal	Oct 4, 2007	NW side
Dirga Sing Tamang (Chimding)	Nepal	Oct 4, 2007	NW side
Evaristo Modolo	Italy	Oct 4, 2007	NW side
Romano Sebastiani	Italy	Oct 4, 2007	NW side
August Corominas Macias	Spain	Oct 4, 2007	NW side
Sergi Via Trotonda	Spain	Oct 4, 2007	NW side
Lluis Rafols Pujol	Spain	Oct 5, 2007	NW side
Kaspars Klapkalns	Latvia	Oct 9, 2007	NW side
Atis Plakans	Latvia	Oct 9, 2007	NW side
Ms. Liga Plakane	Latvia	Oct 9, 2007	NW side
Richard Hidalgo	Peru	Oct 9, 2007	NW side
Alexander (Alex) Abramov (2/2)	Russia	Oct 10, 2007	NW side
Yuri Beloyvan	Russia	Oct 10, 2007	NW side
Alexander Chesnokov	Russia	Oct 10, 2007	NW side
Dmitri Moskalev	Russia	Oct 10, 2007	NW side
Evgeny Semenov	Russia	Oct 10, 2007	NW side
Kostyantyn Zhelezov	Ukraine	Oct 10, 2007	NW side
Mingma Gelu Sherpa (Balakharka)	Nepal	Oct 10, 2007	NW side
Nima Ongdi Sherpa (Balakharka)	Nepal	Oct 10, 2007	NW side
Pasang (Pasang Temba) Sherpa (Balakharka)	Nepal	Oct 10, 2007	NW side
Pemba Tenzing Sherpa (Thamo) (2/2)	Nepal	Oct 10, 2007	NW side
Ms. Adele Marie Pennington	UK	Oct 10, 2007	NW side
Jun Chen	China	Oct 2, 2008	NW side
Jun-Jun Chen	China	Oct 2, 2008	NW side
Guo-Rong (Adu) Du	China	Oct 2, 2008	NW side
Ping Fang	China	Oct 2, 2008	NW side
Jie Hu	China	Oct 2, 2008	NW side
Xiao-Peng Hu	China	Oct 2, 2008	NW side
Yan-Liang Huang	China	Oct 2, 2008	NW side
Yong Lang	China	Oct 2, 2008	NW side
Tao Lin	China	Oct 2, 2008	NW side
Kai-Yi Luo	China	Oct 2, 2008	NW side
Ms. Yan-Hui Sun	China	Oct 2, 2008	NW side
Lei Yuan	China	Oct 2, 2008	NW side
Da Wei Zhang	China	Oct 2, 2008	NW side
Yu (Tommy) Zhang	China	Oct 2, 2008	NW side
Zheng-Wei Zhang	China	Oct 2, 2008	NW side
Ms. Yang Zhao	China	Oct 2, 2008	NW side
Phurbu Dhondup (Big) (5/5)	China	Oct 2, 2008	NW side
Chun-Feng Yang	China	Oct 2, 2008	NW side

Fan Dong	China	Oct 2, 2008	NW side
Dechen Ngodup (Dechen Narjup) (2/2)	China	Oct 2, 2008	NW side
Ms. Lin Gao	China	Oct 2, 2008	NW side
Fu-Dong Yuan	China	Oct 2, 2008	NW side
Yu Zhang	China	Oct 2, 2008	NW side
Tsering Dendu (Small) (3/3)	China	Oct 2, 2008	NW side
Guy Tristram Higgot	Canada	Oct 2, 2008	NW side
Italo Mazza	Italy	Oct 2, 2008	NW side
Lhakpa Sherpa (Tamku-9) (1/2)	Nepal	Oct 2, 2008	NW side
Nu-Bo Huang	China	Oct 2, 2008	NW side
Dorje (Big) (2/2)	China	Oct 2, 2008	NW side
Sonam Dhondup (Suolang Dunzhu) (2/2)	China	Oct 2, 2008	NW side
Tashi Tsering (Big) (3/3)	China	Oct 2, 2008	NW side
Robin Matthew (Rob) Baker	Australia	Oct 2, 2008	NW side
Ryan Anthony Castel	Australia	Oct 2, 2008	NW side
Justin Robert Moody	UK	Oct 2, 2008	NW side
Hun-Moo Jang (2/2)	S Korea	Oct 2, 2008	NW side
Sanu Sherpa (Walung) (2/2)	Nepal	Oct 2, 2008	NW side
Daniel Lee (Dan) Mazur (2/3)	USA	Oct 2, 2008	NW side
Ms. Samantha Louise (Squash) Falconer	UK	Oct 2, 2008	NW side
Ms. Susannah Madge	UK	Oct 2, 2008	NW side
Jangbu Sherpa (Patale) (2/4)	Nepal	Oct 2, 2008	NW side
Jong-Deuk Baek	S Korea	Oct 2, 2008	NW side
Sang-Woo Han	S Korea	Oct 2, 2008	NW side
Pasang Namgyal Sherpa (Khumjung)	Nepal	Oct 2, 2008	NW side
Tshering Dorje Sherpa (Mamerku)	Nepal	Oct 2, 2008	NW side
Stuart Wiley Remensnyder	USA	Oct 2, 2008	NW side
Raimo Koponen	Finland	Oct 2, 2008	NW side
Juan Manuel Pando	USA	Oct 2, 2008	NW side
Keith Spencer	USA	Oct 2, 2008	NW side
Lhakpa Gelu (Lhakpa Gelbu) Sherpa (Thumduk) (1/2)	Nepal	Oct 2, 2008	NW side
Ms. Olivia Cussen (2/2)	USA	Oct 3, 2008	NW side
John Steven Dahlem	USA	Oct 3, 2008	NW side
Ryan Steven Dahlem	USA	Oct 3, 2008	NW side
Vladimir Grechka	USA	Oct 3, 2008	NW side
Ben Kurdt	USA	Oct 3, 2008	NW side
Robert Meyer	USA	Oct 3, 2008	NW side
John Race (2/2)	USA	Oct 3, 2008	NW side
Eben Fleming Reckord	USA	Oct 3, 2008	NW side
Hamish Walton	New Zealand	Oct 3, 2008	NW side
Phuntsok (Penjo, Phinzo, Puncog) (2/2)	China	Oct 3, 2008	NW side
Ang Karma Sherpa (Phortse) (2/2)	Nepal	Oct 3, 2008	NW side

Da Nuru (Dawa Nuru/Norbu) Sherpa (Phortse) (4/5)	Nepal	Oct 3, 2008	NW side
Dawa Nuru (Danuru) Sherpa (Phortse) (8/8)	Nepal	Oct 3, 2008	NW side
Mingma Tenzing Sherpa (Phortse) (4/5)	Nepal	Oct 3, 2008	NW side
Vikram Neal Sahney	USA	Oct 3, 2008	NW side
Samuli (Mika) Mansikka (2/2)	Finland	Oct 3, 2008	NW side
David John Fairweather	UK	Oct 3, 2008	NW side
Gavin Turner	Australia	Oct 3, 2008	NW side
Jhampa (Qiangba, Champa)	China	Oct 3, 2008	NW side
Kedup (Kezhu, Ketsu, Kydop) (2/3)	China	Oct 3, 2008	NW side
Kunga (Gongga, Gonga Da) (3/3)	China	Oct 3, 2008	NW side
Norbu Tenzi	China	Oct 3, 2008	NW side
Phuntsok (Phinzo, Tsering Phinzo) (2/3)	China	Oct 3, 2008	NW side
Yeshe Tenzing	China	Oct 3, 2008	NW side
Miha Valic	Slovenia	Oct 3, 2008	NW side
Anton Perhaj	Slovenia	Oct 3, 2008	NW side
Javier Rivas Gavela	Spain	Oct 4, 2008	NW side
Karsang (Gesang, Kelsang) (2/3)	China	Oct 4, 2008	NW side
Pasang Gelu Sherpa (Dhimbul)	Nepal	Oct 4, 2008	NW side
Maximo Gustavo Kausch Serantes (1/3)	Argentina	Oct 4, 2008	NW side
Erik Petersen	USA	Oct 4, 2008	NW side
Kurt Blair	USA	Oct 4, 2008	NW side
Michael Aaron Hamill (4/4)	USA	Oct 5, 2008	NW side
Christian Olson Bergum	USA	Oct 5, 2008	NW side
Louis Carstens	S Africa	Oct 5, 2008	NW side
Nathan Dolbeare	USA	Oct 5, 2008	NW side
Theodore Fairhurst	Canada	Oct 5, 2008	NW side
Paul Garry	USA	Oct 5, 2008	NW side
Karel Masek	Czech Rep.	Oct 5, 2008	NW side
Gregory (Greg) Vernovage (1/2)	USA	Oct 5, 2008	NW side
Tashi Tsering (Small) (4/4)	China	Oct 5, 2008	NW side
Tseten Gyurme (Tsedan Chomay) (3/3)	China	Oct 5, 2008	NW side
Chewang Lendu (Tsewang Lendu) Sherpa (Phortse)	Nepal	Oct 5, 2008	NW side
Dawa Sona (Da Sona, Da Sonam) Sherpa (Pangboche) (2/2)	Nepal	Oct 5, 2008	NW side
Karma Rita Sherpa (Phortse) (3/3)	Nepal	Oct 5, 2008	NW side
Mingma Dorje Sherpa (Phortse) (1/2)	Nepal	Oct 5, 2008	NW side
Phu Nuru (Phunuru) Sherpa (Phortse) (7/7)	Nepal	Oct 5, 2008	NW side
Yu-Lung Wu	Taiwan	Oct 5, 2008	NW side
Denis V. Urubko	Kazakhstan	May 11, 2009	SE Face
Boris Dedeshko	Kazakhstan	May 11, 2009	SE Face

Ms. Teodora (Thea) Vid	Romania	May 19, 2009	NW side
Mingma Temba Sherpa (Yaphu-9)	Nepal	May 19, 2009	NW side
Daniel Lee (Dan) Mazur (3/3)	USA	May 24, 2009	NW side
Mark Delstanche	UK	May 24, 2009	NW side
Stefanos Voutselas	Greece	May 24, 2009	NW side
Tashi	China	May 24, 2009	NW side
Jangbu Sherpa (Patale) (3/4)	Nepal	May 24, 2009	NW side
Jan Van den Bos	Netherlands	Jun 2, 2009	NW side
Dawa Gelu Sherpa (Sedua) (2/2)	Nepal	Jun 2, 2009	NW side
Ms. Martha Elisabeth (Marlies) Neefjes	Netherlands	Jun 2, 2009	NW side
Dennis Verhoeve	Netherlands	Jun 2, 2009	NW side
Ang Dorchi Sherpa (Makalu-4)	Nepal	Jun 2, 2009	NW side
Pasang Sherpa (Sedua)	Nepal	Jun 2, 2009	NW side
Roberto (Gorri) Rojo Vaquero	Spain	Sep 22, 2009	NW side
Ms. Estibaliz Salinas Ruiz de Infante	Spain	Sep 22, 2009	NW side
Ms. Eva Maria Zarzuelo Larisgoitia	Spain	Sep 22, 2009	NW side
Gabino (Javi) Chicon Narvaez	Spain	Sep 22, 2009	NW side
Fernando Jose Fernandez-Vivancos Fernandez	Spain	Sep 23, 2009	NW side
Jose Francisco (Pepe) Saldana	Spain	Sep 23, 2009	NW side
Simone La Terra	Italy	Sep 23, 2009	NW side
Gregory (Greg) Vernovage (2/2)	USA	Sep 24, 2009	NW side
James M. Davidson	USA	Sep 24, 2009	NW side
Sandhosh Kumar Sankaran	Singapore	Sep 24, 2009	NW side
Ms. Renata Piszczeu	Poland	Sep 24, 2009	NW side
Mayk Ulrich Schega	Germany	Sep 24, 2009	NW side
Kedup (Kezhu, Ketsu, Kydop) (3/3)	China	Sep 24, 2009	NW side
Ngawang Dorje (2/2)	China	Sep 24, 2009	NW side
Da Nuru (Dawa Nuru/Norbu) Sherpa (Phortse) (5/5)	Nepal	Sep 24, 2009	NW side
Mingma Dorje Sherpa (Phortse) (2/2)	Nepal	Sep 24, 2009	NW side
Mingma Tenzing Sherpa (Phortse) (5/5)	Nepal	Sep 24, 2009	NW side
Christopher (Chris) Groves	UK	Sep 24, 2009	NW side
Guy Bond	UK	Sep 24, 2009	NW side
Philip Brown	UK	Sep 24, 2009	NW side
Andrew Stuart (Andy) Chapman	UK	Sep 24, 2009	NW side
Jeffrey Crooke	UK	Sep 24, 2009	NW side
Chris Darby	UK	Sep 24, 2009	NW side
Fionnlagh Finlayson	UK	Sep 24, 2009	NW side
Ruairidh Burns Finlayson	UK	Sep 24, 2009	NW side
Philip Purdy	UK	Sep 24, 2009	NW side
Richard Scott	UK	Sep 24, 2009	NW side
Lila Bahadur Basnet	Nepal	Sep 24, 2009	NW side
Ang Dawa Sherpa (Kharikhola)	Nepal	Sep 24, 2009	NW side

Name	Country	Date	Side
Mingma Tshering/Tsiri Sherpa (Beding) (3/3)	Nepal	Sep 24, 2009	NW side
Pema Chhiring/Chhiri Sherpa (Beding) (3/3)	Nepal	Sep 24, 2009	NW side
Pema Tharke Sherpa (Lamabagar) (2/2)	Nepal	Sep 24, 2009	NW side
Pema Tshering (Pem Chhiri) Sherpa (Chankhu) (2/2)	Nepal	Sep 24, 2009	NW side
Thundu Sherpa (Beding) (3/3)	Nepal	Sep 24, 2009	NW side
Tshering Pemba Sherpa (Beding)	Nepal	Sep 24, 2009	NW side
Rafal Szczepanik	Poland	Sep 24, 2009	NW side
Peter Bailey	UK	Sep 24, 2009	NW side
Tatsuo Matsumoto	Japan	Sep 24, 2009	NW side
Dorje Sherpa (Dimbil)	Nepal	Sep 24, 2009	NW side
Ms. Anastasia Liopoulou	Greece	Sep 24, 2009	NW side
Alessandro Rossi	Italy	Sep 24, 2009	NW side
Dawa Chhiri (Da Chhiri) Sherpa (Phurte) (2/2)	Nepal	Sep 24, 2009	NW side
Ms. Cleonice Pacheco (Cleo) Weidlich	USA	Sep 24, 2009	NW side
Mingma (Ang Mingma) Sherpa (Yilajung)	Nepal	Sep 24, 2009	NW side
Anthony Victor (Vic) Saunders (4/4)	UK	Sep 24, 2009	NW side
Bruno Gremion	Switzerland	Sep 24, 2009	NW side
Gregory Attard	Malta	Sep 24, 2009	NW side
Ms. Andrea Melissa Cardona Morfin	Guatemala	Sep 24, 2009	NW side
Marco (Mark) Cremona	Malta	Sep 24, 2009	NW side
Lucas De Zorzi	Brazil	Sep 24, 2009	NW side
Luis Felber	Brazil	Sep 24, 2009	NW side
Robert Michael Gatt	Malta	Sep 24, 2009	NW side
Manuel Augusto Monteiro Morgado	Brazil	Sep 24, 2009	NW side
Dorje Gyalzen Sherpa (Pangboche)	Nepal	Sep 24, 2009	NW side
Pasang Dawa (Pa Dawa, Pando) Sherpa (Pangboche) (5/5)	Nepal	Sep 24, 2009	NW side
Richard Murrell	UK	Sep 24, 2009	NW side
Patrick Leclerc	Canada	Sep 24, 2009	NW side
Tshering Dorje Sherpa (Beding) (1/2)	Nepal	Sep 24, 2009	NW side
Ms. Therese Sjursen	Norway	Sep 24, 2009	NW side
Pasang Bhote (1/2)	Nepal	Sep 24, 2009	NW side
Zachary Nathan (Zac) Poulton	UK	Sep 24, 2009	NW side
Wallace Ascham	UK	Sep 24, 2009	NW side
Jeremy Beesley	UK	Sep 24, 2009	NW side
John Hall	UK	Sep 24, 2009	NW side
Andrew Gallantry Robertson	UK	Sep 24, 2009	NW side
Lhakpa Sherpa (Makalu-9) (3/3)	Nepal	Sep 24, 2009	NW side
Phurba Wangchu Sherpa (Waku-9)	Nepal	Sep 24, 2009	NW side
Michel Andre Wirth	Switzerland	Sep 24, 2009	NW side
Erich Guggisberg	Switzerland	Sep 24, 2009	NW side

Rene Meile	Switzerland	Sep 24, 2009	NW side
Amedee Monnerat	Switzerland	Sep 24, 2009	NW side
Markus Oser	Switzerland	Sep 24, 2009	NW side
Ulrich (Ueli) Schneider	Switzerland	Sep 24, 2009	NW side
Uwe Trostman	Germany	Sep 24, 2009	NW side
Rainer Wild	Germany	Sep 24, 2009	NW side
Lhakpa Sherpa (Makalu-2)	Nepal	Sep 24, 2009	NW side
Pemba Sherpa (Ghunsa)	Nepal	Sep 24, 2009	NW side
Alexander Kislitsyn	Russia	Sep 24, 2009	NW side
Ngima Nuru (Nima Nuru) Sherpa (Tesho) (2/2)	Nepal	Sep 24, 2009	NW side
Gordon Skirrow	Canada	Sep 24, 2009	NW side
Roger Skirrow	Canada	Sep 24, 2009	NW side
Temba Sherpa (Sedua)	Nepal	Sep 24, 2009	NW side
Roberto Marco Galliano	Italy	Sep 24, 2009	NW side
Tshering Jangbu Sherpa (Rakshi Kharka)	Nepal	Sep 24, 2009	NW side
Angelo Eduardo Manso Felquieras Sousa	Portugal	Sep 24, 2009	NW side
Tshering Tashi Sherpa (Khumjung)	Nepal	Sep 24, 2009	NW side
Martin Walter (Marty) Schmidt (5/5)	New Zealand	Sep 24, 2009	NW side
Clifton Harlan Wells (Cliff) Maloney	USA	Sep 24, 2009	NW side
Silvano Spinelli	Italy	Sep 24, 2009	NW side
Pasang Gyalzen (Pasang Gyalje) Sherpa (Walung) (3/3)	Nepal	Sep 24, 2009	NW side
Cesare Cesa Bianchi (2/2)	Italy	Sep 24, 2009	NW side
Guido Spinelli	Italy	Sep 24, 2009	NW side
Ms. Eva Baranyi	Hungary	Sep 24, 2009	NW side
Hermann Leiweke	Germany	Sep 25, 2009	NW side
Andreas Maier	Austria	Sep 25, 2009	NW side
Michael Pohl	Germany	Sep 25, 2009	NW side
Daniel Ruppen	Switzerland	Sep 25, 2009	NW side
Stefan Sieveking	Germany	Sep 25, 2009	NW side
Ngata (Nada) Sherpa (Ghunsa)	Nepal	Sep 25, 2009	NW side
Nurbu Chhiring Sherpa (Balakharka)	Nepal	Sep 25, 2009	NW side
Javier Zabalo Sainz	Spain	Sep 25, 2009	NW side
Ms. Oxana Morneva	Russia	Sep 25, 2009	NW side
Chatur Kumar Tamang (Sochi)	Nepal	Sep 25, 2009	NW side
Pasang Sherpa (Lelep-8)	Nepal	Sep 25, 2009	NW side
Javier Camacho Gimeno	Spain	Sep 25, 2009	NW side
Dominik Mueller	Austria	Sep 26, 2009	NW side
Ms. Nicola Herndl	Germany	Sep 26, 2009	NW side
Gunther Kaiser	Germany	Sep 26, 2009	NW side
Ye-Sheng Ding	China	Sep 26, 2009	NW side
Yi Luo	China	Sep 26, 2009	NW side
Zheng-Hao Luo	China	Sep 26, 2009	NW side
Shan-Shan Mo	China	Sep 26, 2009	NW side
Gang Xu	China	Sep 26, 2009	NW side

Ying-Bing Zhou	China	Sep 26, 2009	NW side
Dompa (Dunba, Thumba) (5/5)	China	Sep 26, 2009	NW side
Karsang (Gesang, Kelsang) (3/3)	China	Sep 26, 2009	NW side
Lobsang (Lorchun, Lobchong) (3/3)	China	Sep 26, 2009	NW side
Ngawang Dhondup (Ngawang Dradul) (4/4)	China	Sep 26, 2009	NW side
Pemba Tashi (Bianba Zhaxi)	China	Sep 26, 2009	NW side
Tsipe (Tsepin, Cipei)	China	Sep 26, 2009	NW side
Wangdu (Small) (2/2)	China	Sep 26, 2009	NW side
Wangdu (Wangqing) (3/3)	China	Sep 26, 2009	NW side
Jaime Anton Aubentosa	Spain	Sep 26, 2009	NW side
Jose Antonio Tari Alonso	Spain	Sep 26, 2009	NW side
Tsering Tashi	China	Sep 26, 2009	NW side
Pasang Nuru Sherpa (Bupsa)	Nepal	Sep 26, 2009	NW side
Thorsten Schueller	Germany	Sep 26, 2009	NW side
Sebastian Josef Andreas Lippacher	Germany	Sep 26, 2009	NW side
Peter Sperka	Slovakia	Sep 26, 2009	NW side
Anton Dobes	Slovakia	Sep 26, 2009	NW side
Milan Dzugan	Slovakia	Sep 26, 2009	NW side
Gerd Rohrmann	Germany	Sep 26, 2009	NW side
Mohammad Abdul Mohit	Bangladesh	Sep 27, 2009	NW side
Mingma Tshering Sherpa (Beding)	Nepal	Sep 27, 2009	NW side
Pemba Rita Sherpa (Beding) (2/2)	Nepal	Sep 27, 2009	NW side
Koichi Oyama	Japan	Sep 27, 2009	NW side
Susumu Kazama	Japan	Sep 27, 2009	NW side
Nima Gyalzen Sherpa (Beding) (2/2)	Nepal	Sep 27, 2009	NW side
Pemba Gyalzen Sherpa (Beding)	Nepal	Sep 27, 2009	NW side
Patrick Artola	France	Sep 27, 2009	NW side
Dawa Gyalje (Dawa Gyalzen) Sherpa (Beding)	Nepal	Sep 27, 2009	NW side
Ms. Anita Klittich-Baumann	Germany	Sep 27, 2009	NW side
Ridlon Kiphart	USA	Sep 27, 2009	NW side
Adam Nicholas Dixon	UK	Sep 27, 2009	NW side
Ry Fable	USA	Sep 27, 2009	NW side
Jangbu Sherpa (Patale) (4/4)	Nepal	Sep 27, 2009	NW side
Thile Nurbu (Thile Nuru) Sherpa (Chaplung)	Nepal	Sep 27, 2009	NW side
Arnold Coster (3/4)	Netherlands	Sep 27, 2009	NW side
Stephen (Steve) Marsh	UK	Sep 27, 2009	NW side
Wiktor Jan Mazur	Canada	Sep 27, 2009	NW side
Jangbu Sherpa (Kharikhola) (1/2)	Nepal	Sep 27, 2009	NW side
Matthias Baumann	Germany	Sep 27, 2009	NW side
Pemba Norbu/Nurbu Sherpa (Ghunsa) (2/2)	Nepal	Sep 27, 2009	NW side
Scott Robert Patch	USA	Sep 27, 2009	NW side
Eric Plantenberg	USA	Sep 27, 2009	NW side
William Hayden Gregory (Will) Cross	USA	Sep 27, 2009	NW side

Name	Country	Date	Side
Rongqin (Asu) Su	China	Sep 27, 2009	NW side
Gavin Vickers	Australia	Sep 27, 2009	NW side
Tor Arne Lovoll	Norway	Sep 28, 2009	NW side
Steinar Nes	Norway	Sep 28, 2009	NW side
Chhiti Thinduk (Chhiring Thinduk) Bhote	Nepal	Sep 28, 2009	NW side
Tshering Dorje Sherpa (Beding) (2/2)	Nepal	Sep 28, 2009	NW side
Walter Franz Xavier Lang	Germany	Sep 28, 2009	NW side
Phurba Namgyal Sherpa (Beding) (3/3)	Nepal	Sep 28, 2009	NW side
Haavard Gjerdset	Norway	Sep 29, 2009	NW side
Ms. Siv Harstad	Norway	Sep 29, 2009	NW side
Ms. Birgitte Nohr Frost	Denmark	Sep 29, 2009	NW side
Petter Oppegaard	Norway	Sep 29, 2009	NW side
Erling Rosenstrom	Norway	Sep 29, 2009	NW side
Odd Tokle Saeboe	Norway	Sep 29, 2009	NW side
Frank-Jakob Sandbakk	Norway	Sep 29, 2009	NW side
Gyaluk (Gyalu Lama) Sherpa (Patale)	Nepal	Sep 29, 2009	NW side
Jangbu Sherpa (Namche Bazar)	Nepal	Sep 29, 2009	NW side
Kami Tshering (Ang Chhiring) Sherpa (Pangboche) (7/7)	Nepal	Sep 29, 2009	NW side
Kancha Nuru Sherpa (Pangboche)	Nepal	Sep 29, 2009	NW side
Nuru Wangchu Sherpa (Pangboche) (3/3)	Nepal	Sep 29, 2009	NW side
Gian Mario Merelli	Italy	Sep 29, 2009	NW side
Patrick Dermot Hollingworth	Australia	Sep 29, 2009	NW side
Lhakpa Sherpa (Tamku-9) (2/2)	Nepal	Sep 29, 2009	NW side
Marco Zaffaroni	Italy	Sep 29, 2009	NW side
Andreas Kehrer	Austria	Sep 29, 2009	NW side
Gabriel-Marc Castetron	France	Sep 30, 2009	NW side
Karma Gyalzen (Karma Geljen) Sherpa (Surke)	Nepal	Sep 30, 2009	NW side
James Michael Horst (2/2)	USA	Sep 30, 2009	NW side
John Burns	USA	Sep 30, 2009	NW side
Ms. Vanessa Alessandra Folkerts	USA	Sep 30, 2009	NW side
Michael Girard	USA	Sep 30, 2009	NW side
Martin Grieder	Switzerland	Sep 30, 2009	NW side
Ms. Janice Catherine Smith	Australia	Sep 30, 2009	NW side
Gerhard Alfons (Geri) Winkler	Austria	Sep 30, 2009	NW side
Kami Rita (Topke) Sherpa (Thami) (4/4)	Nepal	Sep 30, 2009	NW side
Lhakpa Rita Sherpa (Thami) (7/7)	Nepal	Sep 30, 2009	NW side
Phura Kancha (Fur Kancha) Sherpa (Thami) (2/2)	Nepal	Sep 30, 2009	NW side
Tshering Dorje Sherpa (Kharikhola) (5/5)	Nepal	Sep 30, 2009	NW side
Kenji Kondo (4/4)	Japan	Oct 1, 2009	NW side

Name	Country	Date	Route
Ms. Yuriko Hanaoka	Japan	Oct 1, 2009	NW side
Toshikazu Kurimoto	Japan	Oct 1, 2009	NW side
Michihiro Masaki	Japan	Oct 1, 2009	NW side
Masashi Nakamura	Japan	Oct 1, 2009	NW side
Toshihiko Ogiwara	Japan	Oct 1, 2009	NW side
Da Dendi (Da Tendi) Sherpa (Saframa) (3/3)	Nepal	Oct 1, 2009	NW side
Lama Babu Sherpa (Saframa)	Nepal	Oct 1, 2009	NW side
Lhakpa Chhiring/Chhiri Sherpa (Kurima) (2/2)	Nepal	Oct 1, 2009	NW side
Phurba Chhiri (Phurba Tshering) Sherpa (Kurima) (3/3)	Nepal	Oct 1, 2009	NW side
Sergio Ruedas	Spain	Oct 1, 2009	NW side
Tshering Wangchu (Tshering Ongchuk) Sherpa (Thamo)	Nepal	Oct 1, 2009	NW side
Jose Antonio Fernandez Alejo	Spain	Oct 1, 2009	NW side
Ms. Zuzana Hofmannova	Czech Rep.	Oct 1, 2009	NW side
Josef Milfait	Czech Rep.	Oct 1, 2009	NW side
Francisco Javier Marcos Mendez	Spain	Oct 1, 2009	NW side
Antonin Belik	Czech Rep.	Oct 1, 2009	NW side
Leopold Sulovsky	Czech Rep.	Oct 1, 2009	SW Ridge (to 7100m)
Radovan Marek	Czech Rep.	Oct 1, 2009	SW Ridge (to 7100m)
Kamil Bortel	Czech Rep.	Oct 1, 2009	SW Ridge (to 7100m)
Pavol Luptak	Czech Rep.	Oct 1, 2009	SW Ridge (to 7100m)
Juan Agullo Artero	Spain	Oct 1, 2009	NW side
Pavel Matousek	Czech Rep.	Oct 1, 2009	NW side
Ms. Olga Novakova	Czech Rep.	Oct 1, 2009	NW side
Eric Remza	USA	May 17, 2010	NW side
Christopher (Chris) Lane	USA	May 17, 2010	NW side
Phuntsok (Phinzo, Tsering Phinzo) (3/3)	China	May 17, 2010	NW side
Panuru (Pasang Nuru, Pa Nuru) Sherpa (Phortse) (4/4)	Nepal	May 17, 2010	NW side
Tanel Tuuleveski	Estonia	May 22, 2010	NW side
Allan Valge	Estonia	May 22, 2010	NW side
Saulius Vilius	Lithuania	May 22, 2010	NW side
Christopher Stephen (Chris) Szymiec	Canada	May 24, 2010	NW side
Kieran Lally	Ireland	May 24, 2010	NW side
Stuart Long	UK	May 24, 2010	NW side
Pasang Bhote (2/2)	Nepal	May 24, 2010	NW side
Lhakpa Sherpa (Sotang-6)	Nepal	May 24, 2010	NW side
Ang Gelu Sherpa (Surke)	Nepal	May 24, 2010	NW side
Maximo Gustavo Kausch Serantes (2/3)	UK	May 24, 2010	NW side
Alexander Holt	UK	May 24, 2010	NW side
Palden Nima Sherpa (Yaphu-9)	Nepal	May 24, 2010	NW side
Ralf Dieter Arnold	Germany	Oct 1, 2010	NW side

Rupert Arnold Hauer	Austria	Oct 2, 2010	NW side
Ms. Alix Christin Dorothee Von Melle	Germany	Oct 2, 2010	NW side
Jakob Urth	Denmark	Oct 6, 2010	NW side
Adrian Jorge Sanchez	Argentina	Oct 7, 2010	NW side
Ueli Steck	Switzerland	May 5, 2011	NW side
Donald Allen (Don) Bowie	USA	May 5, 2011	NW side
Santiago Quintero Sylva	Ecuador	May 5, 2011	NW side
Ms. Sophie Denis	France	May 5, 2011	NW side
Siddhi Bahadur Tamang (Simigaon)	Nepal	May 5, 2011	NW side
Frank Bonhomme	France	May 5, 2011	NW side
Gilles Verteneul	France	May 5, 2011	NW side
Chhotemba (Cho Temba) Sherpa (Nurbugaon)	Nepal	May 5, 2011	NW side
Rinji Sherpa (Upper Walung)	Nepal	May 5, 2011	NW side
Vladimar (Volodymyr) Lanko	Ukraine	May 6, 2011	NW side
Aymeric Vinot	France	May 13, 2011	NW side
Serap/Sherap Sherpa (Taktar)	Nepal	May 13, 2011	NW side
Kamil Grudzien	Poland	May 13, 2011	NW side
Piotr Tomala	Poland	May 17, 2011	NW side
Lhakpa Chhiri (Sonam) Sherpa (Pangboche)	Nepal	May 17, 2011	NW side
Maximo Gustavo Kausch Serantes (3/3)	UK	May 20, 2011	NW side
Ms. Grace McDonald	Canada	May 20, 2011	NW side
Dawa Jangbu (Da Jangbu) Sherpa (Patale-4) (1/2)	Nepal	May 20, 2011	NW side
Ms. Violetta Maria Pontinen	Poland	May 20, 2011	NW side
Phi Lama Tamang (Haku-8)	Nepal	May 20, 2011	NW side
Jose Ignacio (Nacho) Orviz Menendez	Spain	Oct 1, 2011	NW side
Arnold Coster (4/4)	Netherlands	Oct 3, 2011	NW side
Richard Maybank	UK	Oct 3, 2011	NW side
Jangbu Sherpa (Kharikhola) (2/2)	Nepal	Oct 3, 2011	NW side
Urs Jaeggi	Switzerland	Oct 3, 2011	NW side
Lhakpa Gelu (Lhakpa Gelbu) Sherpa (Thumduk) (2/2)	Nepal	Oct 3, 2011	NW side
Fergal Savage	Ireland	Oct 3, 2011	NW side
Dawa Jangbu (Da Jangbu) Sherpa (Patale-4) (2/2)	Nepal	Oct 3, 2011	NW side
Vicenc Jolis	Spain	Oct 3, 2011	NW side
Paul Heinrich Liebenberg	S Africa	Oct 3, 2011	NW side
Tenji/Tenzing Sherpa (Patale)	Nepal	Oct 3, 2011	NW side
Ms. Marie-Helene Rougeron	France	Oct 4, 2011	NW side
Ang Gyalzen Sherpa (Garma-3)	Nepal	Oct 4, 2011	NW side
Jangbu Sherpa (Chitre)	Nepal	Oct 4, 2011	NW side
Martin Gablik	Slovakia	Oct 7, 2011	NW side
Martin Heuger	Slovakia	Oct 7, 2011	NW side

Die Liste folgt der Himalayan Database. Für Herbst 2011 lagen die Daten bei Drucklegung noch nicht vollständig vor; für Frühjahr 2012 lagen noch keine Daten vor.

Bibliografie

Die wichtigsten Veröffentlichungen über die Sherpa

Axelsen, H. G.: *The Sherpas of the Solu District. A preliminary Report on ethnological Field Research in the Solu District of N. E. Nepal.* Copenhagen, 1977

Baumgartner, R.: *Trekking und Entwicklung im Himalaya. Die Rolwaling Sherpa in Ost-Nepal im Dilemma zwischen Tourismus und Tradition.* Diessenhofen (CH), Ruegger, 1981

Bista, D. B.: *People of Nepal.* Kathmandu, Ratna Pustak Bhandar, 1967; Nachdruck 1972, 1976, 1980

Bourdillon, J.: *Visit to the Sherpas.* London, Collins, 1956

Bourdillon, J. & V. Coverley-Price: *The Sherpas of Nepal.* Oxford University Press, 1958

Doig, D.: »Sherpaland«. In *National Geographic Magazine*, Washington, Okt. 1966

Fantin, M.: *Sherpa, Himalaya.* Bologna, Tamari, 1971

Fantin, M.: »I monasteri della regione del Khumbu«. In *L'Universo*, Florenz, 1971

Fantin, M.: *Mani Rimdu.* Bologna, 1976. Englische Übersetzung: *Mani Rimdu, Nepal. The Buddhist Dance Drama of Tengboche.* New Delhi, English Bookstore, 1980

Funke, F. W.: »Religiöses Leben der Sherpa«. In *Khumbu Himal*, Band IX. Innsbruck/München, Wagner, 1969

Funke, F. W.: *Die Sherpa und ihre Nachbarvölker im Himalaya.* Frankfurt, W. Krüger, 1978

Fürer-Haimendorf, C. von: *The Sherpas of Nepal, Buddhist Highlanders.* London, Murray, 1964; Nachdruck 1972

Hagen, T. et al.: *Mount Everest.* Oxford University Press, 1963

Hagen, T.: *Nepal.* Bern, Kümmerly und Frey, 1971 (Englisch)

Hardie, N.: *In highest Nepal. Our Life among the Sherpa.* London, Allen and Unwin, 1957

Hillary, E.: »We build a School for Sherpa Children«. In *National Geographic Magazine*, Washington, Okt. 1962

Jerstad, L. G.: *Mani-Rimdu. Sherpa Dance Drama.* Seattle, University of Washington Press, 1969

MacDonald. A. W.: »Creative Dismemberment among the Tamang and the Sherpas of Nepal«. In *Tibetan Studies in Honour of H. Richardson,* ed. M. Aris and Aung San Suu Kyi. Warminster, Aris & Phillips, 1979, S. 199–208

Oppitz, M.: »Geschichte und Sozialordnung der Sherpa«. In *Khumbu Himal,* Band VIII. Innsbruck/München, Wagner 1968

Oppitz, M.: »Myths and Facts: Reconsidering some Data concerning the Clan History of the Sherpa«. In *Contributions to the Anthropology of Nepal,* ed. C. von Fürer-Haimendorf, University of London. Warminster, Aris & Phillips, 1974

Ortner, S. B.: »Sherpa Purity«. In *American Anthropologist,* Band 75, 1973

Ortner, S. B.: *Sherpas through their Rituals.* Cambridge University Press, 1978

Paul, R.: »Some Observations on Sherpa Shamanism«. In *Spirit Possession in the Nepal Himalayas,* ed. J. T. Hitchcock & R. L. Jones. Warminster, Aris & Phillips, 1976

Rudolph, F.: *Himalaya-Tigers. Der Kampf um das Dach der Welt.* Berlin, Sportverlag, 1956

Sacherer, J. M.: »Sherpas of the Rolwaling Valley. Human Adaptation to harsh Mountain Environment«. In *Objets et Mondes,* Band XIV/4. Paris, 1974

Schmidt-Thomé, M. & T. T. Thingo: »Materielle Kultur und Kunst der Sherpa«. In *Khumbu Himal,* Band III. Innsbruck/München, Wagner, 1975

Sen, D. & P. M. Mackenzie: »Himalaya. I monasteri dei Lama«. In *L'Universo dello Spirito.* Milano, Mondadori, 1982

Sestini, V. & E. Somigli: »Aspetti architettonici degli insediamenti Sherpa nella Vale di Khumbu«. In *Lhotse 75.* Bologna, Tamari, 1977

Sestini, V. & E. Somigli: *Sherpa Architecture.* Paris, Unesco, 1978

Styles, F. S.: *Sherpa Adventure.* New York, 1960

Teschk, G. C.: »Anthropologie der Sherpas«. In *Khumbu Himal,* Band XI. Innsbruck/München, Wagner, 1977

Die Reihe *Khumbu Himal,* von der bisher 14 Bände erschienen sind, bietet ein äußerst reiches Register aller Aspekte des Verbreitungsgebietes der Sherpa; sie wird herausgegeben vom Universitätsverlag Wagner (Innsbruck und München) und vom Springer Verlag in Berlin unter Leitung von Walter Hellmich. Die Reihe wurde im Jahre 1964 begonnen. Siehe dazu die Übersicht aller Titel in: Yakushi, Yoshimi: *Catalogue of Himalayan Literature*. Tokio, Hakusuisha, 1984

Allgemeine Literatur über Tibet

Getty, A.: *The Gods of Northern Buddhism*. Oxford, 1928; Nachdruck Tokio, Tuttle, 1963
Lindegger, P.: *Onomasticon Tibetanum*. Rikon, Tibet-Institut, 1976
Shakabpa, Tsepon W. D.: *Tibet, a Political History*. Yale University Press, 1967
Snellgrove, D.: *Buddhist Himalaya*. Oxford, Cassirer, 1957
Snellgrove, D. & H. Richardson: *A Cultural History of Tibet*. London, Weidenfeld and Nicolson, 1968; Nachdruck Boulder (Colorado), Pranja Press, 1980 (mit Bibliografie)
Stein, R. A.: *La civilisation tibétaine*. Paris, 1962
The Potala Palace of Tibet. Shanghai People's Art Publishing House, Hongkong, Joint Publishing Co., 1982
Tibet. Milano, Touring Club Italiano, 1981
Tucci, G.: *Tibet, Paese delle Nevi*. Novara, De Agostini, 1968

Zusätzliche Literatur Cho Oyu

Herbert Tichy: *Cho Oyu – Gnade der Götter*, Ullstein Verlag
Fritz Stammberger. *Todeszone*, Eos-Verlag Sankt Ottilien
Mischa Saleki: *Ganz oben*, Athenaeum Verlag
Reinhold Messner: *Die Göttin des Türkis. Der Weg zum Cho Oyu*, Bergverlag Rother
Reinhold Messner: *3 x 8000*, Herbig

Archiv Liz Hawley

Bildnachweis

Alle Archiv Reinhold Messner, außer:
Sepp Jöchler: Seite 1, 5, 61 und 200;
Edi Koblmüller: Tafel 1 unten, 2, 3 oben und unten, 4 oben und unten, 5, Seite 80; Wolfgang Nairz: Tafel 6, Tafel 7 unten; Denis Urubko: Tafel 8 oben und unten, Seite 207
Nachsatzkarte: Arbeitsgemeinschaft für Vergleichende Hochgebirgsforschung e.V., München 🔲. Eingetragene Routen und ergänzende Gipfelbeschriftungen: Günter Seyfferth
(Die Eintragungen wurden unter Auswertung des verfügbaren Materials vorgenommen. Geringfügige Abweichungen von den tatsächlichen Routenverläufen können nicht ausgeschlossen werden.)

Keine Nacherzählung kann sich mit Tichys Originalbericht messen.

》 Es gibt Erlebnisse in meinem jetzigen Dasein, die das Leben bereicherten. Die Besteigung eines der höchsten Berge der Welt, des 8201 m hohen Cho Oyu im Himalaja, ist eigentlich die ›große Erinnerung‹, die mit dem Prädikat der Einmaligkeit, Unvergesslichkeit und Glückhaftigkeit das Einmaligste darstellt, das einem normalen bergsteigenden Menschen widerfahren kann. 《

Sepp Jöchler

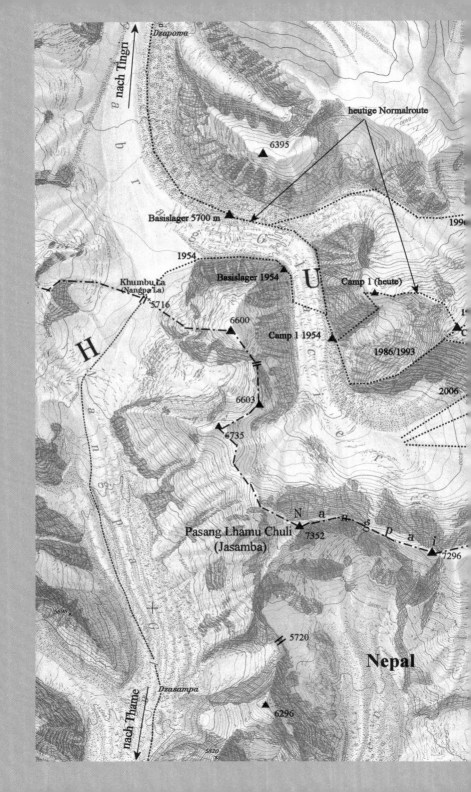